万卷方法®

行动研究方法：
全程指导

（原书第5版）

Action Research:
Improving Schools and Empowering Educators 5ed

〔美〕 克雷格·A. 莫特勒（Craig A. Mertler） 著

王凌峰 叶涯剑 译

重庆大学出版社

前　言

本书写作目的

　　大多数研究生，尤其是攻读研究生学位的在职教师，需要学习教育研究方法。但我认为面向在职教师的研究生水平的研究方法课程，应该向教师和学生提供更适合课堂讲授方式的学习材料。大部分方法论课程比较宽泛地介绍了教育研究的方法、研究设计和技巧，属于"浏览、介绍性质"。在教科书市场上有太多此类课本。

　　相比之下，以"行动研究"为主题的研究方法书籍较少，以从事实际教学工作的教师作为读者对象的书更少。本书的写作目的是向教师介绍如何进行基于课堂或者学校的行动研究，并按照行动研究进行的时间顺序来说明行动研究的每个步骤。在介绍行动研究以便教师设计、实施他们的行动研究计划之前，本书对传统的教育研究进行了一般性介绍。本书重点不在于教育研究的理论，而在于应用于指导课堂或校本研究的实践。正如本书所展现的那样，行动研究不只是开展应用导向研究的一种方式，更是引导、促使教师反思教学实践的机制，以及定制教师或教师团队职业发展机会的有效途径。

　　我编写本书的初衷非常自然，因为我讲授教育研究方法课程已经有 20 多年。学习本课程的学生绝大多数都是攻读教育硕士学位的在职教师，他们来自课程教学、行政和咨询等不同领域。教育研究方法课程的目的是介绍各种研究方法，以指导广义教育领域的研究，它特别注重量化方法，如描述分析、相关分析、因果分析、实验和准实验方法。参加教育研究方法课程学习的教师——尤其是从事 K-12 基础教育的教师——在其教学中使用上述典型的量化方法时，通常会遇到巨大困难。事实上，由于这些教师不可能设计、实施此类量化研究，因此他们确实没有必要去学习此类方法。我深信这一现象在全国诸多（教育学）研究生的研究方法课程中普遍存在。

与此同时，当我和学员们讨论行动研究时，他们通常会对此很感兴趣。因为学员们大部分是教师，所以他们可以和他们的学生一起目睹行动研究如何被实际应用在自己的学校、课堂中。由于行动研究是实际教学工作者组织实施的——当然这个过程仍然要保持行动研究作为一种研究活动的高度严谨性——实际教学工作者可以观察、体会设计和实施行动研究课题的全过程。在教育研究方法课程中将大量时间用于各种研究方法的介绍，这对实际从事教学工作的人并不合适，因为这样就没有向他们提供具有针对性的、能立竿见影解决其在实际工作中面临的问题的研究工具。换句话说，这样无法让绝大部分来自一线教学岗位的学员们以一种职业化姿态做好面对调查、研究等工作中遇到的各种问题的准备。

本书强调实践，教师、管理者、咨询者、幼儿教育专家等都可以在他们的日常学校和课堂教学实践活动中运用本书介绍的方法。本书帮助教师设计和指导校本研究，以提升教学工作的有效性。为了让读者更易理解本书内容，书中有很多解释说明方法原理、步骤和技巧的实例，这些实例来自公开发表的相关材料，也有很多来自我的研究。一线教师对理论化、技术化的内容没有必要深入了解，因此本书并不侧重于这些内容，重点在于服务于一线教师。本书向他们介绍研究设计所需的知识与技巧，以解决其实际面临的具体问题，开展实际研究，将研究结果与相关利益方进行沟通交流。尽管本书对学术性文献研究有很多引用介绍，但写法却非常强调实践，始终面向一线教师。

本书读者对象：研究生、中小学一线教师

本书读者包括但不限于 K-12 基础教育阶段的教师、管理者、咨

询者、特殊教育教师和幼儿教育专家。本书最适合用作研究生课程教学用书，当然也可以作为其他层次、其他课程的阅读材料，比如课程研究、学习指导方面的课程。本书适合所有教育领域的教师，如小学和初中数学、自然科学、社会科学、语言、音乐、艺术、物理教育、特殊教育、教育管理、教育咨询等。书中实例和范文来自不同情景。

全书内容按照行动研究项目的逻辑顺序编排

本书主题与设计和实施课堂应用研究紧密相关，主题体现在本书各主要章节中，大致包括：

教育研究综述（第 1 章）

行动研究概述（第 1 章）

行动研究特征（第 1 章）

行动研究过程（第 2 章）

明确行动研究对象与范围（第 3 章）

相关文献回顾（第 3 章）

设计行动研究课题（第 4 章）

收集和分析数据（第 5 章和第 6 章）

制订行动计划（第 7 章）

撰写行动研究报告（第 8 章）

分享行动研究课题的成果（第 9 章）

反思行动研究得失（第 9 章）

本书以时间顺序展开设计、实施行动研究的全过程，即一开始明确研究主题，然后回顾相关文献、设计研究、制订行动计划、实施以及分享和反思等。当然，必须提醒读者充分注意到行动研究的上述环节并非机械单向地进行，在研究过程中某些环节与步骤有所往返重复是完全可能的。

教学设计特色及对师生的帮助

与其他行动研究书籍相比，本书讲述的知识内容差异不大，不同之处在于：

本书强调应用，列举了除简单的讨论和描述之外的实例，如数据收集工具（清单、态度调查表、访谈提纲和日记写作）和研究结果呈现（采用量化数据分析得到的各类图表、源于质性数据分析的总结表格、调查报告）。

除大量叙述性实例外，本书还给出了两个详细的行动研究案例。两个案例在本书第 1 章给出，然后每一章都会根据各章的内容延续并丰富这两个案例，同时与前面各章保持衔接。两个行动研究案例一个由一名小学教师负责实施，另一个由两名高中教师负责实施。

教师可以访问使用很多网络资源，以对行动研究做更深入的了解，也可以提出问题寻求解答，或者宣传他们的行动研究成果。本书每一章末尾，都设一节"相关网站"的内容。

第 3 章至第 7 章、第 9 章有比较特殊的一小节内容，名为"行动研究写作"。该小节向读者提供自己完成行动研究报告的注解摘录，对各章出现的一些比较特别的概念予以强调。

每一章的首页通过可视化的结构图来展示该章的内容。

第 9 章之后有三个附录。前两个附录是两份由一线教师完成的完整行动研究报告。第三个附录包含一个指导新手开展行动研究的研究计划模板。

每一章都有本章内容的要点式总结。

每一章最后一部分为"问题与思考"，用于拓展学生知识、理解和应用。

本书包含行动研究方法的相关术语表以及参考文献。

第五版亮点

第 1 章中增加了对严谨性的相关讨论。在行动研究应用中新增行动研究推动教育公平、社会公正的内容。

第 2 章和第 5 章中增加了对学术道德、研究伦理的讨论。

第 3 章至第 7 章、第 9 章中的"行动研究写作"增加了提示框，以强调每个摘录内容需要注意的要点。

第 5 章中大幅增加关于质性、量化资料的质量保障措施的内容。

第 8 章中增加了摘要撰写的指导。

附录 C 中的行动研究开展模板可以在网站 Teachers Pay Teachers 中名为"行动研究指导档案"（*Action Research Mentor Portfolio*）的文件中下载。

最后，附录 A 和附录 B 列出了两个完整的行动研究报告。

对行动研究项目的说明

教师和学生共同面对的一个疑问是：如何把本书内容和本书读者进行的行动研究项目安排在一个学期内完成。我的建议是：首先重点指导那些刚开始学习行动研究的学生，原因之一是行动研究学习课程的一个题中之义就是让学生熟悉设计、实施行动研究的整个流程；原因之二是此类学生对研究最终结果的焦虑度相对较小。如果此类学生对研究过程的整体有了比较好的了解和把握，那么之后才能设计和实施规模较大、耗时较长的研究计划。

本书以"周"为单位介绍本书内容和设计行动研究项目。

对于为期 15 周的学习时间，建议学习进度安排如下：

周 数	内 容	项目活动
1	课程介绍和行动研究介绍	
2	第1章：行动研究概述	开展头脑风暴，列出可能的研究主题
3	继续第1章：行动研究概述；第2章：行动研究过程概述	继续头脑风暴，与教师讨论可能的主题
4	第3章：主题提炼	限定主题
5	继续第3章：回顾相关文献	搜索相关文献
6	第4章：制订研究计划	回顾相关文献；制订初步的研究设计
7	第5章：收集数据	拟订访谈提纲与说明指导
8	继续第5章：收集数据	与教师一起修订访谈提纲与说明指导
9	第6章：分析数据	开始数据收集
10	继续第6章：分析数据	继续数据收集
11	第7章：制订一个行动计划	继续数据收集；开始数据分析
12	第8章：编写一份行动研究报告	继续数据分析；拟定行动计划
13	第9章：分享与反思	敲定行动计划；开始书写最终报告
14	项目与结果的正式陈述	完成书面报告
15	提交最终书面报告	

对于为期10周的学习时间，我建议采取下面的学习进度安排：

周 数	内 容	项目活动
1	课程介绍和行动研究介绍	
2	第1章：行动研究概述	头脑风暴列出可能的研究主题
3	第2章：行动研究过程概述	继续头脑风暴，与教师讨论可能的主题
4	第3章：主题提炼并回顾相关文献	限定主题；搜索相关文献；制订初步的研究设计
5	第4章：制订研究计划	继续回顾相关文献；拟订和修订访谈提纲与说明指导
6	第5章：收集数据	数据收集；开始数据分析
7	第6章：分析数据	拟定行动计划
8	第7章：制订一个行动计划	敲定行动计划；撰写行动研究报告
9	第8章:编写一份行动研究报告	完成书面报告
10	第9章：分享与反思	继续数据收集

对行动研究学习者的建议

我喜欢并重视课堂和校本行动研究，因为这可以让一线教师直接参与到教育改进中，为一线教师提供更好的职业发展机会。但我不会让读者错误地认为行动研究是一条很容易走的捷径。事实上，学习如何开展行动研究，由此推进读者的职业发展，需要付出大量的时间和行动。但是，通过设计、实施行动研究项目，读者可以增加对行动研究的了解，并获得宝贵的经验。我相信，读者将会认识到行动研究在职业发展和自我反思教学行为方面所能带来的成效。真挚祝愿读者在行动研究的学习征途中好运！

致　谢

衷心感谢以下人士：

感谢 SAGE 出版社编辑团队：Terri Accomazzo（组稿策划编辑）。我和 Terri 女士合作了多年，我极为赞赏 Terri 女士的工作热情和效率。感谢 Jesscia Miller（副编辑）和 Georgia Mclaughlin（编辑助理）的支持，及时回复我提出的各种问题。感谢 Olivia Weber-Stenis（出版编辑）和 Erin Livingston（文字编辑）和我一起整理书稿，直到定稿。感谢 Robert Higgins 制作本书配套网站。感谢 Ashlee Blunk（市场经理）及其下属员工对本书的不懈支持。最后真诚感谢本次修订版评审专家的建议和反馈：

Ronald Beebe, University of Houston–Downtown

Tyrone Bynoe, University of the Cumberlands

Stacy Hill, Whitworth University

Kimberly Livengood, Angelo State University

Gene Schwarting, Fontbonne University

Michelle Szpara, Cabrini college

Gay Ward, University of Wisconsin–River Falls

感谢为本书之前各版本提供高质量反馈的以下人士：

Katherine Egan Cunningham, Manhattanville College

Elizabeth Dore, Radford University

Gabrielle Kowalski, Cardinal Stritch University

Yoon-Joo Lee, CUNY System Office–New York

Ida Malian, Arizona State University

Darcy Miller, Washington State University

Barbara Taylor, Western New Mexico University

Robert Wolffe, Bradley University

Maryann Byrnes, University of Massachusetts Boston

John Huss, northern Kentucky University

Terrence Stange, Marshall University

Tamara Walser, University of North Carolina at Wilmington

Eugene Bartoo, University of Tennessee at Chattanooga

Kevin Carr, George Fox University

Dana Fredebaugh, Nova Southeastern University

Terrance Jakubowski, California State University, Northridge

Maja Miskovic, National Louis University

Phillip Mutisya, North Carolina Central University

Cynthia Williams Resor, Eastern Kentucky University

Gail Ritchie, George Mason University

Margaret Waterman, Southeast Missouri State University

Lois McFadyen Christensen, University of Alabama at Birmingham

Christopher J. Della Pietra, Southeastern Louisiana University

Michael P. Grady, Saint Louis University

K. Fritz Leifeste, Angelo State University

Marilyn Lichtman, Virginia Tech

Jeanne M. McGlinn, University of North Carolina at Asheville

Jill C. Miels, Ball State University

Cathy Mogharreban, Southern Illinois UniversityCarbondale

Ted J. Singletary, Boise State University

Shelley H. Xu, California State University , Long Beach

感谢妻子凯特女士的长期支持，以及她作为一名教师对本书的诸多评价反馈。我们的儿子艾迪森，则从学生的角度为本书提供了宝贵看法。特别是艾迪森正在努力成为一名专业教师，这使本书有了另一层特别意义。

简要目录

目 录

第I部分
什么是行动研究?

第1章 行动研究概述

第2章 行动研究过程概述

本书第I部分提供行动研究的介绍和概述。在第1章中,你将会学习什么是行动研究(什么不是);如何将其与传统形式的教育研究进行比较;教师参与行动研究为什么重要;以及一些行动研究的具体应用实例。读者也将会看到若干指导行动研究的过程模型。第2章会对行动研究往复过程的各阶段做更多介绍,并用一个具体例子来说明行动研究往复过程的各阶段。

第 1 章　行动研究概述

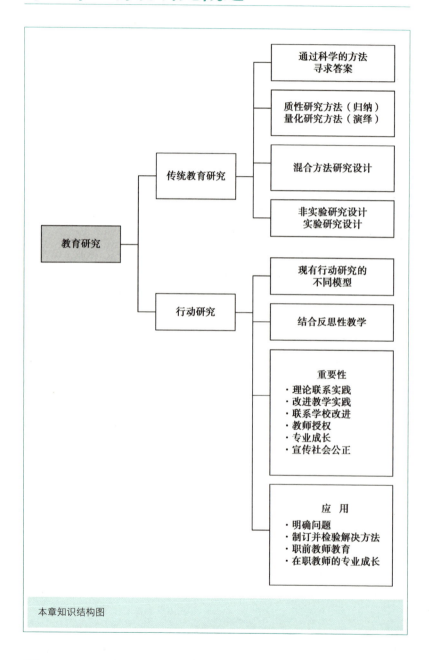

本章知识结构图

"研究"——对该词先稍作思考，你的脑海中会出现什么形象？对于许多人来说，"研究"这个词会让他们联想到这样的场景：一名身穿白色实验服的科学家诱导一只老鼠穿过迷宫，同时使用秒表记录老鼠的一举一动，以及老鼠在迷宫中经历的每个阶段消耗的时间。还可能会联想到一名化学家（没错，化学家也穿着白色实验服！）用烧杯、细颈瓶和本生灯做各种实验，实验内容可能是把不同的物质混合起来产生新物质，或者研究物质的各种特性。"研究"一词还可能让人联想到药物研究者，他们用动物或人类被试做实验，去探究重大疾病的治愈方法。当然，也会有人联想到高校教授所做的相关工作，"研究"是教授们日常工作的一个方面。在很长一段时间里，研究工作主要由专职科研人员从事和完成，这些专职科研人员所接受的基本训练就是如何进行研究工作。但现在，越来越多的研究工作由实践工作者来完成——实践工作者接受的基本训练和他们所进行的研究并非以研究方法为本的。实践工作者开展的研究在具体执行步骤上与传统形式的研究有所不同，但是两者的基本原则相同。本书关注的就是典型的以实践工作者为本的一种研究——行动研究。

什么是行动研究？

在过去的十多年里，行动研究在全世界范围内受到教师、管理者和政策制定者的广泛关注（Mills，2011）。从事不同层次教育工作的教师们都认为行动研究让研究活动更加"可控可管"，能够产生更多高信息含量的、可直接应用的结果。但是，到底什么才是行动研究？行动研究是什么样子的？行动研究试图解决什么问题，达到什么目标？

行动研究可以定义为教师、管理者、咨询者或其他人对教学和学习过程或环境所进行的系统调查研究活动，目的是收集特定学校如何运作、教师如何教学、学生如何学习的相关信息（Mills，2011）。更重要的是，行动研究是教师为自己所做的研究。行动研究是教师对自身教学实践的系统化调研（Johnson，2008）。行动研究允许教师研究他们自己的课堂，例如，他们自己的教学方法、他们自己的学生和他们自己的评估，由此可以更好地理解教学工作和提升教学质量或效率。行动研究特别聚焦在特定群体的独特性上，这些特定群体要么被施行了某种实践方案，要么必须被采取某种行动。教师所进行的行动研究又反哺教师们的实践性工作（Parsons & Brown，2002）。开展行动研究的基本过程包含以下四个步骤：

1. 明确研究领域
2. 收集资料
3. 分析解读资料
4. 制订一个行动计划（Mills，2011）

在本章和第2章中，我们将看到更多关于行动研究主要环节的内容。

教育研究简介

课堂教师是教育研究最终或者说最可能的关注者和应用者，因此教师对"研究"相关的术语和概念有一定理解是十分必要的。研究并不神秘，只是人类寻求各种问题答案的一种方式。不管是在私人生活还是工作中，每天都会有新问题出现。假设有这么一个私人问题：一个同事问你中午是否一起去吃午饭。你会给对方一个肯定或否定的回答，但回答之前你自然会考虑一些因素——比如，你是否已经有午餐计划？你是否有时间和同事一起去吃午餐？你带够了午餐费吗？这种思考过程广义上也是研究。

回答专业问题往往需要收集许多信息，但人们一般都希望尽快找到问题答案。考虑下面的这个场景：你有一名叫亚瑟的学生，你觉得该生属于"缺乏阅读热情与动机的那一类学生"，你请教一位同事有没有激发亚瑟阅读兴趣的具体办法。你的同事给你建议了几种对其他学生行之有效的办法，但是你不知道这些办法对亚瑟是否同样有效。你心里很清楚：除同事建议的办法之外，毫无疑问还有不少其他办法，但是现在你需要一个确切的答案——这个学期很快就要结束了，鼓励亚瑟增加阅读量的时间已不多。但是何处才能找到你需要的答案？

Mertler 和 Charles（2011）认为我们通常只借助于那些最方便、最习惯、最熟悉的渠道来寻找答案，比如传统做法、权威和常识。但是，这些渠道可能存在缺陷。**传统做法**是我们在过去长期采用的行为方式。过去行之有效的做法今天仍然可能有效，但也可能无效。此外，今天完全有可能出现了比传统做法更有效的新方法。**权威**是指我们按照专家的观点和看法采取行为，在假设专家拥有解决问题最佳方法的知识的情况下。但是，找到肯定某种教学策略或者方法的某个专家，并不能证明该方法必然有效。实际上，经常存在的情况是：你找到一名支持某种方法的专家后，也很可能遇到另一位对该方法不以为然，甚至大加贬斥的专家。最后，**常识**是指运用人的推理思考能力来解决问题。然而，推理的可靠性程度依赖于可靠的信息。如果我们用于推理的信息质量不高甚至不准确，那么基于常识得到的结论、做出的决策自然也不尽可靠。

传统做法、权威和常识存在的一个共同不足是可能提供不可靠的信息，这主要是因为这三种方式皆在某种程度上存在偏见，不尽客观，而产生偏见和不客观主要是因为收集信息时采用的方法比较主观，不够系统全面。为了确保结论准确、高质量，首先必须收集有效、可靠的信息。为此，最佳途径自然是采用科学的研究方法。**科学研究方法**是一套回答和解决问题的策略。科学方法之所以有效，是因为其具有一整套系统严密的研究步骤与程序。1938 年，美国哲学家约翰·杜威把科学方法描述成一种尽可能客观思考的步骤和程序（Mertler & Charles，2011）。约翰·杜威提出的科学方法程序包括以下步骤：

1. 明确研究主题的关键问题。
2. 提出一个假设（即问题的一个可能答案）。

3. 收集、分析和解释有助于解决关键问题的相关信息。

4. 分析信息，得出某个结论。

5. 使用结论来验证或否定第二步提出的假设。

当然，并非所有的研究人员和研究报告都会严格按照约翰·杜威提出的上述步骤操作。举例来说，某些研究并不需要提出假设。但是，所有研究都必然会有一个重要的共同点，那就是所有的研究都要收集、分析和解释有助于回答研究问题的相关信息（前文第 3 步）。只有在收集、分析与解释相关信息的基础上，才能够对研究问题给出回答。

那么，科学方法如何应用于教育研究？简单地说，**教育研究**，在提出教育问题，给出教育现象答案时，科学方法得到大量应用。教育研究通常以如下方式进行：

1. 明确研究者或者某个人、某个群体感兴趣并表示出关注的一个研究主题。

2. 厘清研究对象、研究目标。

3. 精确地表述研究假设。

4. 收集数据和资料，并进行分析、解释。

5. 描述分析、解释数据和资料得到的结果。

6. 给出关于研究问题或者研究假设的最终结论。（Mertler & Charles，2011）

约翰·杜威提出的科学方法步骤和用于教育研究的科学方法两者的主要部分是相同的。当然，需要注意的是，在实际研究中上述步骤并不一定非得完整，或者按顺序地依次出现。Johnson（2008）提醒我们，作为研究成果的消费者和可能的研究者，我们必须意识到科学与伪科学的差异。科学采用科学方法开展研究，科学研究基于人类可感知的现实（最常见的就是在现实世界中收集到的各种数据资料）来得出结论，检验某个观点、看法、信念的对错。换句话说，科学研究通过收集和分析数据资料来检验一个观点、信念是否可信。

感知（数据）───➤ 检验 ───➤ 信念

　　教育领域中科学研究的一个例子是国际数学和自然科学学习趋势项目（Trends in International Mathematics and Science Study，TIMSS）。TIMSS 项目开展是因为美国教育界需要可靠、及时的数据，用以比较美国学生和世界上其他国家学生的数学和自然科学课程成绩。TIMSS 项目自 1995 年开始提供多个国家学生的数学和理科课程成绩的国别间可比较数据。TIMSS 项目使用内容、格式和题量相似的测试，以确保各国数据的可比性。这一研究之所以被称为"科学研究项目"，是因为其研究设计的标准化和客观性。

　　和科学相反，伪科学使用信仰来研究人类感知到的现实。伪科学一开始就提出一个不容置疑的信念，接下来再寻找数据和资料支持其信念（Johnson，2008）。

信念 ───➤ 检验 ───➤ 感知

　　伪科学往往被一些公司作为一种营销策略用于兜售产品，也被团体或个人用于输出观点。显然，由于收集数据资料时既不全面也不客观，因此伪科学既不是科学，也不是研究。

教育研究综述

　　传统的教育研究通常由脱离研究对象与研究环境的研究者进行[1]。这并不是说，传统的教育研究者不负责任，或者说对研究结果并不真正感兴趣，而是说，传统的教育研究者在进行研究时，与他们的研究对象（比如人、场景或教学项目）的互动很少（Schmuck，1997）。传统教育研究者关注的往往是寻找某种教育现象的原因和解释，并尽量以第三方的客观方式进行研究，其主要目标是"解释或帮助理

---

[1]　译者注：比如大学教授研究中小学一线教师的教学活动，提出一些教学理念。

解教育议题、问题和过程"（Gay & Airasian，2000，p.24）。传统的教育研究使用多种不同研究方法——所谓研究方法，即用于收集和分析数据的特定程序——对同一个研究对象开展研究，其中不同的研究方法可以提供不同的研究视角。根据对"何为真实"或者说"现实以何种方式构成和存在"问题的不同看法，形形色色的研究方法可以划分为两大类——量化方法和质性方法（McMillan，2004）。一般来说，量化研究方法需要收集和分析数值型数据（例如测试分数、意见评级、态度量表），质性研究方法需要收集和分析叙事型资料（例如观察笔记、采访记录、日记条目）。

在寻找问题答案时，量化研究方法使用演绎推理。**演绎推理过程**从一般到具体，以"自上而下"的方式进行（Trochim，2002a）。如图 1.1 所示，采用量化方法的研究者往往先就研究主题提出一个理论。

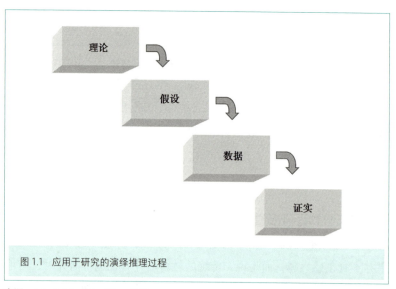

图 1.1　应用于研究的演绎推理过程

来源：Adapted from Trochim，2002a。

研究者将研究主题凝炼为某个或者某些具体的、可检验的研究假设。然后，对收集到的数据进行分析，对假设是否成立做出结论，从而对研究者提出的理论进行证实或者证伪。

　　和量化研究形成对照的是,质性研究通常使用归纳推理。与演绎推理"自上而下"不同,**归纳推理**采用"自下而上"的方法(图 1.2),归纳推理始于具体的观察,然后再将具体观察得到的结论进行推广(Trochim,2002a)。一项归纳推理始于具体观察(数据),从具体观察与资料中提炼出某种普遍模式或者规律,形成一个或多个假设,最后给出普遍性的结论和理论。需要强调的是,在某些情况下,质性研究不用通过分析资料来形成假设或理论,而只是对研究特定场景中发生的人、事、物进行详细的"深描"。第 6 章对演绎推理与归纳推理有更多阐述。

　　量化与质性研究两大类研究方法背后都有若干哲学假设作为基础。这些哲学假设包括一组关于世界本原为何以及如何发现世界真实存在的信念与看法,量化研究与质性研究的方法论假设迥然不同。当然,理解或者开展一项行动研究,往往也并不需要关注、理解这些哲学假

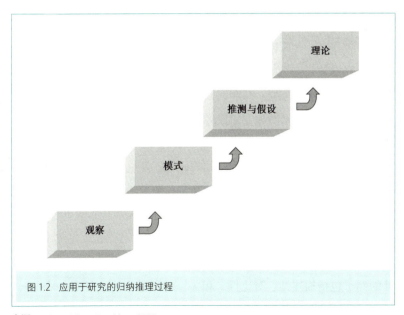

图 1.2　应用于研究的归纳推理过程

来源:Adapted from Trochim,2002a。

设，因为行动研究强调基层的一线教育工作者探讨实际教育问题的答案，促成实践行动，产生实践效果，而不是进行哲学思考。在后文中读者将会体会到行动研究的这一显著特点。Mills（2011）称之为"实务导向的行动研究"，Mills将"实务导向的行动研究"与具有强烈哲学价值倾向的"批判性行动研究"（或者说"批判导向的行动研究"）进行了对比。本书重点讨论"实务导向的行动研究"，如果读者有兴趣了解更多不同方法论假设与不同类型行动研究的联系，这里推荐几本优秀读物，包括Johnson（2008）、McMillan（2004）和Mills（2011）。

量化研究的目的是描述或者从多个角度理解教育现象。为此，研究者通过测量变量（变量就是可能影响研究结果的因素，或者是对研究者希望得到的结论有不可忽略影响的因素）收集数据，然后分析数据以检验研究者提出的某个（些）**假设**，回答某个**问题**。例如，一项量化研究可能会收集小学生违纪行为和旷课缺勤（数值型变量）的数据，以便回答下面这个问题：开设K1-K8年级的学校，和开设其他年级（比如开设K1-K5或者K6年级）的学校，在学生违纪行为、旷课缺勤等方面是否存在不同，存在什么样的不同？

研究设计指研究者对研究的具体安排。研究设计可以分为非实验性、实验性两大类型。在**非实验性研究**中，研究者没有直接控制、操纵研究变量，或是因为变量已经发生，或是研究者无法事前对变量施加影响。换句话说，在非实验性研究中，变量不能被研究者控制或操纵。前面对学校纪律和缺勤问题的研究就是一个非实验性研究的例子，因为开设的年级、违纪行为的确认和缺勤的数量不能被研究者控制或影响。注意非实验性和实验性研究设计的区别是非常重要的，特别是在研究末尾阶段需要做出一个最终结论时。通常非实验性研究的结论只能对变量或者变量之间的关系进行某种描述。非实验性研究设计的例子包括描述性、对比性、相关性和因果比较研究（McMillan，2004）。描述性研究仅仅报告某件事、某个现象发生的频率或总数等方面的基本信息(例如,教师在课堂上使用基于绩效的教学评估,在教师采用的各种教学评估手段中所占的百分比为多少?)。比较分析研究通常以描述研究为基础,典型的做法是比较两组或多组对象在同一变量上的数据(例如,小学和中学教师使用基于绩效的教学评估手段的百分比、频率之间是否存在显著差异?)。相关性研究测量两个或多个变量之间的相关程度(例如,"教师的教龄"和"基于绩效的教学评估手段使用情况"两者之间有无关联?)。最后,因果比较研究(第4章中称为事后回溯研究),通过比较过去存在的条件,而探求已经发生的事实的原因(例如,接受了岗前培训课程的教师,相比没有接受这一课程培训的教师,是否会更多地使用基于绩效的评估手段?)。注意,根据研究问题提供的不同样本,对于同一个研究问题(比如这里讨论的研究问题,就是教师在课堂上使用基于绩效的教学评估手段),可能采用不同类型的非实验性研究设计。

在**实验性研究**中,研究者需要对可能影响研究被试行为的一个或者多个变量和因素进行控制。研究者控制的变量称为**自变量**,通过控制自变量来确定哪些研究被试在何种实验条件下被纳入研究。例如,研究一种数学课程新教学方法的有效性,按照新教学方法进行教学的学生构成**实验组**或**处理组**,实验组学生的数学成绩会和按照标准的,这里就是原来的旧教学方法进行教学的学生构成的**对照组**的成绩进行对比。研究者关注的最终变量(比如上文提及的"行为"变量,这里的"数学成绩"是研究者关注的常见最终变量)称为**因变量**。因变量的值取决于自变量或者多个自变量取值的变化。

实验研究设计的种类很多,详细说明超出了本书范围。可以用一个实例来对常见的不同实验研究设计做一个说明。假如一位历史老师想要研究在"美国历史"课程的教学中,倒叙讲法(从现在讲到过去)和传统顺叙讲法(从过去讲到现在)哪个教学效果更好。于是她随机地选择一半班级使用顺叙讲法,另一半使用倒叙讲法。在这个例子中,历史老师研究中的自变量是教学方法类型——倒叙、顺叙。"教学方法类型"有两个取值——实验组采用新的倒叙教学方法，对照组采用传统的顺叙教学方法。最后，使用相同工具（如期末考试）测试两组学生的历史课成绩（因变量）。很明显，该项研究实验中，历史教师作为研究者可以对自变量取值进行控制和操纵。

量化研究中收集的数据是数值，因此自然可以使用统计方法进行分析处理。数值分析方法包括描述统计、推断统计或两者同时使用。研究者通过**描述统计**总结、整理和简化数据，具体方法包括均值、中位数、众值、极差、标准差、相关性和标准化分数等。**推断统计**比描述统计复杂，推断统计允许研究者计算两组或多组之间差异的统计显著性，计算变量之间的相关程度。**统计显著性**是根据统计过程的结果做出的决定，即针对某个样本经由特定统计分析程序得出的结果（例如，两组之间的差异的大小或两个变量之间的关系的强度）是否足够大，研究人员判断该样本结果是否能够代表其所来自的**总体**的有意义的差异或关系。

量化研究讨论的自变量通常数量不多，而质性研究采用更广泛、更全面的方法收集资料。质性研究不控制或操纵变量，质性研究者认为世界就在那里，他们只是去发现它（Johnson，2008）。质性研究倾向于强调观察以及多种资料收集方法的重要性（Trochim，2002b）。因此，采用质性研究方法研究的问题往往具有更广泛、更开放的特点。研究者可以收集各式各样的资料，以便对研究对象有更全面的认识。研究者可以采用"三角验证"方法进行质性研究。

"**三角验证**"将同一对象的多种信息进行对比分析，尽量减少单一信息来源存在的偏离与偏见，提高研究收集信息的可靠性、一致性（Bogdan & Biklen，2007；Glesne，2006）。需要指出的是，"三角验证"并不意味着研究者一定要使用三个不同的数据信息源，"三"只是意味着多个数据源——也许"三角验证"更恰当的名字应该叫"多角验证"。

"三角验证"能使研究者对现实场景中发生的真实情况有更好的了解，对研究结果的可靠性更具信心。例如，在某个质性研究中，研究者通过现场观察、录像观察和访谈等三种途径收集资料。"三角验证"会对三个数据来源进行对比，以尽量确定事情的真实面貌，如研究对象口头描述的行为与其实际行为是否一致。

　　同量化研究一样，质性研究也存在多种方法。质性研究方法主要包括现象学、民族志、扎根理论和案例研究（McMillan，2004）。**现象学方法**中，研究者对被试进行长时间的个人访谈，以尽量全面理解现象背后的原因（例如，对于那些被学生视为"充满激情"的教师，是哪些特征让学生们对一名教师做出"充满激情"的评价？）。**民族志方法**则试图描述在某个群体中，人们之间如何交往互动（例如，在小城镇或者中低收入社区的小学中，教师休息室对学校员工意味着什么？）。**扎根理论研究**的目标是构建理论（例如，个人和学校的哪些特点有助于激励教师？）。**案例方法**是对一个过程、活动、人物或群体的深入研究(例如,在华盛顿的中学里面,学校文化的本质是什么？)。

　　在一个质性研究项目中，收集到的数据资料可能高度多样化。质性数据资料通常是叙述类型资料，包括观察、访谈以及现有的各种文献资料和报告（McMillan，2004）。在各种文献资料和报告基础上，通过名为"**逻辑归纳分析**"的过程，从质性研究收集的大量叙述类型资料中提炼、总结出一些规律性的模式与结论（Mertler & Charles，2011）。

　　量化研究和质性研究方法虽然有诸多不同，但两者之间并非排斥关系。一项研究中同时采用量化、质性方法的情况并不少见，通常被称为"**混合方法研究设计**"。相较于只使用一种研究方法，混合方法有助于对研究问题形成更好的理解。换言之，混合方法研究设计整合了量化和质性方法各自的长处和优势。克雷斯韦尔（Creswell，2005）认为行动研究与混合方法极其相似，因为行动研究经常同时使用量化数据和质性资料。混合研究与行动研究的根本区别在于研究目的，混合方法的目标比较传统，即试图更好地理解和解释某个研究问题，而行动研究的目标是寻找马上产生效果的方案，解决实际问题。

行动研究概述

几十年来，公众和政府一直呼吁改善美国基础教育系统。公众批评美国中小学生在数学、科学、阅读、写作和历史课程方面的学业表现不佳。媒体对公众的这一不满可谓推波助澜（Schmuck，1997）。商业界领袖将国家劳动力市场供给不足归咎于学校工作不力。虽然教师在此类批评中一直首当其冲，但我始终认为，美国中小学教师的工作表现从过去到现在以及未来都堪称优秀。当然，正如那句老话所说的，学校教育要有真正的改进必须从"教室的四面墙内开始"。教师必须有能力，而且愿意对自己的教学行为与教学活动进行严格的反思与分析，正如教师始终在分析思考如何让学生（不管是在学生群体还是个体层面上）学得更好一样。

学校管理者往往试图从大量教育研究文献中寻找指导、改进学校工作的方法和途径。但是，很多中小学的教育工作者——一线教师——发现传统形式的学术研究对解决他们面临的实际问题帮助不大（Anderson，2002）。一个主要原因是，传统教育研究者倾向于对学校管理和教师工作采取比较抽象的视角进行研究，较少注意到学校与学校之间的差异（简单地说，学校与学校是不一样的）。传统教育研究者也很少意识到研究结论不宜过于一般化和抽象化，而是需要针对具体情况进行调整，比如对某一所或者几所学校的研究结论，能否以及在多大程度上可以推广到全国学校（Metz & Page，2002）。我认为，由于长期以来传统教育研究始终占据支配性地位，目前迫切需要一线教师主导的、基于真实课堂的行动研究。

Schmuck（1997）将行动研究定义为一种"研究学校的实际情况，以提高研究对策可行性、改善实际效果"的努力（p.28）。行动研究的目的是提高行动研究者自身的专业判断能力，提出更好、更有效的实现教学目标与教学理念的具体措施与手段。McMillan（2004）认为行动研究应该聚焦于解决课堂教学或学校教育具体的问题，改进教学工作，或帮助某个学校、教学活动场所或者教育单位做出决策。行动研究提供了对研究对象正采用的实践方法予以改进的一套流程方法。行动研究的首要目标是，在一个或多个课堂或学校内立竿见影地提高教学效果（McMillan，2004）。

　　由于行动研究主要是研究者（绝大部分是从事中小学实际教学工作的一线教师）对自身教学工作的反思（McLean，1995），所以反思构成了行动研究过程的一个有机组成部分。**反思**即反思者对自己正在做的事情，为什么做这件事以及做这件事的后果进行有意识的批判性探究。为了使教学工作卓有成效，教师必须成为课堂教学中有意识的积极的参与者和观察者，必须分析和解读课堂上发生的各种信息——这些信息应该以系统的方法被收集——然后把这些信息作为下一步教学计划安排和决策的基础（Parsons & Brown，2002）。**反思性教学**作为一个过程，能在教育理论的指导下，有意识地对课程内容进行完善，对学生学习行为与表现进行评估（Parsons & Brown，2002）。系统收集信息环节完成之后，下一步就是进行主动积极的反思，所有这一切都以改进教学过程与改善教学效果为目的。这些步骤才是行动研究的本质所在。

　　因此，行动研究很大程度上事关教师职业素养与专业能力的形成与发展（Mills，2011）。行动研究鼓励教师在他/她的课堂里成为其自身教学实践的终身学习者。这种观念是教育的本质与核心——行动研究鼓励教师关注教室课堂中发生的一切动态，批判性地思考学生个体行为与学生之间的互动行为，证实或者质疑现有教学观念和教学实践，最终大胆创新（Mills，2011）。每一名教师的目标应该是提高自身专业实践，这和教师希望努力提高学生成绩的目标一样重要。而行动研究是达成上述目标的一种有效手段。

行动研究模型

不同研究者提出了行动研究过程的多种模型。由于行动研究具有动态变化的特点，因此各种模型之间多多少少存在一些差异，但是也有很多相同之处。行动研究模型始于一个具体的中心问题或主题，都涉及对当前教学实践的系统观察，以及对信息和数据的收集整理。最后，采取某种行动，作为下一阶段行动研究的基础（Mills，2011）。此外，有些模型在设计上十分简单，而另一些相对复杂。可以从下面的一些示例中看到这一点：

Stringer（2007）在其"行动研究互动螺旋模型"中，把行动研究描述为"一个简洁但强大的框架"，包括"看、想、做"三大步（p.8）。在每个阶段，研究者进行观察、反思，然后采取某种行动，在此基础上进入下一阶段（图1.3）。

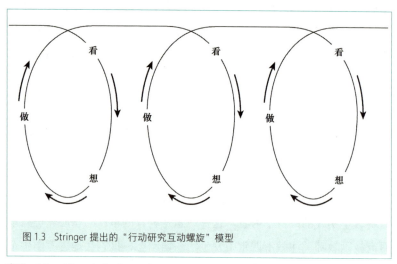

图 1.3　Stringer 提出的"行动研究互动螺旋"模型

来源：Adapted from Action Research (p. 9), by Ernest T. Stringer, 2007, Thousand Oaks, CA: Sage. Copyright 2007 by Sage. Reprinted with permission of the publisher. All rights reserved.

Smith（2007）指出，Kurt Lewin（术语"行动研究"的提出者）也提出了一个"行动研究螺旋"，包括：研究者注意到某个事实、制订计划、采取行动、评价以及在进入第二个行动阶段之前修订计划（图1.4）。

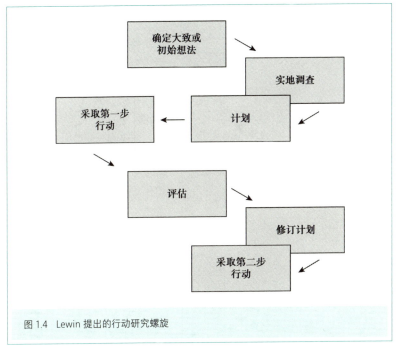

图 1.4　Lewin 提出的行动研究螺旋

来源：Adapted from Encyclopedia of Informal Education. Copyright 2007. Reprinted with permission of the publisher. All rights reserved.

Bachman（2001）的"行动研究螺旋"沿袭了行动研究是周期性活动的观念（图 1.5）。其模型中的下降螺旋表示参与者收集信息、制订计划、观察和评价行动效果，然后基于前一个周期的经验教训，反思和计划新的螺旋周期。

Riel（2007）提出的模型中每个循环周期包括四个步骤：计划、采取行动、收集证据和反思（图 1.6）。

你会采用哪种模型？我的看法是采用哪个模型并非关键，因为这些模型之间并没有实质性不同。这一点不难看出，因为这些不同的行动研究模型使用的不少术语都是一样的。总的来说，我提出的行动研究过程包括四个阶段（Mertler & Charles，2011），下一章会介绍模型的更多细节。在这里，行动研究模型包括的四个阶段如下：

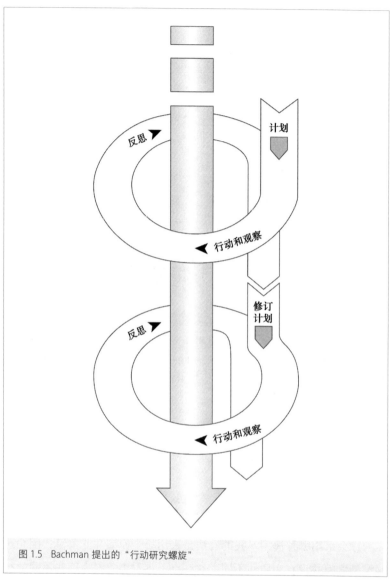

图 1.5　Bachman 提出的"行动研究螺旋"

来源：Adapted from "Review of the Agricultural Knowledge System in Fiji: Opportunities and Limitations of Participatory Methods and Platforms to Promote Innovation Development" (unpublished dissertation), by Lorenz Bachman, 2001, Berlin, Germany: Humboldt University of Berlin. Copyright 2001. Retrieved January 17, 2008, from http://edoc.hu-berlin.de/disser tationen/bachmann-lorenz-b-r-2000–12–21/HTML/bachmann-ch3.html. Reprinted with permission of the author.

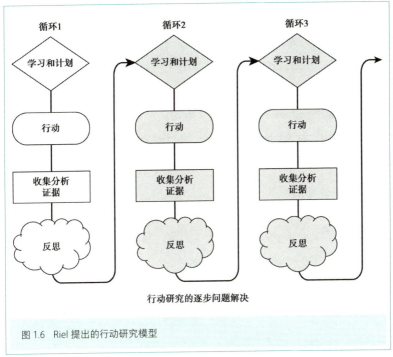

图 1.6 Riel 提出的行动研究模型

来源: Adapted from Understanding Action Research, by Margaret Riel. Copyright 2007 by the Center for Collaborative Action Research, Pepperdine University. Reprinted with permission of the author.

1. 计划阶段
2. 行动阶段
3. 落地实施阶段
4. 反思阶段

　　正如你所看到的,在上面介绍的几个模型中,行动研究都是一个不断循环的周期性过程,通常不以线性方式进行(Johnson,2008)。行动研究中的研究者 - 实践者经常发现自己会多次重复一些步骤,或以和模型不同的顺序完成模型中的各阶段。一项行动研究很可能始终不会有一个明确的研究结点——因为教师会不断进行观察,制订新计划和进行反思,年复一年地循环上述行动研究的不同阶段(Mertler & Charles,2011)。第 2 章对行动研究的具体步骤会有更多介绍。

行动研究的特征：行动研究是什么，不是什么？

虽然行动研究是一个相当清晰简洁的过程，但中小学教师有时也会产生误解（Mertler & Charles，2011）。行动研究作为一种教育研究方法，存在诸多独特性。教师很有必要对行动研究的特征有一个清晰深入的理解。下面是关于"行动研究是什么"观点的汇总，这些观点来自不同学者（Johnson，2008；Mertler & Charles，2011；Mills，2011；Schmuck，1997）：

• 行动研究是一个提高、改善教学工作与教学质量，推动变化的过程。

• 行动研究需要一线教师们通力合作，改进他们的教学实践。

• 行动研究具有很强的说服力和权威性，因为行动研究是教师为教师而做的研究。

• 行动研究要求研究者（也就是一线教师）之间通力合作。

• 行动研究具有高度参与性，因为行动研究的研究者就是设计与实施教学活动的一线教师，而不是教学活动之外的第三方人员。

• 行动研究具有实用性，其研究成果直接服务于一线教师。

• 行动研究要求一线教师对自身教学进行全面、系统、不间断的反思。

• 行动研究通过计划达到系统理解学习过程的目的。

• 行动研究要求教师检验他们自认为合理的一些教育理念与观点。

• 行动研究具有开放性。

• 行动研究是对教育工作场所的批判性分析。

• 行动研究是一个计划、行动、实施和反思不断循环的过程。

• 行动研究可以为研究者，也就是一线教师的教学实践的合理性提供支持。

理解"行动研究不是什么"和理解"行动研究是什么"同样重要（Johnson，2008；Mertler & Charles，2011；Mills，2011；Schmuck，1997），下面是一些关于"行动研究不是什么"的观点：

行动研究不是教师在平时教学工作中的所思所想所做，而是一个更具有系统性和合作性的过程。

行动研究并非简单解决某个问题，而是要弄清这个问题的来龙去脉，提出和发展一些新看法与新实践，并对这些新看法与新实践进行有效的批判性反思。

行动研究并不是由第三方进行的，而是特定的教育者（也就是中小学一线教师）针对自己的工作，与学生、同事一起进行的研究。

行动研究不是把已有的答案付诸实践，而是一个探索发现教育问题，提出创造性解决方案的过程。

行动研究没有一个一劳永逸的最终结论：行动研究的结果没有简单的对错之分，而是要采用观察以及其他方式收集资料，不断地提出多种解决方案。

行动研究不是一种一哄而上、一哄而散的时尚潮流，好的教学工作总是涉及对教学过程和学生影响的系统检查。教师总是在不断寻找改进教学实践的方法，尽管教师很少正面提及这种观察、调整和反思的过程，也很少将其视为一个研究的过程，但这些过程确实存在。

行动研究的重要性

看到这里，读者也许会产生一个合情合理的疑问：为什么我需要参加行动研究项目，特别是在参加行动研究必然会增加很多负担与额外工作量的情况下？对此疑问，Mertler 和 Charles（2011）给出了答案：

第一，行动研究处理的是一线教师自身的问题。第二，行动研究实时性很强，它可以立刻开始——或者在任何你准备好的时候开始——并且产生可以立即付诸实践的研究结果。第三，行动研究帮助一线教师对自己的工作有更深入、更全面的理解，由此来改善自己的教学工作。第四，行动研究可以进一步巩固同事之间的关系。最后，也可能是最重要的——行动研究给教育者提供了（不同于传统教育研究的）另一种思考和处理教育问题和难题、反思评价教育者自身教学实践的方法。（Mertler & Charles，2011, pp.339-340）

当然，上面的回答很可能会让读者产生第二个疑问：既然行动研究大有裨益，那为什么不是每个教师都在开展行动研究？ Mertler 和 Charles（2011）也给出了回答。

第一，虽然在过去十年里，行动研究的普及程度有所增加，但和传统教育研究方法相比，行动研究普及度仍然较低。第二，虽然行动研究看上去似乎并不困难，但是和传统教育研究方法相比，开展行动研究的实际难度更大。因为一线教师既需要对研究过程负责，还需要对研究结果带来的可能变化负责。第三，行动研究和传统教育研究有很多不同，行动研究的结构化程度更低，研究实施难度更大。最后，由于行动研究过程缺乏足够统一的标准，教师在撰写研究结果上可能会遇到困难。（Mertler & Charles，2011）

当然，对于前文提到的两个疑问，上面的回答既可以作为开展行动研究的理由，也可以作为不开展行动研究的理由。因此，下文从几个宽泛而重要的方面对行动研究能够在教育领域中得到成功应用做进一步的讨论和说明：推动理论与实践有效结合；改进教学实践；更有效地提升学校教育效果；推动教师职业发展；在一定程度上推动社会公平。

将理论与实践结合起来

不少教育研究的目的是构建一些教育领域最佳实践的理论（Johnson，2008），然后将其用于帮助教师提高学生学习效率。Johnson（2008）指出这种单向的信息流——研究结果从教育研究者到教育工作者——并不流畅，存在断裂。在很多情况下，研究者学到的理论知识和课堂中教师真正实践的内容之间存在一道鸿沟，以至于可以说研究发生在象牙塔中，而实践发生在象牙塔外的"水沟"里（Parsons & Brown，2002）。传统教育研究在教师教学实践、学生学习行为的相关研究上并没有很好地反映公立中小学学校课堂中发生的真实情况（Johnson，2008）。

Johnson（2008）对教育研究者、教育工作者之间存在的这种断裂提出两个可能的解释：第一，一个基本事实是，教育研究者（如高校教授或者其他研究者）进行的研究通常依据学术界的发表体例撰写和发表（比如学术论文、研究报告），而学术界的论文、研究报告与中小学一线教师每天的典型工作日计划之间有很大不同。研究论文的行文往往比较抽象、不具体，包含大量专业术语，使用的研究方法也往往脱离中小学一线教师真实工作环境中可以提供的资源和条件。许多中小学一线教师和我谈到，他们深信绝大部分教育研究是不切实际的，无法有效满足中小学一线教师的真实需要。第二，Johnson 指出，研究成果从教育研究者到教育工作者——也就是中小学一线教师——单向流动的传统方式使得研究者认为教师是一个被动的信息接收者，没有考虑到教师的观点，忽视了日常教学过程中的复杂性，忽视了一线教师在课堂中面临的很多实际问题。

对于此类理论与实践脱节的现象，行动研究是一个解决之道，它可以在研究者、教师之间建立双向的信息流动。研究者可以向教师提供最佳教学实践方面的信息，同时教师在课堂里收集到的数据资料可用于构建最佳实践理论，从而推动相关研究进展（Johnson，2008）。Parsons 和 Brown（2002）指出："实际的教学工作并非只是被动地由理论和研究设定，相反，它可以进一步推动教育理论研究，开辟新的研究方向。"

改进教学实践

如前文所述，行动研究的关注焦点是改进课堂教学实践。当反思自身的教学活动时，教师自然会根据自己收集的信息和观察到的现象，做出更有效的教学活动决策（Parsons & Brown，2002）。行动研究的一大显著优势就是通过反思和合作来改进教学实践（Parsons & Brown，2002）。行动研究的这一特点要求教师改变自己对教学工作的态度和看法。许多教师认为自己已经非常熟悉教师工作，只要按照过去一直在做的方式继续即可，无需反思与改变。然而，真正意义上的成功教师（就是那些被称为"教学名师"的少数老师）都会持续地系统地反思自己的教学行为及效果。持续、系统的反思会不断帮助教师产生关于教学过程和教学工作的新知识、新想法与新做法。需要牢记的是，教师整天与他人接触，每个人都有不同的需求、欲望、动机、兴趣、学习风格和优缺点。单个或一组学生会向教师不断提出挑战，而解决这些挑战往往需要不同的方法（Parsons & Brown，2002）。行动研究中的系统性反思能为解决这些挑战提供动力。

更有效地提升学校教育效果

上一节讨论的重点是行动研究帮助教师改进个人课堂教学。行动研究也可以通过有组织的方式在更大范围产生改进与完善的效果，一种做法是把行动研究应用于合作研究项目中，也就是"**协同行动研究**"（collaborative action research，CAR）。开展协同行动研究项目有诸多好处，其中一个是集思广益，可以汇集不同的观点、想法、经验和资源（Mertler，2009）。与前面介绍的"个人行动研究"相比（Clauset, Lick & Murphy，2008，p.2），协同行动研究在整合教师、行政部门以及其他参与人员，系统、自发地改进学校教育工作方面，堪称一个很理想的途径。因为在协同行动研究中，参与人员的范围可以扩大到学校的所有教师，每位教师都参与的协同行为研究又被称为"校域行动研究"（Clauset, Lick & Murphy，2008，p.2）。改进学校教育工作、激励一线教师（这一点下一节将进行阐述），会带来更好的教学效果、更佳的学习成绩，培养出更有学习成效的学生。

激励一线教师参与教学改进

行动研究的另一个重要方面是**向一线教师授权**。美国中小学教育系统"数据驱动"的特点日益凸显。当教师收集属于他们自己的数据资料，并据此来制订关于他们自己的学生和课堂的各种教育决策时，教师们就得到了授权。向一线教师授权使教师能够把自身的专长、天赋和创造力带进自己的教室，实行满足学生需要的最佳教学计划（Johnson，2008）。

只要教师认为有必要，就应该允许甚至鼓励教师对其教学实践进行尝试和改变。这种中小学管理模式与传统的自上而下、管理层主导的模式可谓背道而驰。这并不意味着不再需要校级管理者、学区级管理者，但是校级管理者和学区级管理者扮演的角色从过去的控制性角色转变为协调者、支持者和导师。此外，教学管理的焦点聚焦到课堂层面，而不是学校层面，更有助于提高学校办学绩效（Johnson，2008）。

学校对教师的授权增加，教师在课堂和学校所投入的时间精力也会随之增加。教师在参加、实施行动研究过程中获得的技能，以及从行动研究结果中了解到的相关知识都可以迁移到课堂管理中，使课堂管理效率更高。向一线教师授权，提高教师参与度能显著提升教师在学校中的领导力表现。

教师专业化成长

Johnson（2008）把传统的教师在职培训活动戏称为"教师大聚会"。传统的教师在职培训活动通常的做法是：在一天教学时间和内容都高度压缩的教学讨论坊活动结束后，一群教师坐在一起，听一位教育研究专家介绍一种新方法、新理念或新的教学材料，而作为聆听者的教师们内心往往认为在职培训的讲座内容与他们自己日常的课堂或教学工作并没有多少直接关联。学校没有给教师提供充分的学习时间、学习材料或精心准备的培训活动，来帮助教师学到有效的新教学知识，或者对教师的教学方式产生积极影响。这种在过去很长一段时间沿袭的"一刀切"的培训方式过于粗放，已经过时。就教师个性化职业发展而言，即使在今天所谓的"按需供给"时代，虽然可以在互联网上购买教师职业培训与发展相关的学习材料，但高度个性化的教师职业发展需求仍然没有被精准满足。

行动研究已经被证明具备以下作用：提高教师的问题解决能力、职业发展投入度，改进学校教学绩效以及增强教师的自信心和职业自尊（Parsons & Brown, 2002）。此外，行动研究赋予教师对其工作内容、工作方式更大的发言权，而在过去，教师长期以来都是被其他人（如学校管理者、教育研究专家）告知应该如何做，发言权很小。当教师对自身工作有更大发言权后，自然会使其对教师工作的专业性有更高程度的认同（Schmuck, 1997）。除教师教学工作、学校教育工作的改进之外，行动研究还可以用于支持教师的职业发展，因为行动研究允许教师反思自身教学实践，发现在他们自己的课堂上哪些教学实践有效，哪些无效。

对上述观点感兴趣的读者，可以阅读我撰写的一篇题为《基于课堂的行动研究：个性化、富有意义的教师职业发展》的文章（Mertler, 2013）。

推动社会公正

教育界经常谈到向所有学生——不论其出身、社会阶层、性别等——提供平等和公平的教育机会。平等和公平的教育机会对于儿童成长为良好公民来说是十分必要的。提供平等和公平的教育机会需要我们不时挑战教育领域的不公正现象，高度关注和尊重多样性。在教育界，行动研究可以成为推动社会公正的一个机制。当然，关注社会公正角度的行动研究——通常称为"批判性行动研究"——与本书关注点不同，尽管如此，在挑战美国的中小学以及其他教育环境中的不公正现象方面，行动研究有其不可取代的价值。

行动研究的应用

这里列出行动研究四个最重要的应用：

• *辨识教育问题*

- 提出和检验问题的不同解决办法
- 新教师的岗前教育
- 在职教师的专业成长

辨识教育问题

在中小学里，行动研究是找出问题的一种高效手段。识别特定问题是行动研究过程中的第一步，也是很重要的一步。如果某次行动研究的目标是促进教学工作的改善、推动某种改进，那么，改善、改进的具体目标必须首先明确下来（Johnson，2008）。当研究者注意到某种具体情况、现象，并意识到存在可改进之处时，问题识别的基本过程就确定了（Johnson，2008）。识别和界定问题涉及详细描述某种具体情况和现象，在此基础上寻根究底，揭示背后的可能原因。研究者在本质上需要努力回答下面这个问题：为什么会出现此种具体情况、现象（Johnson，2008）？这里举出一些例子：

- 为什么我的学生记不住学过的内容？
- 为什么 Adam、Betty、Carlos 同学缺乏阅读积极性？
- Devin 同学表现出一系列行为问题，背后的原因是什么？
- 怎样使我们的教学更有效率？

制订解决办法并检验

行动研究还可以帮助制订提出问题的解决办法，并对解决办法是否有效进行检验。当你明确了一个需要解决的问题时，可能采用多种问题解决策略（Johnson，2008）。比如所谓的"创造性解决问题的办法"的基本做法是：首先，把你能想到的、能收集到的可能的解决方案都列出来；其次，选择一个最佳办法；再次，对该方案加以细化后，落地实施；最后，评估该方法的实施效果并进行改进，特别是对不足之处进行完善，以便今后继续使用该方法。

行动研究的系统性特点让教师在解决问题时，可以提出更加灵活的设想，更容易接受新的想法，解决问题也更有条理性（Johnson，

2008）。这些都能帮助教师更好地解决问题。

提出解决办法后，需要检验其有效性（Johnson，2008）。每一个新想法都应该被进行检验以确定是否可行。常见情况是，一个解决方案刚开始实施时，需要经常加以修订和调整。这就需要对实施过程进行持续的评价与监测。行动研究可以将两种评价方式——形成性评价、总结性评价——整合为"数据驱动的决策模式"。在实施阶段采用**形成性评价**，实施阶段结束后，进行**总结性评价**。

新教师的岗前教育

众所周知，教学是复杂的专业性工作。已经有丰富教学经验的资深教师都非常理解新教师从学生角色转变为教师角色的感受。上岗前的新教师，无论其知识基础，还是对课堂环境复杂性的理解都是有限的。由于缺乏这些知识，与在职教师相比，新教师在制订日常教学决策过程中往往耗时更多（Johnson，2008）。行动研究可以帮助新教师在研究过程中关注到容易忽略的方面，丰富其对课堂环境复杂性的理解，由此帮助新教师适应新课堂，更好和更快地制订各种教学决策。

大多数在职教师缺乏机会去改变教师岗前教育的本质内容与方式。但是，这里给出一个小建议：如果你有机会指导新上岗的教师，可以考虑给他 / 她提供一个独特的职业发展机会，即让他 / 她和你一起完成一个微型行动研究项目。面向新教师的行动研究项目重点在于观察学生、观察其他任课教师，或观察实习教师自身的教学活动。很多时候，新教师都会被要求观察学生和其他任课教师，但多半不会系统地采用行动研究方法。

行动研究还可以将实习教师、在职教师和大学教师聚在一起开展研究工作。中小学教师可以给大学教师和中小学教育专业的学生（实习教师）提供鲜活的一线教学经验，而大学教师、作为实习教师的中小学教育专业的学生反过来可以给中小学一线教师提供当前中小学教育的最佳实践的相关信息，由此，实习教师、在职教师和大学教师通力合作实现一个共同目标——提升学生的学习效率。需要提醒的是：实习教师进行的行动研究项目一定不能过大，要选择一些小型的研究问题（一个比较好的选题是基于绩效的学生学习情况评估），以免让实习教师感到力不从心、无法胜任（Johnson，2008）。

在职教师的专业成长

前面已经提到，行动研究不仅有助于教师的专业成长，而且能帮助教师制订自身职业的发展规划。Johnson（2008）认为行动研究很可能是"解决教师职业发展问题的最有效途径"（p.44）。因为行动研究给教师提供了将理论与实践相结合的条件，有意识反思自身教学实践，以及在自身工作范围内获得更大授权和自主权的机会。所有这一切都有利于推动在职教师职业化成长，并且最终体现为学生学习效果的改善。学生学习效果的改善使得教师的职业发展超越其个人层面，具有更大更积极的意义。

行动研究的严谨性

任何研究都需要符合科学研究规范，高质量研究更是如此。传统研究的质量保证建立在效度、信度两个准则上。行动研究具有多人参与的特点，其研究质量保证准则与传统研究有所不同（Stringer，2007）。过去，研究者认为行动研究存在的一个"缺点"就是缺乏严格的研究质量保证准则。有一种错误的观点认为，由于行动研究是由一线教师而非学者或大学教师进行，因此其研究质量不高。Stringer（2007）提到他曾经在一个全国教育研究会议上提交了一份行动研究报告，而主办方拒绝他在会议上做公开发言。在主办方反馈的专家评审意见中，一位评审专家的评价是"缺乏根据的无稽之谈"（p.191）。

这种认为行动研究的研究质量不高的观点当然是不对的。但是由此也提醒行动研究者要确保行动研究的研究质量。行动研究的研究质量高低，直接决定了研究成果对读者的价值。行动研究的质量标准可称为"严谨性"。所谓**严谨性**，包括行动研究过程以及行动研究成果的质量、效度、准确度、信度。量化研究中的严谨性一般和效度、信度相关，指量化分析使用的工具、数据、研究成果的准确性，而质性研究中的严谨性一般指准确性、信度和可靠性（Melrose，2001）。第5章会进行更详细的讨论。

许多行动研究者在广义上使用"严谨性"一词涵盖行动研究的所有方面，而不局限在数据与资料收集、数据分析以及研究结果等方面（Melrose，2001）。行动研究的严谨性通常来自研究者采取的检验程序，通过检验程序，确保研究结果不存在偏倚或者只是体现了研究者的某些特定观点（Stringer，2007）。

如上所述，行动研究的严谨性程度与读者接受、分享行动研究成果的意愿有密切关联。基于课堂的行动研究成果的读者群体很多，典型如教师、管理人员、教育顾问、家长、学校董事会、教育协会组织等，行动研究成果的价值大小取决于这些读者群对行动研究严谨性的判断（Melrose，2001）。如果行动研究成果确定在有限范围内传播，比如与行动研究小组成员或研究者所在学校的教职工分享，在这种情况下，行动研究的严谨性要求自然低于在学术界传播（比如在一个全国性研究会议上发言，或者在一本学术期刊上发表论文）的要求。此外，如果行动研究成果预计在较大范围内应用，那么进行研究时，研究者就应该高度关注成果的可推广性。

需要强调的是，若研究确定为较小的、在本地范围内进行的行动研究——顺便说一句，我认为大多数基于课堂的行动研究都属于此类——首先需要关注的并非严谨性。读者需要牢记的是，行动研究者可能不断犯错误并汲取经验（Melrose，2001），这是行动研究固有的特征。在较小的、本地范围内进行的行动研究所要研究的问题往往突发、多变，难以事前预料。本地范围的行动研究很难得到一个可推广到大范围的普遍性结论，因为本地范围的行动研究结果与具体情境高度相关。对于本地范围的行动研究而言，最重要的是改进教学工作实践，产生具体可见的积极结果，在这种情况下，研究的严谨性、研究成果的可推广性并非关注焦点。当然，这不是说一个高质量研究不追求系统严格的研究过程（Stringer，2007）。

对于一线教师主持的行动研究来说，有多种方法可以确保行动研究的严谨性。以下方法改编自 Melrose（2001）、Mills（2011）和 Stringer（2007）：

• 研究周期循环——周期性是行动研究的一个根本特征。大多数行动研究者认为在一个具体行动研究项目中，只进行一个周期的行动研究往往是不够的。为了确保研究的严谨性，多次重复行动研究周期是必要的，先进行的研究周期为下一步循环周期提供指导（Melrose，2001）。从理论上说，每多一个研究周期，就可以获得更多信息与知识，研究信度也由此得以提高。

• 长期投入和持续观察——为了收集足够的信息来帮助参与者充分了解行动研究成果，研究者应该给参与者提供"更多表达参与者个人经验的机会"（Stringer，2007，p.58）。当然，只是简单地投入更多时间是不够的，必须精心设计和仔细进行观察和访谈（Mills，2011；Stringer，2007）。

• 研究者的经验积累——很多时候，行动研究的严谨性和信度取决于研究者的个人经验。如果一名教师（或其他学校工作人员）之前进行过类似的行动研究，或者在此次研究项目中已经有过类似经验，那么这名教师自然对研究更有信心，对研究过程的把握更加到位（Melrose，2001）。如果研究者是一个缺乏经验的新手，这时如果有一名富有经验的协调者加入研究，对于提高研究的严谨性会大有裨益。

• 研究资料的多角验证——在行动研究中引入多种不同方法收集的数据资料，可以提高研究的严谨性（Mills，2011；Stringer，2007）。多角验证使行动研究者可以交叉检验数据的准确性，明确研究参与者的真正想法，澄清研究参与者的一些个人成见和误解（Stringer，2007）。数据准确性和研究结果的高信度是互为前提的。

• 参与者检查——研究者应该向参与者提供审查原始数据、分析过程和行动研究成果报告的机会（Mills，2011；Stringer，2007）。通过允许参与者充分审查研究进程的各个方面，研究者可以更准确地表述参与者的理念、观点和经验，从而提高研究的严谨性，同时也给了参与者一个进一步解释或丰富研究信息的机会。

• 参与者汇报——类似于参与者检查，参与者汇报也可以让参与者发表个人看法。不过，参与者汇报的重点是参与者自身的情绪和感受，而不是之前提供的事实信息（Mills，2011；Stringer，2007）。参与者可以表达他们的一些情绪，即使这些情绪可能妨碍了参与者对某些事件的解释，或者不利于参与者回忆某些信息。

• 多方多角度案例分析——研究者把主要相关利益方的不同视角引入研究当中，以提高研究信度（Stringer，2007）。

• 参与者的充分参与——行动研究应该源于并充分反映利益相关方和主要参与者的经验、感受、观点以及语言表达习惯，以确保参与者真正理解了该项行动研究的诸多方面（Stringer，2007）。

不言自明的是，行动研究的严谨性是非常重要的，尽管行动研究严谨性的要求与传统教育研究对严谨性的要求有所不同。

注意：本章会描述两个具体的行动研究项目，之后各章会反复使用到这两个行动研究项目。

行动研究项目1：
联邦政府教育部 I 类项目[1]中的阅读理解能力提高计划

有助于广泛促进学校改进教学质量

几年前，在日出小学，一个由管理者和教师骨干组成的领导团队开始鼓励一线教师实施行动研究，以提升学校教育质量。所有年级的教师、学生、助教及艺术教师都参加了专门培训，培训内容是如何开展基于课堂和学校的行动研究。领导团队认为，无论是在个人层面进行的行动研究还是协同行动研究，若假以时日，逐渐推

---

[1] 译者注："联邦政府教育部 I 类项目"源于 1965 年美国国会通过的《中小学教育法》（Elementary and Secondary Education Act of 1965），其中"Title I — Improving The Academic Achievement Of The Disadvantaged"，规定对一些学生成绩表现不佳的学校予以补贴资助，接受此类补贴的学校被称为"title I 学校"。此类学校中承担某门课程教学工作的教师被称为"title I 教师"，比如阅读课程的教师称为 title I 阅读课教师。

广开来, 势必会显著提高学生的学业成绩。

　　Kathleen 是日出小学的一名阅读课程教师, 经常反思自身教学方法及其实际效果。和日出小学的许多教师一样, Kathleen 认为进行定期的有计划的行动研究, 有益于提高教学质量。她决定从今年开始采用行动研究以提高学生学业成绩。

行动研究项目 2: 有丝分裂和减数分裂概念的理解

教师合作改进教学质量

　　Sarah 和 Tom 在同一所市中心高中担任生物学课程教师。Sarah 教龄 3 年, Tom 教龄 12 年。在一次夏季科学教育会议上, 两人参加了一个在课堂中开展行动研究的专题培训, 于是决定在下一个学期合作开展行动研究项目。他们相信将两个人的资源和想法集中起来, 共同努力, 能够提出若干改进生物学课程教学质量的新思路。通过几次自我反思和深入交流后, 两个人明确了可以在课堂教学中哪些方面进行改进。

行动研究清单 1

作为教师职业实践一部分的行动研究

□ 列出你认为行动研究方法可以帮助你结合理论和实践的具体途径。

□ 思考有助于改进学校教育质量的若干行动研究项目。

□ 制订一个有助于个人职业成长与教师发展的行动研究项目的具体想法。

□ 从你初步设想的行动研究项目列表中, 确定哪些项目可以采用协同行动研究方式。

□ 列出可以让你的行动研究更加严谨的具体措施。

相关网站

　　下面是帮助你了解更多行动研究知识的一些网站。

◆ 网站名: 行动研究资源 (Action Research Resources)

该网站的站主 Bob Dick 任职于澳大利亚南十字星大学。主页包括一些行动研究期刊的网站链接、讨论主题列表、期刊论文、学位论文等。

其中有两个资料值得关注：（1）《撰写行动研究论文：一个概述》（Approaching an Action Research Thesis）；（2）介绍行动研究主要过程如何操作的论文，题为《你需要如何撰写行动研究论文？》（You Want to Do an Action Research Thesis?）。我建议每个读者都阅读一下这篇论文。

◆ 网站名：课堂行动研究（Classroom Action Research）

该网站由威斯康星州麦迪逊大都会学区维护。该网站向中小学一线教师提供了大量行动研究资源，后面的章节会多次将该网站作为信息来源。该网站第一个链接的标题为"行动研究是什么？"（What is Action Research?），同时对基于课堂的行动研究的内涵进行了界定说明。

◆ 网站名："教师帮教师"（Action Research by Teachers for Teachers）

该网站展示了由教师进行的行动研究项目内容，特别关注了课堂教学技术在行动研究中的整合使用。网站访问者可以了解到其他教师正在进行或者已经完成的行动研究项目、研究创意和研究中遇到问题的解决办法。该网站还允许访问者向其提交材料，以不断丰富网站内容。

◆ 网站名：行动研究手册（Action Research Booklet）

该网站对作为一种教育研究方法的行动研究进行了全面介绍，内容包括行动研究是什么，不是什么，完整描述了一个行动研究项目的展开过程。此外还有两位教师对他们在课堂中用行动研究提高自身教学能力和学生学业成绩的经验教训的反思总结。

◆ 网站名：行动研究网站大全（Action Research Links）

该网站汇总了超过 160 个与行动研究相关的网站。

本章小结

1. 教育研究是科学研究方法在教育问题中的应用。

问题的答案的典型来源包括传统做法、权威和常识。
科学方法是一套系统、客观地寻找问题答案的程序与步骤。
传统教育研究经常由独立于研究对象、研究场景之外的个人进行。

2. 研究方法可以分为两大类：量化研究方法和质性研究方法。

量化研究方法收集数值型数据，使用演绎方法进行推理，包括非实验性（例如描述性研究、相关性研究、因果比较研究）设计和实验设计。

质性研究方法收集叙述型资料（往往是文本资料），利用归纳法进行推理，典型的质性研究方法包括现象学、民族志、扎根理论和案例研究。

混合研究方法将量化和质性方法的数据类型都包括其中。

3. 行动研究是由教育者（特别是中小学一线教师）进行的系统探究，目的是收集教师所在学校如何运作、教师如何进行教学、学生如何学习的信息。

行动研究由一线教师进行，研究成果最终服务于其他一线教师，通常研究者与其同事、学生一起合作开展研究。

研究者对自己进行的教学方法与教学行为进行系统、持续的反思是行动研究的必要组成部分。

行动研究的一般过程包括以下四个阶段：研究方案设计、行动、实施和反思。

大部分的行动研究过程中都会多次地、周期性地重复行动研究的四个典型阶段或者某些阶段。

行动研究可以大大减少理论与实践之间脱节的现象，提高教学实践的有效性，向一线教师更多地授权，给教师提供更多职业成长机会，有利于倡导社会公正特别是教育公平，发现中小学教学实践中的具体问题，提出解决办法并检验其有效性，以及帮助实习教师独立担任教学工作、做更多知识与心理上的准备。

问题与思考

1. 列出至少五件在课堂或学校内你希望改进的事情。然后思考这些事情中哪些适合进行行动研究。

2. 描述一个场景，在该场景中，另外一个人做出了一个决定，而该决定对你的课堂教学产生了影响。如果在该场景中，由你来做出决定，那么你是否会做出和这个人一样的决定？如果不一样，那么你的决定会是什么，为什么你的决定和这个人不同？

3. 总结一下你在本章中学到的知识，以及你对行动研究的看法是什么。参考下面的图样，列出一个传统教育研究与行动研究各自的优点和局限性的对比清单。

	优点	局限
传统研究		
行动研究		

4. 你认为传统教育研究对你的教学和学生是否有帮助？如果有帮助，在哪些方面有所体现？如果没有，为什么？

5. 你认为行动研究对你的教学和学生是否有帮助？如果有帮助，在哪些方面有所体现？如果没有，为什么？

关键术语

行动研究	实验研究	长期参与和持续观察
权威	形成性评估	反思
案例研究	扎根理论	反思性教学
协同行动研究	假设	研究设计
常识	自变量	研究问题
对照组	归纳推理	严谨
批判性行为研究	推断统计	科学方法
演绎推理	逻辑归纳分析	统计显著性
因变量	混合方法研究设计	总结性评估
描述统计	非实验性研究	教师授权
教育研究	现象学研究	传统
民族志研究	总体	三角验证
实验组或处理组	变量	

第 2 章 行动研究过程概述

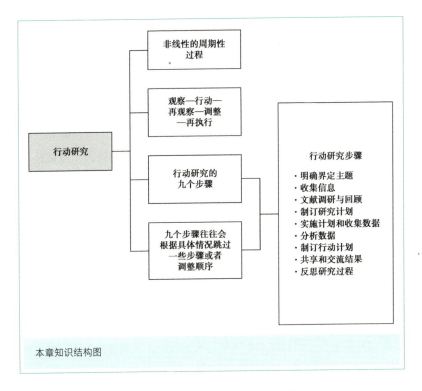

本章知识结构图

第 1 章介绍了行动研究，可以分为如下四个阶段：

1. 计划阶段

2. 行动阶段

3. 实施阶段

4. 反思阶段

本章把第 1 章提到的 4 个阶段细化成 9 个具体步骤。9 个具体步骤的细节将在第 3 至 8 章中分别详述。9 个步骤如下所示：

1. 明确界定研究主题（第 3 章）

2. 收集信息（第 3 章）

3. 回顾相关文献（第 3 章）

4. 制订研究计划（第 4 章）

5. 实施计划和收集数据（第 5 章）

6. 分析数据（第 6 章）

7. 制订行动计划（第 7 章）

8. 共享和交流结果（第 9 章）

9. 反思研究过程（第 9 章）

　　第一阶段（**计划阶段**）包括步骤 1、2、3 和 4，在执行阶段之前进行。第二阶段（**行动阶段**）包含步骤 5 和 6，在这个阶段，行动研究者实施计划，并收集和分析数据。步骤 7 对应一个独立的阶段，也就是第三阶段（**落地实施阶段**），在步骤 7 中行动研究者对计划提出修订或改进。最终，第四阶段（**反思阶段**）包括步骤 8 和 9，行动研究者总结研究结果，确定与哪些人、哪些群体分享研究成果以及如何分享，同时对整个行动研究项目过程中的经验教训进行反思。

　　这里要重申的是：行动研究并非完全按照图 2.1 中描述的方式进行，实际进行的行动研究往往并非一个线性过程。行动研究具有周期性、迭代性、反复性等特征（Mertler & Charles，2011）。虽然行动研究有一个明确的开展起点，但其终点在哪里却未必明确。在通常情况下，既是行动研究者又是实践者的中小学一线教师设计和实施一个行动研究项目，收集和分析数据，监测和评估项目的有效性，然后修订、改进原计划，以便更好地将项目具体落地实行。之后该项目很可能被多次实行，比如在下学期或下一学年的学生群体中实行。正是在这层意义上，行动研究项目起点是确定的，而终点却并不确定。Parsons 和 Brown（2002）将上述过程描述为"观察—行动—观察—调整"，然后"再行动"（P8）。图 2.2 刻画了行动研究这种固有的周期性、迭代性、反复性特征。

行动研究的步骤

　　接下来介绍行动研究 9 个具体步骤的更多细节。Johnson（2008）提醒我们，9 个具体步骤是行动研究项目的指导方针，在进行某个具体的行动研究项目时，9 个步骤必须根据具体情况进行调整，并不是每个步骤都是不可或缺的。在某些情况下，研究者会发现跳过一些步骤，或重新排列具体步骤间的先后顺序，或多次重复某个、某些步骤都是可能的（Johnson，2008）。行动研究可以采取多种方式进行。评价行动研究是否有价值的关键，在于研究所解决的某个具体问题本身对研究该问题的中小学教师是否有价值（Parsons & Brown，2002），至于采用什么样的步骤并非最关键的。

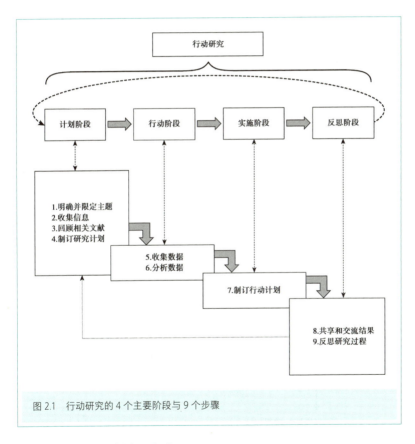

图 2.1　行动研究的 4 个主要阶段与 9 个步骤

步骤 1：明确并限定主题

任何研究的第一步都是要明确研究主题。由于教师是行动研究的主持人，因此教师的个人和职业经验对行动研究有根本性影响，行动研究的主题应该是教师感兴趣的、希望对其进行深入探究的问题（Johnson，2008）。研究者要牢记的是，任何行动研究的根本目标是把事情做好，对某个问题进行改进与完善，纠正一些本来应该发挥作用但实际上并没有效果的事情（Fraenkel & Wallen，2003）。研究者在确定研究主题时，必须时刻牢记行动研究的这一根本目标。

此外，行动研究的主题必须具有管理上的可行性（Fraenkel & Wallen，2003）。坦率地说，大规模的复杂的问题和研究项目更应留给专业科研者进行研究。教师确定行动研究主题时，应考虑时间要

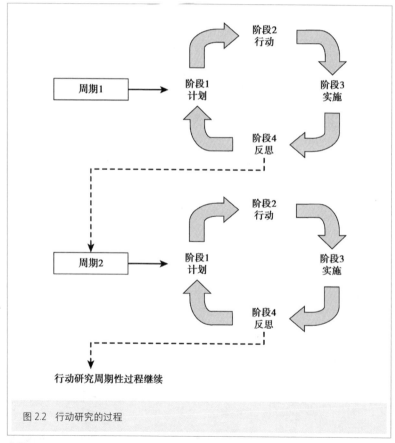

图 2.2　行动研究的过程

来源：Adapted from Mertler and Charles, 2011.

求、执行者个人的数据收集和分析技能水平和预算限制。出于这些原因，中小学教师进行的行动研究主题相对有限（Fraenkel & Wallen，2003）。

第 3 章会讨论界定行动研究主题的一些建议。

步骤 2：收集信息

在明确行动研究主题后，下一步就是初步的资料收集，Mills（2011）将这一步骤比喻为**侦察过程**。收集资料的具体方式未必复杂，完全可以采取比较简单的方式，诸如与其他教师、辅导员或学区、学校的管理者聊天，了解他们对你设想的研究主题的看法。你还可以快速浏览教师手册或课程指南之类的资料，然后再去和其他教师、辅导员等人交流，获得想法、建议等。

更正式地说，收集信息意味着研究者花时间反思自己的观点，更深入了解所要研究主题的性质和发生的场景（Mills，2011）。Mills 所谓的"侦察"过程有三种形式：反思、描述和解释。第 3 章会进行更详细的讨论。

步骤 3：回顾相关文献

广义上说，"相关文献"可以理解为与研究主题相关的任何信息来源，包括专业书籍、期刊论文、内容比较完善的网站或个人主页、教师参考手册、学校或社区文件档案，甚至与同事的讨论（Creswell，2005；Johnson，2008）。相关文献的范围从根本上说是没有限制的，只要能在确定研究主题和研究计划、选择研究工具、数据资料收集方面帮助作为"研究者 - 实践者"的中小学教师[1]做出有充分依据的决定（Parsons & Brown，2002）。不难注意到，回顾相关文献中的此类活动再次给行动研究者提供了一个把现有理论与课堂实践结合起来的机会（Johnson，2008）。

---

[1] 译者注：作者使用这个词强调一线教师作为行动研究者，一方面要进行研究，另一方面要把研究对象、研究过程、研究结果应用到一线教师自己的教学工作当中。

第 3 章会对文献回顾的具体做法给出更多建议。

步骤 4：制订研究计划

在传统教育研究中，制订研究设计和收集数据的计划被称为**研究方法**。策划一个行动研究项目，有几个具体决定必须在步骤 4 中做出。一旦明确界定研究主题后，接下来就是提出一个或多个研究问题，甚至还可能进一步地对这些研究问题提出若干需要检验真伪的研究假设（Parsons & Brown，2002）。第 4 章中读者将看到，所谓研究问题就是一个行动研究项目的中心，是最核心的部分，研究者在这个研究项目中要试图寻找与之对应的答案。研究问题是研究进行的指南。这就是在决定研究方法论之前，必须首先明确研究问题的原因。

一般来说，一次最好只提出一个研究问题。当然，在某些情况下，除了一个主要研究问题，往往还会提出一个次要的、从属于主要研究问题的子问题。子问题当然也不失其重要性，但重要性低于主问题（Mertler & Charles，2011）。如果行动研究者对研究问题有足够的了解和把握，也可以将主问题、子问题都作为研究假设提出来。所谓"研究假设"是研究者在研究还没有开展前，对所要研究的问题给出的一个预期答案。传统教育研究，特别是量化研究当中，研究者提出研究假设的做法非常普遍，但是行动研究中提出研究假设的做法并不多见。

在确定研究问题、提出研究假设时，一个必不可少的工作是明确研究所要讨论、分析的变量。第 1 章曾经提到，对于研究主题以及研究问题来说，变量是不可或缺的。因此，变量必须是可以观察和测量的。举例来说，"理解加法和减法"这一点是无法直接观察和测量的，因为一个人进行加法、减法运算的过程是在大脑里完成的。我们无法看穿一个人的大脑，也无法直接测量或观察到学生对加法、减法运算的理解程度。所以，更恰当的变量是"使用加法和减法计算的正确率"。研究者可以给学生布置一些加法和减法计算题，然后通过每个学生答对题目的数量，来测量"使用加法和减法计算的正确率"这一变量。

一旦确定了要观察、测量哪些特征，接下来要讨论的就是如何收集这些特征的资料。行动研究者需要确定哪些人可以提供需要的资料，需要多少人来提供自己需要的数据资料，以及如何找到这些人（Creswell，2005）。第 1 章中提到的量化、质性或混合方法都可以在行动研究中使用，尽管在使用这些方法时通常有一定程度的简化（Fraenkel & Wallen，2003）。问卷调查、比较研究、相关性研究、实验、观察、访谈、现有文档记录调研、民族志等都是可选的研究方法。此外需要牢记的是，行动研究具有系统性特点，因此数据收集、研究设计都需要在启动研究之前做好计划（Johnson，2008）。当然，还需要牢记的是，收集的数据资料必须与研究问题密切相关。

行动研究中，**研究伦理**也是需要高度关注的一个问题。研究伦理讨论研究中的道德问题，尤其是研究中涉及人类的情形。具体来说，需要注意的是：研究参与者在研究中如何被对待，研究者向参与者披露研究信息到何种程度，研究结果如何公开发表等。正如 Mills（2011）所说，研究伦理涉及研究中"做正确的事"（p.29），包括不能给参与者带来任何伤害。研究伦理的底线是面对他人时必须保持诚实、关爱和公平公正。教师开展行动研究，需要得到学校、学区或其他机构以及参与者的同意。研究伦理问题存在于行动研究的每个阶段与每个步骤。第 3、4、5 和 8 章中对此有更多讨论。

关于研究问题、研究假设、研究设计、研究伦理以及其他在研究计划中需要考虑的决策问题将在第 4 章进行更深入的讨论。

步骤 5：实施研究计划和收集资料

Fraenkel 和 Wallen（2003）提出了三类资料收集技术。

第一种资料收集技术是教师对行动研究项目的参与者进行观察。这些参与者包括学生、教师、家长以及学校管理人员。不管观察在何时进行，教师最好一边观测，一边详细记录观察到的情况。**现场笔记**、日记常用于描述所见所闻的细节。

第二种资料收集技术是访谈。说到**访谈**，很多人会自然而然地想到两个或几个人一问一答式的场面。但实际上，访谈也可以通过书面形式，使用"笔＋纸"的方式进行，也就是**问卷调查**（Fraenkel & Wallen，2003）。

第三类资料收集技术是整理**现有文献或记录**。这种技术往往耗时最少，因为资料已被收集、整理过。行动研究者要做的只是从中找出对自己有价值的部分。常见的现有文献和记录包括学生考勤记录、教职工会议记录、校报、教案、学校规章制度手册、座位表和学生档案等。

除了 Fraenkel 和 Wallen（2003）在前面提出的三类资料收集技术外，我建议增加第四类资料收集技术，包括**清单、评级表、测试**以及学校采用的其他正式评估工具。教师在课堂上经常使用清单和评级表，通常是给学生评分。因此，评级表可以视为一种现有的记录资料。测试——不管是标准化测试还是教师自行开发的测试——和其他正式的评估工具一样，也是可以用于行动研究的有效资料收集工具。

行动研究可以使用任何一种资料收集技术来收集任何类型的资料。Fraenkel 和 Wallen（2003）以及 Johnson（2008）指出采用多种方法收集行动研究变量的数据资料很重要，并鼓励行动研究中的研究者 - 实践者（一线教师）采用"三角验证"方式收集、分析数据。第 1 章曾经介绍过"**三角验证**"，比如在访谈中收集到的学生对学生群体内部行为现象的评论，可以和这些学生在一个小群体中的行为录像进行对比分析。

第 5 章将对资料收集技术做更多介绍，包括质性（如观察、访谈、日志）、量化（例如问卷调查、清单、评级表、测试等）资料收集技术。

步骤 6：分析数据

在行动研究过程中，数据分析主要在两个环节出现。在传统量化研究中,进行数据分析前通常需要完成数据收集。在传统质性研究中,数据分析通常在数据收集过程中进行,且一直贯穿于整个数据收集过程。行动研究结合了这两种做法。Johnson(2008)对此给出的建议是,"当你收集数据时,需要同时从这些数据中提炼出主题、分析出主题与范畴类别或者一些规律性的模式。这种分析会让你清楚地意识到自己需要什么样的数据,从而影响你下一步的数据收集行动"(p.63)。Johnson还指出,除前述这种一边收集一边分析的做法外,当所有数据资料都收集完毕后,也应该有一个总结性的数据分析环节。

使用何种数据分析方法一般根据数据类型而定。但需要注意的是,数据分析方法的选择还应该考虑正在讨论的研究问题和希望得到的答案。大多数质性数据采用归纳方法分析,行动研究者通过归纳方法来找出质性数据资料中的相似之处以及规律性模式。量化数据可以采用描述统计或推断统计进行分析。在多数情况下,描述统计对于行动研究来说已经足够。当然,需要进行组间比较或测量变量间关系时,推断统计方法就该登场了(Creswell,2005)。

这里我给读者一个建议:在资料分析过程中,特别是当你阅读那种传统形式的教育研究论文时,如果感到压力、挫折、不知所措,一定不要被这些负面感受所压倒。因为和那种研究论文相比,行动研究资料的分析通常来说没那么复杂,具体细节更多,没有那么多数学抽象符号与推理(Fraenkel & Wallen,2003)。另外,数据分析也不一定非得你自己完成,完全可以寻求其他教师、管理人员或专业数据分析师的帮助(Creswell,2005)。第6章会介绍量化与质性数据分析的一些具体方法。

步骤 7: 制订行动计划

完成数据分析,对分析结果进行解释、讨论后,便可开始制订行动计划。行动研究的最终目的是采取行动,解决研究者面临的问题——"行动研究"中的"行动"二字就来源于此。制订行动计划的重点是提出一些具体可行的新想法，解决研究者面临的问题（Creswell，2005）。行动计划落地实施后，需要持续监测以评估实施效果，行动计划也会根据评估效果进行修订，由此也体现出行动研究的周期性特征。

行动计划可以在不同层次上进行设计，如单个教师、多名合作的教师、整所学校甚至学校所隶属的整个学区。在某些情况下，可能需要撰写一份行动计划的正式说明文档，但一般来说，文档把要点罗列清楚即可，不必过于详细。

第 7 章会介绍多种类型的行动计划。

步骤 8：共享和交流结果

在教育界，所有研究的一个重要环节就是将研究结果公开发表或者做公开报告，从而与其他人分享研究结果。行动研究自然也不例外。不能因为你开展某项行动研究的最初目的是解决你自己遇到的问题，就认为除了你自己之外，没有其他人对你的研究结果感兴趣。为数众多的中小学一线教师一直在寻找提高其教学工作质量的各种方法，这一事实在前文已经讨论过，这便是教师职业的本质。

可以采取多种形式展示你的行动研究结果。Johnson（2008）指出对你的行动研究结果最感兴趣也最有鉴赏评价能力的观众往往是你的同事。可以通过非正式的方式与你的同事分享你的研究成果，比如在定期举行的教师员工会议或教师在职培训活动中，简明扼要地向同事介绍你的研究成果。甚至与同事聊天，都是分享你研究成果的一种方式。类似的展示——有时可以通过书面简介的形式——还可以面向学校董事会、校长、其他管理人员、学生和家长进行。

从更专业的层次看，行动研究结果还可以通过比较正式的场合传播到更广泛的听众群体。你的研究结果可以正式地在地区、州甚至全国级别的专业会议或其他面向教师群体的论坛、交流会议上展示（Johnson，2008）。学术期刊或者行业期刊也是展示你的研究成果的一个很好的途径，可以把你的研究成果传播到更大范围。特别是面向小学、初中和高中，或者面向课程如数学、科学、社会研究、语言艺术等的专门期刊也是展示你研究成果的很好的渠道。当然，这需要你撰写更加正式的文章。

第 8 章、第 9 章会给出一些建议，以便让你通过口头和书面方式分享、交流你的行动研究结果。

步骤 9：反思研究过程

教育领域中的行动研究主要是中小学一线教师作为研究者对自己教学实践的审视。要做到这一点，就需要研究者系统性地反思自己的教学实践。行动研究中的每一个周期结束时，研究者都必须进行反思。反思之所以关键，是因为研究者要采取的下一步行动（往往下一步行动又是一个行动研究的周期）都建立在上一步行动基础上。

当然，反思也并非只能在行动研究中的某个周期结束时才能进行：教学效果良好的教师在整个教学过程中随时随地都在反思、审视自己的教学实践。当一名教师准备开设一门新课时，他可能会进行至少三次反思：第一次是在决定开设新课后，第二次是新课要马上开始之前，第三次是新课讲授完毕之后，也许还有第四次，也就是评估学生学习新课内容的情况。通过这些反思，这位教师在课堂教学过程中不断进行完善、调整。行动研究者需要做的事情与开设新课教师做的事情非常类似。在一个行动研究项目中，并非只能在研究开始时做出相关决定，研究者可以根据项目进展情况随时进行调整。从这个角度来说，反思其实不是行动研究周期循环中的最后一步，而是无处不在的。

第 9 章会对行动研究过程进行反思、审视。

行动研究示例 1

接下来让我们看一个具体例子。这个例子来自一所高中的"社会研究"课程教研组主任，这位主任一直对这所高中的学生的美国历史课程成绩不满意。这门美国历史课程一直按照传统的顺叙方式讲授——从美国革命开始，然后讲到近现代事件结束。这位教研组主任和另外一位教师一起讲授这门课程，他觉得使用从近现代事件开始，再回溯到美国革命的倒叙方式讲授，可能更有效果。

于是这位主任和另外那位教师决定围绕着这门美国历史课程开展一次行动研究。

步骤 1：明确并限定主题

两位老师在夏季碰了几次头，明确了研究主题。两位老师交流后认为学生面临的难题是如何在看上去彼此没有关系的诸多历史事件之间找到内在联系。教研组主任认为从近现代事件开始，回溯到美国革命的倒叙讲授方式可能有助于解决学生面临的这个难题。于是，两位教师将研究主题确定为：对比传统的顺叙讲授方式与新的倒叙方式在培养学生对历史事件之间内在联系的认知理解能力上的不同。

步骤 2：收集信息

接下来，两位研究者决定跟社会研究课程组的其他老师以及本校其他课程教师交流，了解其他教师对他们提出的研究假设有何看法。两位研究者提出的假设是：学生在认识理解很多间隔几十年之久的不同历史事件间的内部联系方面存在困难。两位研究者首先询问其他教师，对于他们提出的倒叙讲授方式有何看法。另外，两位研究者花费了几天时间，各自独立地认真审视他们的美国历史课程学生是不是确实面临着把相隔几十年的不同历史事件联系起来的困难。特别是，他们仔细地思考除了倒叙讲授法之外，还有没有其他方法可以用来解决学生面临的这种困难。在独立分析思考后，两位研究者再次碰头，一致认为倒叙讲授法应该是解决学生面临困难的有效方法，值得研究。

步骤 3：回顾相关文献

接下来，两位教师决定收集更多的比较正式的研究材料，包括美国历史编年史材料、现有倒叙讲授法的研究论文、其他老师采用倒叙讲授法的效果的材料、其他老师采用倒叙讲授法遇到的困难等。两位研究者进行了分工，教研组主任负责收集公开发表的相关文献，另外一名研究者通过高中历史教师专业协会来联系更多其他历史课程的老师。

步骤 4：制订研究计划

在进行了文献调研以及和其他学校和学区在教学中采用过倒叙讲授法的教师交流后，两位教师认为已经有足够证据支持他们的最初想法，也就是说美国历史课程采用倒叙讲授法对建立历史事件间的联系是有效的。他们还注意到一些否质性证据的存在，这些否质性证据认为倒叙讲授法效果更差，或者说至少没有表现出比传统的顺叙讲授法更佳的效果。两位教师罗列出了具有研究价值的具体问题：在高中阶段的美国历史课程教学中，倒叙法与顺叙法的教学效果是否存在差异？在文献调研与其他信息的基础上，两位教师提出了一个具体研究假设：在美国历史课程学习中接受倒叙法教学的学生的学业成绩要优于接受传统顺叙法教学的学生的成绩。

由于两位教师提出的上述研究假设需要进行比较研究，他们决定下学年将美国历史课程内容随机划分为 8 个部分。每位教师讲授其中的 2 个部分，其中采用传统顺叙法讲授 2 个部分，另外 2 个部分使用倒叙法讲授。课程结束后，收集选课学生的历史课成绩及其他老师进行的学业评估数据。

步骤 5：实施研究计划和收集数据

两位研究者设计了整个学年的一系列学生学业成绩表现评估工具，以评估学生发现、理解不同历史事件内在联系的能力。最后，在春季学期对学生进行了一次美国历史课程标准化测验，其中一部分测试题侧重于评估学生理解历史事件的批判性思考能力。

步骤 6：分析数据

一个学年结束后，两位研究者接着进行数据分析，也就是使用统计学方法比较采用倒叙法教学的学生组和采用顺叙法教学的学生组在美国历史课成绩上是否存在差异。比较结果为，倒叙教学组学生的考试成绩明显高于传统顺叙法学生组的成绩。换句话说，两位研究者最初提出的研究假设得到了支持。

除此之外，其他老师在课堂中进行的多种美国历史课程成绩评估结果也都支持标准化测验结果，研究假设再次得到支持。

步骤 7：提出改进教学的行动计划

基于研究结果，两位教师决定向学校校长、学区课程设置协调员建议把美国历史课程的传统顺叙教学法调整为倒叙教学法，以充分发挥倒叙教学法的积极效应。两位教师一致认为在今后的学年中还应该继续研究倒叙教学法。在接下来的几个学年中，如果还能得到类似积极的研究结果，那么高中阶段美国历史课程的教学方式很有可能会被彻底改变。

步骤 8：分享和交流研究结果

两位研究者所在高中的校长、学区课程协调员对该项行动研究的成效印象深刻。他们向研究者之一，也就是那位美国历史课程教研组主任建议，在下学年新学期开始的例会上，由两位教师向学校董事会和全校教师展示他们的研究成果。两位教师向学校董事会、全校教师做了演示。一位与会教师会后建议他们在每年秋天举行的全州教学创新和最佳实践年会上介绍这项研究。

步骤 9：反思研究过程

之后两位教师讨论了下一个学年该行动研究项目是否需要进行调

整完善，以及如何进行调整完善，他们具体考虑了以下几个问题：整个行动研究项目取得了多大成效？在研究中采集的数据资料对于这个研究项目来说是不是最佳数据资料？还有没有其他类型的数据应该被纳入这个研究项目中？这些问题的答案将指引两位教师在下一个学年的美国历史课程中实施倒叙教学法。

行动研究项目 1：
联邦政府教育部 I 类项目中的阅读理解能力提高计划

行动研究过程概述

　　虽然 Kathleen 老师还没有想清楚自己计划进行的行动研究项目中的很多细节，但她的初步想法是把这个行动研究项目的重点放在阅读教学方面，项目时间设定在一个学期内。然后根据她在培训中学到的行动研究知识，把一个学期的研究时间分为六个阶段：

1. 反思自己的教学，以确定一个研究主题：8 月初
2. 文献调研：8 月中旬至 9 月中旬
3. 研究设计：9 月下旬
4. 对研究对象（学生）实施新的教学方式，收集数据：9 月中旬至 10 月末
5. 分析数据：10 月下旬至 11 月中旬
6. 得出结论 / 制订行动计划 / 撰写研究结果报告：11 月中旬至 12 月中旬。

行动研究项目 2：
有丝分裂和减数分裂概念的理解

行动研究过程概述

　　Sarah 和 Tom 决定提高学生对于不同生物过程概念的理解。两人很清楚在第二学期中学生要学习的概念非常多，例如细胞生物学、光合作用、植物生命周期等。两人决定在一个学年的第一个学期里面，选择一个特定的生物学知识点，使用新的教学方法来讲授这个知识点，进而评估新教法的有效性，然后在第二学期全面实施新教法。

行动研究清单 2

行动研究过程

☐确定你的行动研究项目使用到的数据资料来源。

☐获取一些公开发表的、与你研究主题相关的研究文章。

☐分析典型的数据资料收集技术的优点和局限性。

☐想一想你的行动研究成果会有哪些人感兴趣，潜在读者是哪些人？

相关网站

◆网站名：行动研究导论（An Introduction to Action Research）

在 1995 年美国科学教育研究协会（NARST）会长就职演讲中，Dorothy Gabel 对行动研究做了全面介绍，其中包含对行动研究过程的三个不同的图形化描述。

◆网站名：行动研究五阶段（The Five Phases of Action Research）

威斯康星州麦迪逊大都会学区的一个以课堂教学行动研究为主题的网站中，有一个专门的网页回顾了行动研究的典型阶段。该网页向读者提出一系列问题，然后给出回答，总结了行动研究五阶段中每个阶段的研究要点。

本章小结

1. 行动研究过程具有周期性和重复性，一般包括四个阶段：计划、行动、实施和反思。

2. 计划阶段包括以下四个步骤：

明确和界定主题
收集数据资料和各种相关信息
回顾相关文献
制订研究计划

3. 计划阶段包括以下两个步骤：

实施计划和收集数据

分析数据

4. 实施阶段包括以下步骤：

提出一个将行动项目研究结论用于教学实践的落地计划

5. 反思阶段包括以下两个步骤：

和感兴趣的读者群分享和交流结果
反思整个研究过程的成功经验与不足

问题与思考

1. 行动研究过程的九个步骤中，你认为最难的步骤是哪一个？说明你的理由。

2. 一个人或小团体开展行动研究哪个更可行？列出一个人和小团体开展行动研究的优势和不足。

3. 你认为和不同的教育界读者就行动研究结果进行交流，可能会有哪些好处？

4. 假设你任教的学校里，很多学生的数学课程成绩没有达到教师期望的水平。使用本章关于行动研究四阶段过程的知识，简要描述如何系统地分析、审视该问题。

5. 使用本章最后介绍的行动研究实例，简要说明一下如果是你对该实例开展行动研究，你准备如何按照本章介绍的九个步骤展开。

关键术语

行动阶段	访谈	反思阶段
检查清单	计划阶段	研究伦理
实施阶段	三角验证	研究方法论
现有参考文献或记录	问卷	调查
现场笔记	评级表	测试
侦察		

第Ⅱ部分
我该如何开展我的行动研究项目？

　　本书第Ⅱ部分介绍行动研究过程的初始步骤。在第3章中，读者将了解如何清晰界定研究主题；如何收集与研究主题相关的信息，对相关文献进行调研回顾。第4章介绍研究问题和研究假设、质性和量化研究的初步设计以及行动研究中的道德伦理问题。最后将给出一些实务指南。

第 3 章　行动研究设计和文献回顾

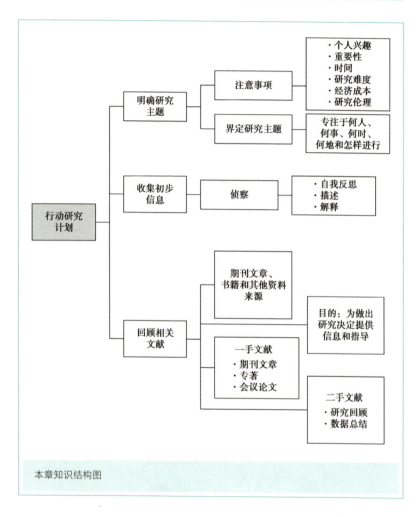

本章知识结构图

　　任何研究的第一步都是清楚界定研究主题，了解现有研究进展，弄清楚还存在哪些问题需要进一步研究，以及收集与研究主题相关的其他信息。本章将探讨如何明确一个研究主题，包括收集初步信息、凝炼研究主题的一些方法。此外，本章还会介绍如何进行文献调研与回顾。文献调研与回顾又分为三个步骤：第一是确定文献的来源（如期刊、数据库、图书、学校档案等）；第二是找到这些文献在何处，如图书馆、学校档案室或者其他地方；第三是如何撰写文献综述。

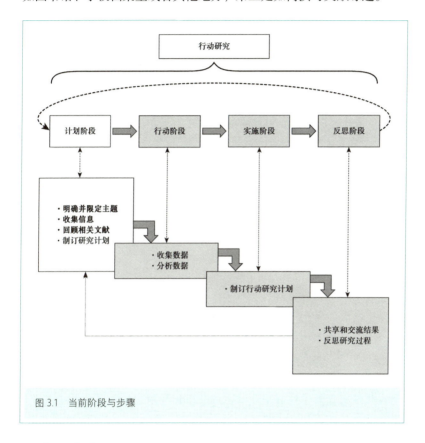

图 3.1 当前阶段与步骤

明确研究主题

显然，确定研究主题是行动研究真正开始的第一步，而且也是行动研究过程中最重要的步骤之一。研究问题必须从研究主题中凝炼出来，如果没有清晰的研究主题，那么下一步研究就无法成形（Hubbard & Power，2003）。如果研究主题太宽泛或模糊不清，那么研究者在收集数据、资料时需要考虑的因素就会过多，以致研究时间不足，无法收集到足够的数据。研究主题应该是在教室中发生的真实问题，如学生学业成绩问题、课堂管理问题（Rousseau & Tam，1996）。Johnson（2008）总结了教育领域中最有代表性的三类行动研究主题：

1. 尝试一种新教学方法。不少教师经常会考虑尝试一种新教学方法或技术，行动研究可以用于系统全面地探讨新教学方法的有效性。

2. 明确问题。当出现一个问题或者情况不太顺利时，教师需要关注问题是发生在课堂范围内还是学校范围内。有条理地系统检查可以帮助教师发现问题所在以及可能的原因，也有助于教师提出一些解决办法。

3. 研究教师感兴趣的领域。教师是专业人士，往往会对某个特定的教育主题产生兴趣。行动研究可以帮助教师对此类主题进行探索性研究。

Mertler 和 Charles（2011）对上述行动研究主题类型做了扩充，这里列出几点：

1. 课堂环境——教室以及学校其他建筑内部的物理环境与其带来的心理感受，对学生学习有何影响。

2. 教学材料——教科书和其他学习材料是否存在性别和种族歧视方面的问题，以及教师、学生对教材和学习材料适用性的看法。

3. 课堂管理——教师和学生对课堂管理办法的满意度，管理行为是否让学生在教学过程中分心，以及根据教师教学与课堂管理能力来灵活调整管理办法的使用情况。

4. 教学方法——某种教学方法对学生学习的影响，不同教师的个人风格对学生学习效果和学习动机的影响，如何向学生有效反馈其学业成绩。

5. 将个体成长规律与教学活动予以关联——学生个人的学习兴趣、学习风格是否能和教师的教学策略进行有机的协调整合，比如采用学生自主学习为主、教师进行指导和辅导的教学策略，或采用学生自我评分的评分方式。

6. 评分和评价——不少教师认为打分和其他形式的评估方式对学生的学习动机、学习压力、学习成绩和学习态度有负面影响，此外他们还普遍对真实性评估[1]和其他非传统评估手段的有效性存疑。

7. 家长会——家长和教师对学校开设家长会形式的看法；提高家长 - 教师交流有效性的具体做法。

上述清单只是行动研究中的部分可能选题，还有很多没有纳入其中，如课程、咨询、心理健康服务、竞技体育、艺术、特殊教育与特殊服务、资优教育等。总而言之，在广阔的教育领域中，一定能找到行动研究的研究主题。

请谨记：一开始就要高度重视研究伦理，即使你只是刚刚萌生开展行动研究的念头。你的研究中涉及研究参与者的任何研究伦理问题都需要有所思考和准备，不能等到研究启动或是在进行的过程中你才开始考虑研究伦理方面的问题。

行动研究者可以通过多种方法聚焦研究主题，其中一种方法被称为"5 个为什么"。"5 个为什么"方法最初由丰田公司提出和使用，用于研究一个问题背后有哪些可能的原因，最终确定有哪些原因是最主要的。5 个为什么中的"5"并非固定不变，因为一个研究者完全可能在追问了 3 个、4 个为什么之后就找到原因，当然也可能多于 5 个。这里举一个使用"5 个为什么"方法的例子，假设有一位老师想知道为什么他的学生拼写测试表现不佳，列出的问题和原因如图 3.2 所示。

初步思考

一旦你对某个主题产生兴趣，想做进一步研究，那就有必要多方面对该主题进行评估（Mertler & Charles，2011）。Schwalbach（2003）认为应该考虑以下几个方面：首先，你本人对该主题确实有浓厚的兴趣。一个人对某个主题的兴趣通常来自积极或消极的经历。此外，这个引

---

[1] 译者注：指让学生当场完成某些任务的评估方式，比如实验、手工展示等。

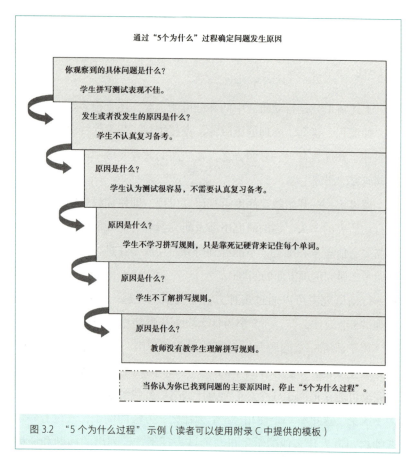

通过"5个为什么"过程确定问题发生原因

你观察到的具体问题是什么？

学生拼写测试表现不佳。

发生或者没发生的原因是什么？

学生不认真复习备考。

原因是什么？

学生认为测试很容易，不需要认真复习备考。

原因是什么？

学生不学习拼写规则，只是靠死记硬背来记住每个单词。

原因是什么？

学生不了解拼写规则。

原因是什么？

教师没有教学生理解拼写规则。

当你认为你已找到问题的主要原因时，停止"5个为什么过程"。

图 3.2 "5 个为什么过程"示例（读者可以使用附录 C 中提供的模板）

起你注意、激发你兴趣的主题需要你投入一定时间去深入了解。因此很重要的一点是：这个主题必须让你乐在其中。否则，请你想象一下，花费整整一年时间去思考、研究一个你不喜欢的问题，会是什么样的感受，最终会得到什么样的研究结果。

第二，你确定的研究主题应该具有重要性。所谓"重要"意味着对中小学教育而言，你的研究结果应该具有改善、改进现状的潜力。如果你对此没有足够的把握，那么就不应该选择该主题。你不妨与同事、学校管理层讨论该研究主题可能产生的积极后果。

　　第三，对选定的研究主题需要耗费的时间做一个大致估计。因为研究时间会挤占你平时的教学工作时间，所以你必须将估计的研究耗费时间和你能自由支配、能用于研究的时间进行比较，以确保有足够的时间投入研究。因此要尽量选择一个能够在相对较短时间内完成的研究主题。

　　第四，评估你计划研究的主题可能存在的困难。出于各种原因，很多有趣的问题往往很难或根本不可能进行研究。在这些"各种原因"中，相当一部分是方法论原因，这一点下一章会谈到。我在这里再次强调，研究主题必须具有改进一线教师教学工作的实践价值。另外需要注意的是，你设计的研究方案应该在你自己掌握的研究方法知识范围内，试图启动一个超出你个人知识与技能范围的研究项目是不明智的。如果你完全没有访谈经验，那么选择一个需要进行访谈和文本分析的研究主题弊大于利。

　　第五，研究者还需要考虑研究可能花费的经济成本。如果一个在物资、差旅等方面花费不少的研究主题摆在你面前，你多半会考虑换一个研究主题，或至少对原来的一些研究设想进行调整。实际上，有不少有价值的研究主题并不需要投入多少经济成本。

　　最后，所有的行动研究者都必须了解研究伦理。在教育研究中让学生、教师暴露在可能危害生理、心理的环境中是不道德，甚至是违法的。

限定研究主题

　　一旦确定了研究主题，并且对上述注意事项进行了评估，那么在进行高效的研究之前，需要对研究主题进行更清晰的界定。因为大多数研究主题的范围都比较广，不够具体（Mertler & Charles，2011）。上文建议的注意事项有助于研究者缩小研究主题的范围，让要研究的问题更加明确，避免浪费宝贵的时间。当缩小研究主题范围时，始终要牢记"有助于一线教师教学实践，提升学生学习效果"这个行动研究的根本评价标准（Schwalbach，2003）。表 3.1 中提供了几个研究主题不断聚焦、浓缩的示例。

表 3.1　行动研究中研究主题的聚焦过程示例

宽泛的研究主题		聚焦的研究主题
在学校范围之外，教师的生活是怎么样的？	→	小学教师的休闲活动以及休闲活动占用的时间
对于来自不同文化背景的学生而言，有哪些因素会影响学习？	→	致使西班牙裔学生感到学习困难的因素
在课堂教学中使用计算机帮助学生修改故事草稿	→	帮助学生修改故事草稿时文字处理程序的有效性
培养阅读技能时，阅读实践的重要性	→	与 5 年级学生共同阅读对 1 年级学生阅读技能发展的影响
实验室标本的虚拟解剖和真实解剖	→	10 年级学生对生物课程中虚拟和真实动物解剖的看法

适当聚焦研究主题后，接下来就是提出具体的研究问题或研究假设。下一章会更加详细地讨论研究问题和研究假设。

收集初步信息

第 2 章已经指出，明确和缩小研究主题范围后，接下来要做的是收集初步信息。我认为，收集初步信息比较好的一个起点是与学校或学区中的其他教师、管理者或咨询者交流。和这些人交流，可以了解他们对你选择的研究主题在研究价值和注意事项方面的看法。毫无疑问，这些人拥有和你不同的经验，这些不同的经验可能给你的行动研究带来一些新的视角。这些人也可能会谈到一些你没有考虑到的重要事项——特别是对你所选研究主题价值的判断与评价。你也可以向他们征求意见、建议。在收集初步信息的过程中，你还可以快速通读最新版本的教师手册、课程指南、教师职业杂志、教师专业协会的快讯简报等各种资源，这些资源提供的信息都可能会给你的研究主题带来有价值的启发。最后，千万不要忘记，在互联网中有大量高质量且容易获得的资源（请参阅本章最后的"相关网站"）。

征求别人的意见和建议固然重要，但更重要的是审视你自己对该项行动研究项目的信念、知识以及最后形成的想法，以便更好地理解你要着手的研究问题的性质与背景，该过程被 Mills（2011）称为"侦察"（Reconnaissance）。Mills 总结了三种"侦察"的具体形式：自我反思、描述和解释。当你尝试深入了解你确定的行动研究领域时，Mills（2011）建议可以从以下方面着手：

- 指导你教学实践的教育理论
- 你对教育价值观的看法
- 你在学校的工作方式对学校教育有什么贡献？
- 你所在学校的历史背景以及教学方式是什么？如何形成的？
- 你对教学工作的看法是如何形成的？有没有受到以往一些事件的影响？

对上面的这些问题进行思考未必会给你的研究带来立竿见影的改变。然而，思考这些问题能够提供开展行动研究项目的必要基础，即如何通过行动研究回答一个教育相关的问题。

"侦察"的下一步是尽可能完整地表述你想要改变或改进的问题或情况。为了做到这一点，你就必须说清楚想要改进的问题涉及的人物、事件、时间、地点和原因。通过对这些要素的清晰描述，你就能对要启动的行动研究项目的重点、难点有一个全面而清晰的把握。否则，你很可能由于一次性想研究过多的问题，使得行动研究项目混乱无序。举例来说，你可能想收集一些以下内容的相关信息：

- 有什么证据表明，该问题确实值得研究？
- 哪些学生或者哪些群体受到这个问题的影响？
- 目前你所在的学校或者你自己是如何讲授知识概念或技能的？
- 教师的学习材料、知识或技能是否经常更新？
- 目前你所在的学校或者你自己如何评估学生对知识、概念或技能的掌握程度?

- 学习材料在课程设置中的定位是什么?
- 教师会在每个学年的什么时候讲授该学习材料?

"侦察"的最后一步是在描述你关注问题的基础上，给出一些你认为的解释。然后，在解释的基础上，进一步提出研究假设。研究假设可以指导你之后要进行的研究，因为研究假设是对研究结论的推测与设想。研究假设来自你对目前存在的问题的反思与审视。

回顾相关文献

接下来的步骤是回顾相关文献，进行文献综述。Johnson（2008）认为，**文献综述**是"对行动研究项目相关的期刊文章、ERIC 数据库收录文献、书籍及其他信息来源的查阅和整理"。文献综述可以达到多重目的：查阅相关文献可以帮助你确定研究主题、聚焦研究问题、制订研究方案以及安排整体项目（Rousseau & Tam，1996），还可以搜寻其他教师与研究者总结的课堂应用实例，以及他们提出的研究问题、研究假设、数据收集方法和数据分析技术（Johnson，2008）。你很可能在文献综述中发现别人的研究成果可以在你的课堂教学中使用，或者为你的研究项目提供可借鉴的思路。

文献综述还可以帮助你在开展研究前在你的行动研究项目、其他研究者的发现与实践三者之间建立联系（Johnson，2008）。除非必要，自然不必把别人做过的事情重复一遍。你可以在自己的研究项目中，通过文献综述总结前人的见解，从而使你的研究更加成功。因此文献回顾可以节省你实际的研究时间（Mills，2011）。另外，进行文献综述可以让你成为某个研究主题的专家，提高自己的专业程度。最后，文献综述不仅对你的行动研究项目有帮助，也有助于提高你的教学能力（Johnson，2008）。图 3.3 描述了文献综述对行动研究的各项益处。

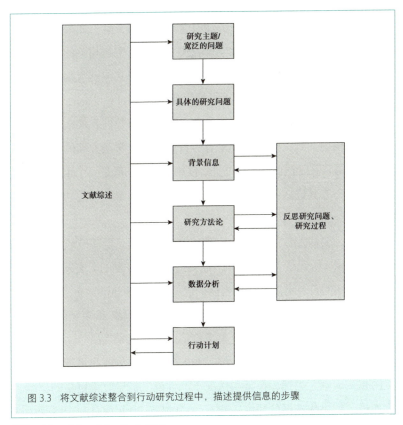

图 3.3　将文献综述整合到行动研究过程中，描述提供信息的步骤

来源：Adapted from Schwalbach, 2003.

　　在你开始搜索与你的研究主题相关的文献之前，应该注意几件事情。首先，书籍、文章和会议论文质量差异较大，已公开发表和出版的文献并不一定具有较高质量。当你看到一篇文章时，首先要关注文章是作者的初步看法还是基于充分研究得到的结论（Schwalbach，2003）。高质量文献都基于真实数据的收集，此类研究论文被称为**实证研究论文**。实证研究并不一定比非实证研究更有优越性，但实证研究基于相对客观的数据和资料，而不是作者个人的主观意见和看法。

　　你的行动研究项目需要注意的第二个问题是客观性。毫无疑问，研究者在开展行动研究项目之前，内心对研究结果是有所预期的。不少研究者在进行文献综述时只关注符合其预期的文献。如果你想把文献回顾做得完整一些，那么就应该收集与你研究主题相关的所有——至少最有代表性的——文献，包括图书、文章和其他出版物，其中这些文献有支持你观点的，也有不支持你观点的（Schwalbach，2003）。举个例子，假设你打算研究整体语言教学法的有效性，那么除了整体语言教学法的文献，你还应收集有关自然发音教学法方面的文献。因为在整体语言教学法的发展历史上，自然发音教学法是一个重要环节。因此只有考查其嵌入的历史背景，才能更好地理解你关注的研究主题的变迁及其原因。

第三，要注意你所收集文献的时效性，也就是要注意收集相对比较新的文献。尽管在文献收集中，需要追溯研究主题的历史发展脉络，但文献收集的首要重点始终是当前的进展情况（Schwalbach，2003）。如果你忽略了事物都在不断变化的基本事实，只收集20多年前的文献，那么你将会错过新的、更具有参考价值的研究成果。虽然文献收集的重点时间段因研究主题而异，但是我的建议是首先收集最近5年内出版的相关文献。当然，在某些情况下，你确实需要收集更早的文献。比如说，如果你选择的研究主题在10年甚至20年前是一个备受关注的主题，之后便陷入沉寂、无人关注，但是现在又再次受到关注，那么自然地，你就需要重点收集一二十年前的文献。

最后说明两个很常见也是学生问我最多的问题：（1）我需要多少篇参考文献？（2）回顾多少篇文献才足够？我通常的回答是"我不知道你需要回顾的文献的主体内容，所以没法回答你的问题"。虽然学生通常不会露出"等于没说"的失望表情，但这个好像"等于没说"的回答却符合实际情况。我之前说过，研究者容易陷入与研究主题相关的文献大海中，尤其是相关文献数量很大时。我的建议是，当你看到一些作者、一些文章的名字在你看过的文献中反复出现时，那么基本上可以确认你漏掉重要文献的可能性已经不大了，你的文献回顾工作做到这种程度，堪称不错了（Schwalbach，2003）。文献回顾的一个基本底线是你自己必须对你回顾文献的数量和质量感到比较满意。Johnson（2008）给出了一个关于"需要多少篇参考文献"问题的经验做法。硕士论文通常需要至少25篇参考文献，而博士学位论文需要至少50篇参考文献。准备在期刊、一般会议上发表或与同行共享的行动研究项目报告，可使用2至15篇文献。Schwalbach（2003）提出了几个重要问题，可以帮助你更好地进行文献回顾，这些问题包括：

- 你了解你的研究主题目前的发展趋势吗？
- 你了解你的研究主题的历史背景吗？
- 对你的研究主题的不同看法、不同观点，你都注意到了吗？
- 你是否觉得自己已经有足够的信息设计一个好的行动研究项目？

如果你对这些问题做了肯定回答，你就可以结束文献回顾了。

相关文献的来源

文献来源可以分两类：一手文献和二手文献。一手文献是第一手资料。常见的一手文献包括期刊论文、手稿和专业研究会议论文（Mertler & Charles，2011）。相比之下，二手文献不是第一手资料，而是其他人对一手文献做的摘要、汇编、分析，包括研究手册、研究综述、学术著作（如教科书）和一部分期刊、报纸文章。当你收集文献时，一般先从二手文献入手，这样你可以大概估计一下要收集的文献数量（Mertler & Charles，2011）。但是，在收集、阅读文献之后，开始撰写文献综述时，应侧重于一手文献。

二手文献一般可以在图书馆的文献咨询部门或者其他某个分部找到，也可以通过搜索图书馆的馆藏资源目录来确定位置（Mertler & Charles，2011）。过去图书馆馆藏资源目录是很多整整齐齐排在抽屉里面的索引卡片，只能手动检索；现在几乎所有的图书馆馆藏资源目录都可以通过计算机快速检索。另外，通常可以在图书馆的文献咨询部门找到一些代表性参考书籍，如《教育研究百科全书》（*Encyclopedia* of Educational Research）、《教育研究评论》（Review of Educational Research）、《全国教育研究协会年鉴》（National Society for the Study of Education yearbooks）以及各种研究手册。新闻报道可以在报刊索引及摘要数据库中进行检索，一旦检索到你需要的新闻报道后，就可以获得原始报刊文章。期刊文章也有类似的期刊摘要数据库。

一手文献资料一般可以通过专门的文献索引数据库或文献全文数据库搜索（Mertler & Charles，2011）。大部分此类文献都是发表在学术期刊或专业会议上的原创研究文章。教育学领域有数以百计的学术期刊，旨在向教育界以及其他感兴趣的人士通报、传播教育学或教育学中某个二级学科或某个领域的实践动态与研究进展（Johnson，2008）。大部分期刊论文都由研究人员或者学术界人士（通常是高校教师）撰写。论文稿件由作者提交给期刊编辑，然后编辑送给3到6个同行专家进行同行评议，专家从论文质量、准确性及对本领域的贡献等方面给出评议意见，包括是否同意发表的决策。如果这篇文章被同意发表，接下来往往还要经历几次作者修改、编辑予以反馈的过程，最后才能公开出版。一些期刊的投稿录用率可能高达50%，而个别期刊的投稿录用率可能低至5%。

虽然目前有很多电子文献数据库，但 ERIC 数据库是最受教育研究者欢迎的数据库。ERIC 即**教育资源信息中心数据库**（Educational Resources Information Center），由美国联邦政府教育部于1966年创建，是目前美国在教育领域最大的数据库。但是，在使用该数据库时，需要小心谨慎。因为 ERIC 数据库曾经有一段时间只是一个信息交流中心，投稿没有经过学术期刊那样相对严格的同行评议，因此 ERIC 数据库中的文献资料质量参差不齐（Schwalbach，2003）。不过，ERIC 数据库已经进行了重大改进，新的 ERIC 数字图书馆在2004年9月1日向公众开放，有两个咨询小组提供专业建议：其中一个小组对 ERIC 数据库收录期刊和非期刊的出版标准提出了若干建议，另外一个内容专家小组向咨询者提供以下领域的专业知识咨询服务：

- 成人教育、职业教育
- 教育评估和评价
- 社区学院
- 咨询及学生事务
- 残疾人和资优教育
- 教育管理
- 小学和学前教育
- 高等教育
- 信息技术
- 母语教育和语言学
- 阅读、英语和沟通
- 农村教育和小型学校
- 科学、数学及环境教育
- 社会研究／社会科学教育
- 教学方法和教师培训
- 城市教育

　　ERIC 数据库提供超过 160 万条文献的检索服务，一部分文献可以追溯到 1966 年，目前收录了超过 1000 种期刊，可以免费获得超过 350000 种非期刊的全文文献。ERIC 数据库的检索方法将在下一节讨论。

　　很多教育领域的其他数据库需要付费使用，但是 ERIC 数据库可以免费访问。当然，需要提醒你的是，在文献检索时不能先入为主地将检索范围限制在某一个数据库，或者限制在能下载全文的一部分数据库。这么做很方便，但是如果你只检索某一数据库，或是无法抗拒坐在电脑边点点鼠标就可以完成文献查阅的巨大诱惑，那你就是在主动放弃自己研究项目的文献检索范围，以致漏掉一些高质量的文献。实际上，你只需要花费一点时间和金钱，去你所在城市的大学图书馆下载或复印你感兴趣的一些文章即可。

ProQuest 数据库包含已发表的文章和会议论文以及博士、硕士学位论文，其中的许多文章都可以获得全文。虽然博士、硕士学位论文不能获得全文，但通过该数据库的网站可以预览学位论文，选定若干页购买。

互联网上有各种各样的搜索引擎，当你搜索一个关键字或关键词时，**搜索引擎**能反馈相关网站列表，这些网站往往按照关键词相关程度的高低进行排序（Mertler & Charles，2011）。许多专业协会网站也会提供一些专业网站的友情链接，关注此类网站对于聚焦研究主题、检索相关文献来说非常有用。美国教育领域最有代表性的协会是美国教育研究协会（AERA）。AERA 下设 12 个分会，还下设许多针对具体领域的特别小组（SIGs）。本章后半部分会介绍更多信息。

在线搜索 ERIC 数据库

ERIC 由两个索引数据库组成，都可进行在线搜索。CIJE 索引数据库收录教育领域及相关领域发表的期刊论文摘要。RIE 索引数据库收录非学术期刊的文献资料，包括会议论文与文件、技术报告、联邦政府资助项目的评估报告，以及其他尚未公开发表的研究成果（Mertler & Charles，2011）。网站的搜索页面如图 3.4 所示。关于高级搜索选项的更多信息，用户点击高级搜索提示即可（图 3.5）。

在搜索的初始阶段，研究者可以使用单个词或词语组合在关键词、标题和作者等检索字段选项中进行检索。来看一个具体例子：假如我们想要检索关于"教师课堂评估实践"的相关研究。那么，我们可以把检索使用的关键词初步确定为术语"教育评估"和"课堂技巧"，然后使用这两个关键词进行搜索。由于搜索同时包含两个关键词（即教育评估、课堂技巧），就需要使用**布尔运算符"&"**，表示只有那些同时包含两个关键词的文献才会被检索；如果使用布尔运算符"|"，那么包含两个关键词中之一的每个文献都将被检索。这里使用"&"，因此搜索到的文献会同时包含"教育评估"和"课堂技巧"两个关键词，搜索结果如图 3.6 所示。

图 3.4　ERIC 数据库主页

图 3.5　ERIC 数据库高级搜索界面

　　首先可以看到 ERIC 数据库检索到同时包含两个关键词的文献有
2778 个，数量太多，难以一一下载、阅读。这时可以使用页面左侧的
筛选选项，进一步缩小文献数量，比如可以选择"描述：教育实践"和"作
者：莫特勒·克雷格.A"，检索到的文献数量就减少了。当你觉得检
索到的文献数量比较合适时，接下来就可以通过阅读标题来进一步确

定需要下载哪些文献并精读全文。如果你对某个标题的文献感兴趣，点击标题，进入新页面，就可以看到该文献更具体的信息。例如你可以点击第一个引文标题《课堂评估的效度和可靠性：以教师为中心的谬误》，结果如图 3.7 所示。

右栏表示这篇论文是一篇经过同行评议的论文。ERIC 数据库编号

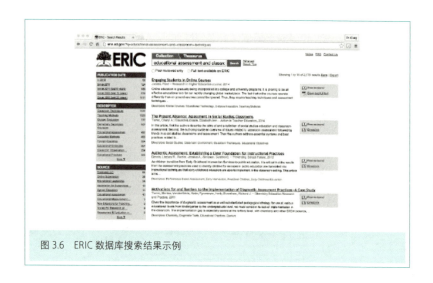

图 3.6　ERIC 数据库搜索结果示例

图 3.7　ERIC 文档引文信息

（如图 3.7 所示）是该文章在 ERIC 数据库内部的编号，由此也可以知道该论文是否已发表在公开的学术期刊上（编号中有 EJ 字符），或是否属于未公开出版类型（编号中有 ED 字符）。

摘要也非常重要，因为摘要是研究内容的简短总结，包括研究发现和结论。通过阅读摘要，可以进一步确定该文献对你来说是否具有阅读全文的价值，由此节约你的宝贵时间。最后，该文献的所有关键词都可以通过超链接和其他相关的文献联系起来。

组合关键词，再选作者姓名、时间等不同的检索选项，对于新手来说有一定难度，但是新手应该毫不犹豫地大胆尝试 ERIC 的搜索功能。该数据库的搜索功能对任何水平的研究者来说都很好用。

撰写文献综述

在我看来，撰写文献综述在任何研究中都是一项非常困难的任务。因为每个研究的内容不同，参考的文献也不同。撰写文献综述不存在简单、有效、清晰的手把手过程指南。学习撰写文献综述的最佳方法之一是研究别人是如何撰写文献综述的。我将给出几个撰写文献综述的建议。

在开始动笔撰写文献综述时，必须时刻提醒自己撰写文献综述的目的是什么。文献综述的目的是向所有对你的研究感兴趣的人介绍以下信息：

- 研究主题的历史背景
- 研究主题的发展动向
- 理论如何指导实践，或者实践如何影响理论的构建

简要概括已读文献中与你的行动研究项目相关的内容（Mills，2011）。主要包括阅读的文献采用了哪些变量，用了什么方法，研究的被试是什么人，最终得到什么结论。其中，最应该强调的是相关研究的结果是什么，因为现有的成果会直接影响你的研究项目的研究设计与研究价值（Pyrczak & Bruce，2003）。

接下来，撰写一个文献综述的写作大纲。首先通过引言部分进行文献综述的结构安排，注意必要时在章节和正文段落处使用标题层级（Pyrczak & Bruce，2003）。务必注意结构安排、标题都要紧扣你的研究主题。不要写成流水账，即一个段落总结一个研究，下一段中总结另外一个研究，而是要按照不同研究之间的内在逻辑联系承上启下，读者才能感受到你的研究主题在整个研究历史中所处的位置，方便读者阅读（Pyrczak & Bruce，2003）。

撰写文献综述的另一个关键是标题的安排。随着文献综述行文的展开，位置越后的标题与你的研究主题相关程度越高，类似于漏斗的敞口不断缩小为漏嘴（图3.8）。读者在阅读你的文献综述时，看到标题与你的研究主题相关程度越来越高，话题越来越聚焦，读者的注意力也会越来越集中于你的研究主题。例如，最近我的一项研究主题是

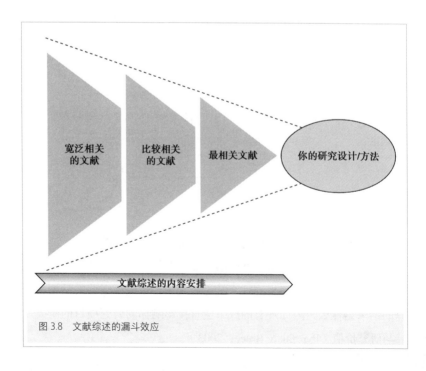

图3.8 文献综述的漏斗效应

探讨教师对《不让一个孩子落后法案》（NCLB）如何影响课堂评估实践的看法。我撰写的文献综述标题如下：

- "不让一个孩子落后法案"在社会舆论、教育界的影响
- 教师对"不让一个孩子落后法案"的看法
- "不让一个孩子落后法案"和课堂教学评价

从上述例子中的三个小标题可以看到文献综述内容如何从宽泛相关的主题逐步聚焦到我的具体研究主题。

在文献综述写作中，结论性段落是很有必要的，因为它能给你的研究提供一个起点（Mills，2011）。结论性段落也可以通过展示你的研究对现有研究的具体推进与贡献，来给你的研究提供支持。最后，结论性段落对现有研究的基本情况进行了简要概述，让无法完整阅读文献综述的一些读者快速、大致地明白文献综述的基本内容。第 8 章会对行动研究中的写作做更多讨论。

行动研究写作：主题和文献综述

本书的"行动研究写作"专栏从本章开始，一直到本书结束。我将从已经公开的行动研究文献中做一些摘录，展示如何撰写一份行动研究报告。本章专栏内容包括两篇公开发表文章的摘录，读者可以从中去体会如何介绍研究主题与进行文献综述。

权威机构如全国数学教师协会（NCTM）与国家研究理事会（NRC）已明确了数学课堂教学需要改进的方面（NCTM，1989，1991，2000；NRC，1989）。其中一个方面是加强数学与学生日常生活的联系。

> 阐明研究的必要性

另一个方面是教学方式从传统的"教师讲-学生听"模式转变为学生参与模式。传统模式中，学生被动地听课、记忆知识；而在参与模式下，教师重在指导学生积极构建知识。在 McNair（2000）看来，上面两个方面改革的努力的本质是课堂中的学生角色从知识消费者到知识生产者的转变。

提出研究主题后，给出支持研究主题的相关文献

数学教学改革的支持者们认为，传统数学教学方式一直在美国学校占据支配性地位，然而其在促进学生对数学概念的理解、把数学应用于现实生活场景方面并不成功。Battista（1999）称，"对大多数学生而言，学校讲授的数学是记忆和遗忘不断循环的过程，对他们来说毫无意义"（p.426）。当前数学教学改革运动的主要目的就是让学生积极参与数学学习，并引导学生理解数学学科的整个脉络，而不是一味埋头于计算和掌握某一个数学分支的具体知识（Ross，1996）。数据显示，大多数课堂教学实际上是对知识的死记硬背，无法有效地培养学生对高层次抽象概念的理解、推理以及沟通和解决问题的技能，而恰恰是这些技能而不是死记硬背才让学生具有竞争力（Silver & Stein，1996）。

从八年级教师角度来看，传统的"教师讲-学生听"模式是一种非常简单的教学方式，因为一切教学活动都由教师事先设计好。相比之下，参与模式的教学方法复杂得多，要求教师采用各种方法激励学生培养数学概念。能否成功激励学生参与数学学习、培养数学概念很可能取决于数学与学生课外经验的联系程度，但不同学生的课外经验不同，且参与模式还会受到学生所处的社会和文化因素的调节影响（Lakoff & Nunez，1997；Lave，1988）。正是如此，采用参与模式进行数学教学的教师所面临的任务是"令人生畏的"，尤其是在一个班级中，学生能力差异往往很大的情况下。那么，教师必然会担心使用新的教学方式会降低学生成绩，而学生家长、学校和学区管理者，毫无疑问都会把数学成绩视为衡量课堂质量的一个主要标准。

作者概述了其主要观点以及支持性研究证据

数学教学改革的多种阻力分别来自教师、家长、学校管理层和学校董事会。那么，反对他们关注的问题是什么？第一，根据 Ross（1996）的总结，反对者们认为过去数学教育中强调"理解"这一点似乎已导致学生具体数学技能（如计算技能）水平的下降。强调理解和强调技能相比，后者的教育对学生成绩的影响更容易显现出来。因此忽视技能会使学生数学成绩的下降趋势被过分夸大，从而出现反对强调理解、重视强调技能的声音。然而，未来的科学家、工程师和数学家既要对数学概念有深刻的理解，也要具备熟练的数学技能。本研究试图阐明，传统数学教学方法和新的数学教学方法如何影响八年级学生数学成绩、数学技能熟练度以及解决问题的能力。

> 研究目的

本研究的目的是评估中学课堂中完形填空试题作为一个教学工具的有效性。要研究的主要问题是"使用多项选择题测验成绩作为测度方式，教学中采用完形填空试题是否能够提高学生学习效率？"多年来，我一直在七年级课堂上使用完形填空试题。完形填空试题的初衷是检测学生对书面材料的阅读能力，但现在已被用于广泛教学实践中（Jongsma，1980）。我不认为一本教科书能够占据课堂核心，或决定课程的教学方法。但是，教科书对于学生的高层次学习仍然起着重要作用。资料显示，提高阅读能力是提高学生理解能力的有效途径（Jongsma，1980）。

> 研究目的和主要研究问题
> 教师基于个人经验的观点来自文献的支持证据

完形填空题型的基本思想源于认知心理学，在教学中主要应用在阅读测试方面。认知心理学的观点类似于早期皮亚杰理论，认为学习是一个将新信息与学习者已有的知识和结构相融合的过程。人类行为并不只受到各种外部刺激的控制，也受到人对所处具体环境的理解和反应方式的控制。完形填空题型的一个意图就是鼓励学习者在以前所学材料与新学习的材料之间建立联系，进而思考和提出问题。除此之外，完形填空也会积极推动学习者思考其读到的内容，从而给予学习者在概念层面组织各类信息的训练机会（Santa，1988）。

> 理论背景和研究理由

　　本研究将使用标准的完形填空试题，具体操作是随机删除测试的文本中的若干个单词。一种改进方法是删除文本中的特定单词，包括关键概念和词汇。通常一篇材料设计 5 或 6 个完形填空空格，完形填空空格具体数量取决于该文的长度与难度。在设计完形填空空格时，设计者最好选择最能总结、体现该文关键概念和术语的文本部分进行删除操作。

　　当学生读到课本中指定的章节时，教师要求学生完成那些基于指定章节内容的完形填空试题。然后，教师评分，并反馈给学生。在多种评分方式中，研究者发现不必进行很精细的评分，只需要简单统计"做完试题"和"没有做完试题"两类即可比较准确地对学生进行区分。

　　研究者发现在课堂中使用完形填空试题有两个明显优点。第一，使用完形填空试题增加了学生完成阅读任务的概率；第二，学生可以将完形填空试题作为学习指南。绝大多数学生对研究者反馈说完形填空试题对他们的学习有帮助。不过，研究者还不够确定学生在学习上获得的收益和教师为设计完形填空试题投入的时间精力之间是否相称。

　　完型填空的一种完善做法是教师将教材的核心内容、关键知识点编制为完型填空空格，帮助学生阅读理解教材内容（Santa，1988）。一些学者研究发现完形填空能够有效帮助学生把学习材料中的概念联系起来（Hayes，1988；Gauthier，1990；Andrews，1991）。Fuchs（1988）发现完形填空对特殊教育非常有效，而 McKenna（1990）发现完形填空对高年级小学生有一定效果。

　　Andrews（1991）在高中科学课程教学中进行了一项研究，研究结果表明，在引入完形填空之前，只有 28% 的学生完成了教师安排的阅读任务。引入完形填空后，学生无法浏览文字材料，不得不仔细阅读，从而提高了学生完成教师安排的月度任务的比例（p.11），最终学生的科学课平均分数提高了 16 分。但是，其他一些人进行的研究却显示，完型填空对提高学生整体把握阅读材料的能力的效果不大（Kintsch & Yarbrough，1982；van Dijik & Kintsch，1983）。

操作化定义

在相似情景中某种教学方法的具体应用

在文献综述中同时列出支持、反对的观点与证据

准备开展行动研究

Kathleen 在一所小型郊区小学从事教师工作，是联邦政府 I 类项目中的阅读专家。Kathleen 一直致力于改善阅读教学的效果，但在下一学年即将到来时，Kathleen 却感到无从下手。她和几位同事进行交谈，同事们提醒 Kathleen 在她工作的学校中，学生普遍存在阅读困难问题。Kathleen 表示认同，并特别强调4、5和6年级学生的阅读困难问题尤其突出。

第一，Kathleen 从学生的日常学习表现中可以发现这一点。Kathleen 的做法一般是：让学生先阅读一部分材料，然后让学生完成一些她布置的任务，包括让学生回答书面或口头的阅读理解问题，或让他们读完一本书后写读后感。很少有学生能正确回答一半以上的阅读理解问题。此外，读后感的完成时间往往一拖再拖。

第二，在上个学年，Kathleen 用了几次诊断性测试。在这几次测试中，Kathleen 的学生在阅读理解部分的得分始终是测试各部分中的最低分。这些诊断性测试的结果和每年春天学校进行的标准化测试结果一致。虽然标准化测试的阅读理解部分不长，但 Kathleen 的学生分数仍然很低。

在这个学年，Kathleen 很想和学生一起尝试一些新方法来提高学生的阅读理解能力。目前 Kathleen 的教学方式是：在和学生逐个交谈并了解学生的情况后，她决定有针对性地设计一些口头表达和书面理解问题，布置阅读作业，另外还进行小组讨论并要求学生写读后感。她检索 ERIC 数据库时发现的几篇提高学生阅读理解能力的文章给了她启发，文章介绍的几种办法看上去很有效，当然也有其他文章怀疑这些办法的有效性。

Kathleen 阅读的几篇文章表明，把教师平时自制的各类测试按照类似于标准化测试的风格进行改编，有助于提高学生在测试中的表现。Kathleen 觉得可以继续采用之前的教学方式，但要增加一个新测试。Kathleen 计划先让学生阅读从阅读材料全文中截取出来的一些短的段落，然后让学生回答一些多项选择、简答题型的问题，以此来评估学生对阅读材料的理解程度，这样也可以让学生对标准化的阅读理解测试更加熟悉。

行动研究项目 2：
有丝分裂和减数分裂概念的理解

准备行动研究计划

　　Sarah 是一名教龄三年的高中生物课老师，Tom 教龄 12 年。两位教师都意识到学生——通常都是 9 年级和 10 年级的学生——在生物学导论课程中的学习颇为吃力。学生通常不能准确理解词汇的含义，对课程中的一些科学概念的理解困难。两位教师意识到两个人必须一起讨论他们在该课程教学中面临的难题，至少努力解决其中一些最突出的问题。Sarah 和 Tom 合作制作了一个学生普遍觉得理解困难的生物学导论课程概念的列表：

- 原核和真核细胞结构
- 细胞分裂（有丝分裂和减数分裂）
- 微生物（如细菌和病毒）
- 生物分类
- 光合作用
- 植物的生命周期

　　列表包括的问题大部分属于微生物学范畴，而且这些问题对要在 11 年级学习更高级生物学课程的学生来说是基础知识，于是 Sarah 和 Tom 决定将重点放在细胞水平的生物学概念教学上。在罗列出的问题中，两位教师进一步确定学生感到最难的概念是有丝分裂和减数分裂。他们发现学生很难理解胞质分裂阶段、染色体、染色单体、中心端、中心粒、主轴纤维之类的术语，更谈不上掌握。此外，学生在这些术语之后的"遗传单位"章节又遇到新的理解困难，于是教师们不得不再讲一遍这些概念术语。

　　Sarah 开始收集使用不同方式讲解有丝分裂和减数分裂的背景资料。Tom 下载了其他高中生物教师发表在一本科学教育杂志上的几篇相关文章。当然，他们真正感兴趣的是关于有丝分裂、减数分裂讲解的文章。过去，Sarah 和 Tom 对于有丝分裂、减数分裂的讲授，一是采用传统方式进行讲解，二是用一些呈现两个分裂过程的图片来帮助学生理解。他们要求学生识别有丝分裂和减数分裂进行的每个阶段，标记出相应的结构部位，简要描述在该步骤中发生了什么。

　　不幸的是，学生们将上述学习过程视为机械的背诵练习，因此他们想要找到更好、更有意义的讲解方式。有一篇文章提到，采用过程模拟方法可以帮助学生理解复杂的分裂过程。Sarah 决定在互联网上进一步寻找相关资料，Tom 则继续寻找相关论文。经过互联网搜索，Sarah 找到了提供使用 Java 语言编程实现的有丝分裂和减数分裂的动画，以及可以在线互动答题的四个网站。Sarah 和 Tom 决定将这些网站提供的材料大量融入教学中，然后再对比分析这种教学方式对学生学习产生的影响。

行动研究清单 3

行动研究过程

□初步圈定几个行动研究的主题，评估其可行性。

□最终确定一个研究主题，从事前文所说的"侦察"工作，以更深入地理解你确定的这个研究主题。

□在 ERIC 数据库、谷歌学术搜索引擎或其他数据库中，寻找与你研究主题相关的公开发表文献，并将文献按照一手文献、二手文献进行分类。

□列出一个文献综述的写作提纲。

□确定你的文献综述是否需要加入更多资料。

部分文献资料来源推荐

专业协会

你也可以通过关注专业协会来寻找研究主题方面的灵感。下面列举了一部分有代表性的专业协会：

国际社会技术教育协会（International Society for Technology in Education）

国际英语教师联盟（Teachers of English to Speakers of Other Languages）

美国数学教师委员会（National Council of Teachers of Mathematics）

美国科学教师协会（National Science Teachers Association）

美国教育传播与技术协会（Association for Educational Communications and Technology）

美国学校管理和课程开发协会（Association for Supervision and Curriculun Development）

美国教育协会（National Education Association）

美国心理学协会（American Psychological Association）

美国优秀大学生协会（Phil Delta Kappa）

美国英语教师委员会（National Council of Teachers of English）

美国幼龄儿童教育协会（National Association for the Education of Young Children）

美国资优儿童研究会（Council for Exceptional Children）

从研究到实践：行动研究项目计划指南（Research to Practice: Guidelines for Planning Action Research Projects）。该网站在题为"明确问题"的一节内容中，对一个好的研究主题和好的研究问题具有的三大特征做了深入全面的评述。

基于课堂的行动研究之起点（Classroom Action Research: Starting Points）。该网站由威斯康星州麦迪逊大都市学区创建，描述了提出一个好的研究主题、好的研究问题的过程。该网页给出了几个提示性问题，供准备开展行动研究的教师们参考，如"我想要改善……""我对……感到很好奇""我准备在自己任教的课堂或者班级上尝试这么一个想法……"。

本章小结

1. 确定研究主题是行动研究过程中最重要的步骤之一。

行动研究主题应该是现实课堂教学中的某个或某些具体问题。

选择研究主题时通常考虑的几个因素：你的个人兴趣、研究主题的重要性、时间要求、研究的预期难度、潜在的成本、研究伦理问题。

在聚焦研究主题的过程中，既要考虑实际应用方面的因素，也需要进行自我反思，以及解释和描述研究问题与场景。

2. 收集与研究主题相关的信息。

信息收集方式包括：和其他教师和教育工作者交流，审视课程教学材料，阅读专业刊物。

还可以通过"侦察"的方式来收集信息，包括自我反思、描述和解释问题场景。

3. 文献综述是对相关研究信息的系统收集与分析整理。

文献综述可帮助研究者在自己的行动研究项目与其他研究者已经完成的研究之间建立联系。

文献综述能够帮助限定、聚焦和明确研究主题，提出研究问题和研究假设，选择合适的数据收集方法，确定适当的数据分析技术。

检索相关文献时，需要考虑文献质量、客观性和时效性。

寻找相关文献的最佳方式是先阅读二手文献，在高质量二手文献的基础上寻找并精读一手文献。此外，文献综述的工作重点是对主要的一手文献进行评论。

当需要对相关文献进行正式的文献综述时，请记住文献综述的目的是：向所有对研究主题感兴趣的人传达研究主题的背景、发展脉络与趋势、理论与实践的结合情况。

文献综述不能写成一堆论文摘要或者简单罗列基本内容，而是要根据你的研究主题来分析、整理、整合现有的文献摘要与基本内容。

问题与思考

1. 设想一个你感兴趣的研究主题，围绕该研究主题完成下表：

问题	回答
你的研究主题是什么？	
通过研究该主题，你想要了解什么内容？或者解决什么问题？	
你具体打算怎么做来解决提出的问题？	
你的研究对谁来说有重要价值？	
你的研究预计需要投入多少时间？	
研究中预计会有哪些困难？	
需要经费吗？预计大概需要多少经费？	
是否存在任何研究伦理方面的问题？	

2. 列出你计划进行的一个行动研究项目可能存在的研究伦理问题。

3. 预计在"侦察"你的研究主题时，可能遇到的最困难的问题是什么？

4. 你认为做文献综述最困难的方面是哪些？

5. 有时在数据库和互联网中搜索相关文献是一项耗时费力的任务。尝试初步确定你感兴趣的研究主题，搜索以下文献类型中的一种：公开发表的期刊文章、专业会议论文或某个网站上发布的文章。

　　6.假设你要写一份文献综述，请基于第5点介绍的三个文献收集方式搜寻资料并起草你的写作大纲。

关键术语

摘要

布尔运算符

ERIC 数据库

一手文献

经验研究

文献综述

ProQuest 文献数据库

搜索引擎

二手文献

第 4 章　制订研究计划

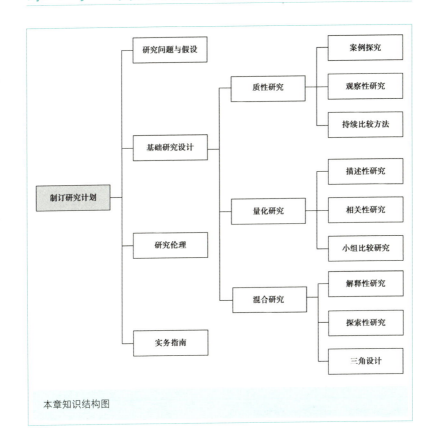

本章知识结构图

　　行动研究项目初期阶段的最后一步是制订研究计划。当你确定了一个研究主题，进行聚焦提炼，并完成了文献综述后，就可以制订具体的研究计划，此时你需要将研究主题转换为具体的研究问题或研究假设，并选择适当的研究设计方案、数据分析方法来收集和分析数据。

确定研究问题

　　在确定研究问题之前，你需要决定在你的行动研究项目中使用**质**

性还是**量化研究方法**，或者**混合方法**。接下来，正式、严谨地说明你准备研究的问题，做到这一点有利于确定你采用何种研究方法。另一方面，在严谨地描述你的研究问题之前，最好也对准备采用何种研究方法有一个初步思考。Leedy 和 Ormrod（2005）给出了一个决策表格，表 4.1 对该决策表格做了一些修改，可以帮助研究者确定采用什么研究方法。当然，行动研究的好处之一是对研究方法并没有特别要求，各种方法都可以混合使用。

表 4.1　我应该使用质性还是量化方法？

如果……	质性方法	量化方法
你相信……	对同一个存在，不同个人有不同的理解。	一个存在可以进行单一、客观的测量。
你的潜在观众……	熟悉质性方法。	熟悉量化方法。
你的研究问题是……	宽泛、整体性、阐释性的。	具体、确定、可预测的。
相关文献数量……	有限。	相对较多。
你的研究课题……	需要深度研究。	更侧重广度研究。
你可用于研究的时间……	比较多。	相对不足。
你的研究问题结构化程度……	低。	高。
你比较擅长的技能是……	归纳和关注细节。	演绎推理、统计。
你比较擅长的写作风格是……	文字性较强的叙事风格。	技术性较强的科技写作风格。

来源：Adapted from Leedy and Ormrod, 2005.

在进一步比较各种研究方法之前，要记得质性研究方法由研究问题决定，而量化研究方法可以由研究问题或研究假设来决定。

研究问题可以定义为：你的行动研究项目准备探究并回答的主要问题，或者说基本问题（Mertler & Charles，2011）。研究问题不提供由研究者或者其他人提出的任何未经证实的猜测性回答，而研究假设会给出一个或多个具体的猜测性回答（Leedy & Ormrod，2005）。可以使用质性方法进行研究的研究问题也可以使用量化方法进行研究。一般来说，适用质性研究方法的研究问题往往比适用量化研究方法的

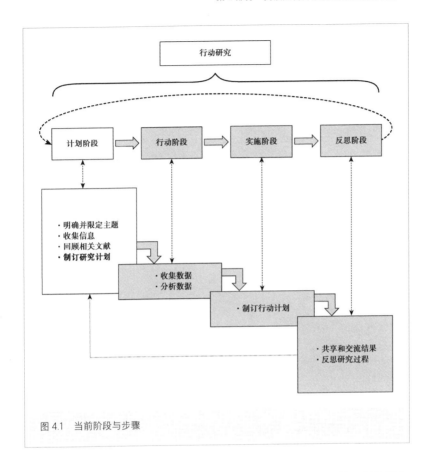

图 4.1　当前阶段与步骤

研究问题更具开放性和整体性。出现这种现象的原因是适用质性研究方法的研究问题允许研究结果与研究者的最初猜测、设想不同（Hubbard & Power，2003）。质性研究往往通过详细的描述和观察来处理问题，经常出现在质性研究问题中的关键词包括"how"和"what"，研究人员由此可以随时做出调整，全面及时地描述任何变化，而量化研究问题的变量是研究者事前已经设计好的（Hubbard & Power，2003）。通常，使用质性方法的研究开始之际，研究者不会提出某个具体的研究问题。研究者首先开始收集数据、资料，以便更好地把握、熟悉到底要研究什么（Schwalbach，2003）。不仅如此，研究者甚至可能会在整个数据收集期间不断修改研究问题。相比之下，量化研究问题在研究过程中很少变化。

当研究者尝试将研究主题转化为研究问题时，需要牢记研究问题的几个特征（Schwalbach，2003）。这些特征罗列如下，后面会逐个进行讨论：

质性研究问题往往以更开放的方式予以说明，而量化研究问题应更有针对性。

在数据收集完成之前，不能假设性、尝试性地提出研究问题与可能的答案。

研究问题不能太宽泛或太具体，特别是在进行量化研究时。

研究问题应该在充分收集、阅读整理该主题相关文献的基础上提出。

研究问题的回答必须基于可获得的数据与资料。

研究问题必须符合研究伦理。

研究问题必须有重要性和可行性。

首先，质性研究问题应以更开放的方式说明，量化研究问题应更有针对性。无论是质性还是量化的研究问题，都应该尽量避免问题答案只是简单的"是"或"否"。例如，学生的学业成绩与学习投入时间有关系吗？对于这个问题，回答自然是"有关系"，因为学业成绩与投入的学习时间几乎必然有某种程度的联系，但是这个回答过于简单，缺乏研究价值，可以考虑这样修改研究问题：学生的学业成绩与学习投入时间的关系是什么性质？

需要注意，这个修改后的问题，虽然仍然是讨论学业成绩和学习时间两个变量，但关注的是两个变量之间的关系（比如正相关、负相关、线性还是非线性等关系），而不只是两个变量之间是否存在关系。

第二，研究问题的表述不应该暗含某个假设，如下例：教学技术手段在写作过程中的运用会在多大程度上提高学生的写作能力？这里，研究者实际上已经提出了一个假设，那就是将教学技术融合到学生写作过程中，将会对他们的实际写作产生积极影响，需要研究的只不过是影响程度多大而已。这个研究问题可以更客观地重述如下：技术融入写作过程会在多大程度上影响学生的写作能力？[1]

读者需要记住的一点是：研究的价值并不取决于最终的研究结果是否积极、正面。如果研究结果为负面或不符合研究者最初的预期，并不意味着研究没有价值，你实际上仍然有收获——因为你发现某个研究结果是负面的，其他人不必再重复类似研究。当然前提是你的研究可靠，因此你的研究工作对该研究主题的相关文献无疑是一个贡献。

第三，确保研究问题范围不能太大或太小，特别是在采用量化研究方法开展行动研究时。下面是一个具体例子：哪些因素有助于提高学生的批判性思维能力？这个问题显然过"大"，对于一名刚从事行动研究的教师来说，很有可能不知道如何着手收集数据资料，不知道如何启动研究。相比之下，换个说法问题会更加具体，也就是更加"小"：基于问题的教学模式会在多大程度上影响学生的批判性思维能力？

第四，研究问题应该在充分收集、阅读整理该主题相关文献的基础上提出。一个研究问题不是突然从你脑子里面冒出来的，而是应该在你收集、整理、分析文献和相关信息的基础上提出来。

第五，研究问题必须在收集可获得的数据的基础上给出一个回答。考虑这么一个看上去可以进行"研究"的问题：上帝是否存在？

我承认不知道应该收集和分析什么样的数据和资料才能回答这个问题——这实际上是不可能的。当然，对上面那个问题可以换一种问法，由易于收集的数据来予以回答，比如这么问：人们在多大程度上认为上帝存在？对于这个问法，我们就可以收集数据来进行讨论，比如对人们进行问卷调查或者访谈，就能够获得数据讨论该问题。

第六，研究问题必须符合研究伦理。前面已经强调过，任何可能让参与研究的人员面临任何形式风险的事情都不能做，包括身体、情感和心理上的风险。特别注意不能进行给学生贴上某种贬义标签的调

---

[1]译者注：不难注意到，在这个说法中，只是提到"影响"，而影响可以是没有影响、正面影响、负面影响，也就是说没有暗含某个假设。

查研究。

最后，研究问题应具有重要性和可行性。第 3 章讨论了研究问题应该具有的这两个特征。请记住，你的行动研究结果应该能够对教学的某个方面、某个问题有所改进与完善，否则没有研究的必要。此外，要考虑你拥有的时间、经费、资源，是否能够支撑你的研究项目。

请读者回忆一下，在第 3 章中（表 3.1），我们分析了几个研究主题，并将这些研究主题凝炼、聚焦为更具有研究价值的主题。这些研究主题以及基于它们提出的研究问题见表 4.2。不难发现，研究问题往往就是将研究主题用问题的形式重新表述。

表 4.2　研究主题及其对应的研究问题示例

研究主题		研究问题
小学教师的休闲活动及休闲活动占用的时间	→	小学教师选择什么类型的休闲活动？在各项休闲活动上，分别花多少时间？
致使西班牙裔学生感到学习困难的因素	→	西班牙裔学生认为导致学业成功的因素有哪些？
帮助学生修改故事草稿时文字处理程序的有效性	→	使用文字处理程序的学生和没有使用的学生之间的书面稿质量有差异吗？如果有，差异的性质是什么？
与五年级学生共同阅读对 1 年级学生阅读技能发展的影响	→	与 5 年级学生共同阅读对 1 年级学生阅读能力的影响是什么？
10 年级学生对生物课程中虚拟和真实动物解剖的看法	→	10 年级的生物学生如何看待虚拟和真正的动物解剖？
学生行为与学校效能之间的关系	→	哪些学生行为与学校效能最密切相关？

最后一点，确保你的研究问题能够真正反映研究主题。换句话说，研究问题必须清楚地表达研究主题的内涵，这个内涵可能是你感兴趣的、想做更多了解的，或者你希望推动的教学改进与变革。如果研究问题未能反映研究主题，那么你的行动研究最终难以取得有意义的结果。

研究假设是在研究开始之前提出的，研究假设的内容是对下一步研究可能得到的结果的一个猜测。研究假设的内容通常是对可能出现的事件，或者研究对象分组之间的差异，或者变量间关系做出的预测（Mertler & Charles，2011）。只有量化研究才会提出研究假设，但并非所有量化研究都会提出研究假设。只有当研究设计要求使用推断统计时，才会提出研究假设（第 6 章中会详细介绍推断统计）。在中小学教师进行的行动研究项目中，推断统计用得不多，所以在这里只做简单介绍。

推断统计中有三种假设：零假设、无方向假设、有方向假设。这里的 **"零假设"** 的意思是认为研究对象分组之间没有差异或变量之间没有关系。**无方向研究假设** 的意思是认为分组之间有差异、变量之间有关系，但没有进一步细化分组之间的差异是大于、小于或者其他关系，所以叫"无方向"。**有方向研究假设** 提供的信息最多，因为不仅指出分组之间有差异，而且具体指出是大于、小于还是其他关系。

研究设计阶段

在行动研究开始之前，对研究设计进行概念化思考是必要的（McLean，1995）。研究者必须仔细考虑研究开展的各个方面，比如如何收集和分析数据。换句话说，研究设计是开展研究的正式计划，是一张研究的"蓝图"，说明研究将如何进行。

质性研究设计

"质性研究设计"一词严格上来说并不是很确切，因为以往提到"研究设计"几乎都是指量化研究。不过，使用质性研究方法的研究者仍然需要一个"研究设计"。当然，和量化研究的研究设计相比，质性研究的研究设计结构化程度低一些。但这并不意味着，质性研究的研究设计价值更低或是很容易完成。实际上，对多数人来说，使用质性方法进行研究往往更困难，因为量化研究的研究假设、数据收集、数据分析方法都很清晰，而在质性研究中一开始并不清楚研究假设，数据收集、分析也相当灵活，往往耗时更多。Leedy 和 Ormrod（2005）对质性研究方法特点的总结是"回答一些问题……我们必须深挖以获得对研究现象的全面理解"（p.133）。

由于质性研究面对的问题往往更具开放性，研究者有时很难提前确定下一步要使用什么研究方法（Leedy & Ormrod，2005）。通常，先初步收集一些数据（通常的方法是观察和访谈），随着这个过程的展开，研究者增加了对研究问题的了解，同时对于如何观察、访谈有了更多的想法，对细节更加关注。正是如此，质性研究的研究问题和采用的研究方法是在研究过程中"逐步浮现"的。

Leedy 和 Ormrod（2005）概述了几种典型的质性研究方法，包括案例研究、民族志、现象学研究。案例研究指在特定期限内对特定的个体、过程或事件进行深入研究，数据来源往往是多样化的，包括观察、访谈和文档调研。民族志是对一个部落、族群的研究，起源于对（往往是欠发达地区）部落、族群民俗文化的研究。观察和访谈是数据收集的关键方法。现象学研究以了解人们对特定情况、场景的感受评价为主要目的，通常采用长时间的访谈来收集研究资料。更多介绍可以参考 Leedy & Ormrod（2005）和 Schwalbach（2003）。

案例研究

案例研究是对某个场景、某个主题或某一特定事件的详细、全面探究（Bogdan & Biklen，2007）。案例研究的复杂性、深度和广度不尽相同。选择一个单一主题进行研究是案例研究设计的最佳起点（Bogdan & Biklen，2007）。取得一定经验后，再根据需要进行多案例研究。

Bogdan 和 Biklen（2007）把案例研究的总体设计描述为一个漏斗。研究起点位于漏斗的开口一端。研究者寻找可能的人或地点，作为研究主题的数据、资料来源。一旦确定后，研究者开始收集数据，一边收集数据资料，一边分析数据，为下一步研究做决定。在这个过程中，研究者会随时根据收集到的最新资料，放弃、修正之前的想法和研究计划，提出新的、更合理的计划。也就是说，研究设计和数据收集在不断调整、不断细化、不断缩小范围，正如漏斗从一头到另一头不断缩小一样。

观察性案例研究

观察性案例研究也许是最常见的案例研究类型，通常是对某个组织或组织的某些方面进行研究（Bogdan & Biklen，2007）。观察性案例研究的重点往往是某组织的特定空间范围（例如一间教室、教师休息室、主要办公室或自助餐厅）、特定人群（例如某些部门的教师、食堂工作人员或办公室工作人员）或学校内的某个活动（例如教职工会议、集会或放学）。

研究者需要注意的是，观察性案例研究要求在学校内选择一个观察点。然而，一旦确定了观察点，就必然有人为因素介入，观察点发生的一切不再完全客观（Bogdan & Biklen，2007）。为了尽可能保证观察点各类事件是客观发生的，研究者应尽可能自然而然地、不露痕迹地融入学校活动中，尽量不要影响学校的其他人员。例如，研究者可能想进一步探究教职工会议上发生的某个事件背后有何原因，研究者这种试图将某个事件独立出来予以分析的行为很可能会"扭曲"事件本身。因为教职工会议上发生的这个事件必然是事出有因的，往往是其他校内或者校外的一系列事件联合起来作用的结果。因此，采用观察和访谈方法收集数据时，研究者必须意识到学校内发生的事件与整个学校的联系，事件通常不是孤立发生的。

Bogdan 和 Biklen（2007）也提醒到，确定观察性案例研究的群体对象时，必须仔细分析、小心谨慎。特别是，研究群体的人数越少，他们越可能因为研究者（研究群体行为的观察者）的存在而改变自身行为。因此，要尽可能选择有一定人数规模的群体，这样研究者在群体中就不会太突出。与此同时，群体规模也不能太大，否则数据采集工作量过大，研究难以完成，质量也难以得到保证。

观察性研究

观察性研究类似于观察性案例研究，两者的相似之处在于研究者都需要融入研究场景、研究群体中。两者的主要区别是观察性研究的关注点更广泛，其研究重点不局限在学校内部组织的某个方面。当然，观察性研究的研究者仍然必须融入研究场景与研究群体，成为一个"受信任的人"（Glesne，2006）。否则，研究对象很可能无法对研究者敞开心扉，交流分享真实感受或看法，从而削弱研究的可信度。研究者一方面观察研究的参与者，另一方面也要积极成为一名和研究对象一样的群体成员，积极、自然地融入研究对象的群组或场景中，取得参与者的信任。如此一来研究者才能真正了解到参与者言行是否一致，才能观察到参与者的真实想法与行为（Glesne，2006）。**参与式观察**在观察研究中，通常发生在数据收集的初期，在这个阶段，最重要的是研究者要与研究对象建立信任关系。

在观察性研究中，研究者的参与程度可以不同。如图 4.2 所示，参与程度的变化范围可以从右端的全程参与到左端的全程不参与，仅仅作为一个旁观的观察者（Glesne，2006）。你的参与可能落在全程参与到全程不参与之间的任何一点，在数据收集的不同阶段，你会发现自己处于该范围内的不同点。此外，参与观察作为数据收集手段可以单独使用，当然实际上通常还会和个人或小团体访谈结合起来使用。

图 4.2 的左端，研究者完全是一名观察者，几乎没有与研究参与者进行任何互动（Glesne，2006）。例如，研究者可能通过单向玻璃观察小学生，这是常见的观察实习教师课堂教学行为的资料收集方法。此时作为被研究对象的小学生、实习教师都不知道自身处于观察中，因此其行为表现真实度较高。

连续统中下一个确定的位置是**作为参与者的观察员**。研究者此时仍然是观察员，但在一定程度上与参与者进行互动（Glesne，2006）。至少，参与者知道自身处于观察中，参与者和研究者之间可能会出现一些非言语沟通。在这种情况下，研究者往往坐在教室后方观察和简单记录，但此时研究者不讲课、不发表任何意见，也不向研究对象提供任何帮助，更不能说话、回答问题或以任何其他方式参与到其中，只能观察和记录。

当研究者积极参与到被观察对象也就是研究群体的活动中时，Glesne（2006）指出研究者对研究对象、研究场景参与越多，观察失去客观性的风险就越大（p.44）。然而，悖论在于，参与程度越高，研究者了解到研究场景、研究群体真实运作情况的机会也越大。

最后，在图 4.2 的最右端，研究者**完全地参与**到研究群体和研究场景当中（Glesne，2006）。此时，研究者成为群组的一员，而不是"局外人"，出现在群组中，同时收集数据。Glesne（2006）指出，研究者在图 4.2 中所处的位置，不一定是有意识做出的决定，这通常取决于研究者正在研究问题的性质、研究环境和研究对象群体的特点。换句话说，作为一个参与者"加入"你的研究对象群体，是否可行？在多数情况下，一线教师开展的行动研究项目都是基于课堂层面进行的，在这种研究场景下，研究者更可能作为一名完全参与者出现，很难完全脱离课堂互动（Glesne，2006）。

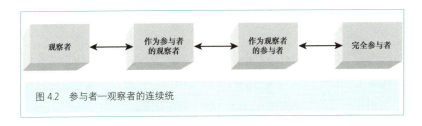

图 4.2　参与者—观察者的连续统

持续比较方法

本章介绍质性研究设计的最后一类方法：持续比较方法。大多数质性研究，尤其是案例研究（Bogdan & Biklen，2007），通常是在研究主题的指导下进行数据收集，数据收集接近完成后，再进行正式的数据分析。**持续比较方法**涉及多个数据来源，其数据分析从研究早期就开始启动，在数据收集接近完成时，数据分析也就基本上结束了（Bogdan & Biklen，2007）。根据 Bogdan 和 Biklen（2007）的讨论，持续比较方法的实施步骤如下：

1. 开始收集数据。

2. 整理数据，特别是要找出可能成为研究重点的关键问题、反复发生的代表性事件或活动，以及对数据进行分类的依据。

3. 继续收集那些能够提供分类范畴信息的数据。

4. 整理数据资料，提出一些分类范畴，以便描述和解释数据中出现的代表性事件，同时寻找新事件。

5. 继续整理数据，以第 4 步中提出的分类范畴为基础，建构模型。模型的目的是描述、解释、预测被研究个人、群体内部关系和社会过程（往往以代表性事件形式表现出来）。

6. 集中分析最重要的分类范畴，进行总结、编码和写作。

需要强调的是，虽然上述过程在描述上是一系列有严格先后顺序的线性步骤，但实际上这些步骤是同时发生的。数据收集和分析反复进行，在一个阶段收集的数据基础上，收集更多数据进行分析（Bogdan & Biklen，2007）。在这个角度看，持续比较方法可以说是基于课堂的行动研究所具有的周期性特点的一个缩影。

量化研究设计

当你考虑采用量化方法开展你的行动研究项目时，有四类研究设计比较适合由一线教师主持的行动研究项目，分别是：描述性研究设计、相关性设计、小组比较设计、单一研究对象设计。

描述性设计

描述性研究的目的是描述和解释个人、对象、环境或事件的现状

（Mertler & Charles，2011）。描述性研究仅仅只观察分析独立存在的，没有任何人工操作、外部干涉的现象。观察性描述研究和调查研究是两种常见的描述性研究设计。在**观察性描述研究**中，重点是具体的行为，往往是一个单一变量（Leedy & Ormrod，2005）。注意不要把描述性观察研究和对应的质性观察研究混淆。质性观察通常是用很详细的记录描述研究对象行为的整体画面，这些观察记录被分析后，再以叙事形式进行总结。相比之下，描述性观察研究集中观察单个变量，然后对变量进行描述性统计分析（Leedy & Ormrod，2005）。

来看一个描述性观察研究的具体例子。假设一位教师的班级上有一个经常调皮捣蛋、违纪的学生，这名学生的违纪行为并不固定，而是不时地发生。于是这名教师设计了一个罗列出学生违纪行为具体类型的统计表格，当这个调皮学生出现某种类型的违纪行为时，研究者就按照这个表格进行统计。另外，这名教师推测，这个调皮学生的违纪行为可能与课堂上的其他学生有关系。这名教师设计的统计表格可以让她能在任何类型的违纪行为发生时，确定哪些学生涉及其中。在预定的统计时间结束后，这位教师对这个时间段学生出现的违纪行为进行描述性统计分析。

第二种描述性研究设计是问卷调查。**问卷调查**的做法是：从代表一个或多个群体的个体那里获取信息，了解他们的观点、态度或特征，向他们询问问题，然后将回答制表处理（Leedy & Ormrod，2005）。问卷调查的目标是了解更多人的情况，而要了解更多人的情况，要么选择一些样本，要么把所有人都调查一遍（当人数不多时）。问卷调查数据的分析通常包括计算频次或回答百分比。学校范围内进行问卷调查的一个例子如下：一名校长想要知道学生对学校的看法，问题包括他们喜欢学校的哪些方面，不喜欢学校的哪些方面。调查问卷分发给每个学生，学生填完后，整理数据，计算填写问卷的百分比。校长还可能把学生划分为不同的群体来分别进行数据分析，比如根据性别、种族把学生划分为不同群体。

读者应该意识到，问卷调查实际上是对研究对象的一个"快照"。调查结果不是一成不变的，调查对象的行动、看法、意见、特征等在调查之前、之后都是可能发生变化的。

相关性研究设计

在**相关性研究**中，行动研究者讨论两个或多个变量之间是否存在，以及存在何种程度的统计相关性（Johnson，2008）。例如，假设我们想要知道学生自主学习小时数和单元测试得分两个变量之间是否存在关系，以及如果存在，那么这种关系有多强。很明显，在收集数据之前，两个变量的取值（即若干小时的学习时间和单元测试成绩）是已经发生了的既成事实。此外，相关性研究中的变量一般自然发生，研究者没有进行人为控制与操纵。

一般通过计算相关系数来测量变量之间的相关程度。**相关系数**从方向和强度两个角度描述了变量之间的相关性。相关系数有多种定义方式，最常见的是**皮尔逊相关系数**，皮尔逊相关系数取值范围从 -1.00 到 $+1.00$。系数的正负值代表相关方向。**正相关**表示一个变量取值增加，则另外一个变量取值也增加，反之为**负相关**。室外温度和柠檬水销售量之间的关系就是一个正相关的例子，因为随着温度升高，柠檬水销售量也增加；而室外温度和咖啡销售量之间的关系是负相关，因为随着温度降低，人们更愿意待在室内，于是室内消费的咖啡数量增加。第 6 章中有更多计算和解释。

关系的强度通过相关系数的数值大小表示。最强的相关性的系数是 1。相关系数等于 $+1.00$ 表示完全的正相关，-1.00 则表示完全的负相关。当然，在教育领域相关性等于 1.00 或者 -1.00 的情况都很罕见。最小的相关系数等于 0，意味着两个变量之间没有关系，当然这种情况也不多见。相比之下，较强的相关性不少见，也就是相关系数绝对值大于 0.8。较弱的相关性也不少见，例如 -0.20 至 0.00 和 $+0.20$ 至 0.00。

这里需要提醒读者注意的是，不要把两个变量之间的相关性看作因果性。牢记：

相关性 ≠ 因果关系

计算两个变量 A、B 的相关系数得到的结果是两个变量相关，但不能由此得出结论，变量 A 是变量 B 的原因。因为可能是其他变量影响了变量 B 的变化，但研究者没有收集该变量的数据进行分析。以前面提到的学习时间和单元测试成绩之间的关系为例。假设计算发现两个变量的相关系数取值为 0.85，也就是有较强的正相关关系。研究者不能由此得出下面的结论：学习时间更长是测试成绩提高的原因——因为其他变量可能影响测试成绩，比如不同学生理解测试题的能力、学生在相同时间内的学习效果差异等。

虽然不能使用相关性结果来解释因果关系，但可使用相关性结果来进行预测。用前面的例子来说，如果我们知道学习小时数和测试分数的相关性是 +0.85，那么知道某个学生的学习小时数，就可以预测那个学生下一次的测试分数。当然，相关性越强，则预测的正确率越高。再次提醒，这不是基于因果关系而进行的预测，而只是一个相关性预测。

小组比较设计

小组比较设计可以完成相关设计无法完成的事——研究因果关系。小组比较设计是将在某些特征上有差异或处于不同条件下的两个或多个群体在同一标准下进行比较，以了解不同的特征或条件是否会导致不同的表现。小组比较设计的思路是：划分两个或多个组，其中一个组或者多个组的某些自变量变化后，看这些自变量影响的因变量是否有变化。

为了方便读者理解，继续使用前面的一个例子，美国历史课程教学中传统顺叙法、新的倒叙法哪个更有效。一名教师使用传统的倒叙法教学，而另一名教师使用新的倒叙法教学。年底，两名教师各自教授的学生参加美国历史课程的大学预修课程测试[1]。通过对该测试成绩的统计学分析，确定新方法是否优于另一种方法。在此例中，自变量是"美国历史教学方式"，该自变量有两个取值，也就是旧顺叙法、新倒叙法，因变量是两名老师各自班级的美国历史课程成绩。如果两名教师各自的班级美国历史考试成绩有差异，就会被认为是教学方法导致的，也就是新方法与旧方法的教学效果存在差异。

只有一种方法才是研究因果关系最有力、最可靠的方法，那就是实验研究方法。实验研究方法要求对变量进行精心设计的控制，当然变量的控制程度不同。比如医学实验中，将研究对象随机分配到治疗组，对比控制组与治疗组的疗效差异。当然，这种随机分配在教室课堂中很难实现，因此实验研究方法总的来说对行动研究适用性不是很强。但是，有三种小组比较设计方法适合在教室和学校中进行的行动研究，即事后回溯研究、前实验设计和拟实验设计。

事后回溯研究。事后回溯研究（因果比较设计）用来寻找在两个或多个组之间存在差异的原因。在都是讨论已经发生事件的关系这一点上来说，事后回溯非常类似于相关性研究（Johnson，2008）。事后回溯设计是事后设计（ex post facto design），*"ex post facto"* 的字面意思就是"事后、既成事实"。研究者首先注意到一群人之间存在某种差异，然后再回头收集相关资料信息，从中分析造成差异的可能原因和条件（Johnson，2008）。

事后回溯设计经常面临自变量已经发生，研究者不能操纵、控制自变量的情况。假设一名校长注意到上年度标准化数学测试成绩的波动范围较大，想要探讨这些成绩波动的原因——该校长推测可能是因为性别差异——这时候该校长可以使用事后回溯研究。具体做法是：收集该学校所有学生的标准化数学测试分数（这些分数是结果，是因

---

[1]译者注：美国一些大学允许高中生提前学习大学课程，高中生入读该大学后，可以免修该课程。

变量），然后列出每个分数对应的学生的性别（在研究进行之前已经存在、自然发生的原因，研究者不可能进行操纵控制，也就是自变量）。男生、女生分成两组，分别计算两组平均得分。最后使用统计学方法分析男女两组是否有差异。如果分析结果存在差异，那么这位校长就可以得出一个结论：性别确实影响了标准化数学测试成绩。

　　再来看另一个例子，假设某辅导员想知道新的自尊方案是否有效，该方案正在该辅导员所在学区中的一半小学中进行测试。事后回溯设计可以帮助该辅导员开展研究，具体做法是：将研究的相关材料发放给整个学区小学的所有在校学生，其中一部分学生拿到的材料是新自尊方案材料，其他学生拿到的材料则不是。然后对学生成绩进行统计比较分析。在此例中，自变量是学生的分类，一类是拿到新自尊方案材料的学生，另一类是没有拿到新自尊方案材料的学生。因变量是学生的自尊指数。如果拿到新自尊方案材料的学生分数明显高于没有拿到的学生的分数，该辅导员会得出结论，新自尊方案是有效的。如果没有差异，则新自尊方案可能是无效，甚至是有害的。

　　前实验设计。 前实验设计之所以被称为"前实验"，是因为它们具有实验研究的一些特点，但又没有完全包括实验研究的其他实质性特点。例如，在前实验设计中，自变量是保持不变的，而严格的实验研究中自变量不可能保持不变。前试验设计中自变量不变的原因是研究对象只有一组，没有分组，所以没有不同组之间的比较。

　　接下来介绍前实验设计和拟实验设计，注意下图中的缩写和符号存在的不同。

组	时间 ➡	
EXP	T	O

T = 处理条件（自变量）
O= 观察（也就是自变量 T 发生变化后，因变量发生的变化）
EXP = 实验组（处理组）
CTL = 对照组（控制组）

处理条件决定了自变量。通常情况下，实验研究中，一些研究对象会接受某种处理，而其他研究对象不会，以对比该种处理对研究对象的影响。这里介绍两种常见的前实验设计。

第一种是单组后测设计（one-group posttest-only design）。**单组后测设计**是一种粗糙的实验设计（Leedy & Ormrod，2005）。此设计对自变量进行了某种处理（也就是自变量发生了某种变化），过一段时间后，测量或观察因变量的变化情况，由此分析自变量变化对因变量的影响。图示如下：

组	时间		
EXP	O	T	O

T = 处理条件（自变量）
O = 观察（也就是自变量 T 发生变化后，因变量发生的变化）
EXP = 实验组（处理组）
CTL = 对照组（控制组）

例如，一位科学课教师想知道某一种实验室新设备能否提高学生的科学课成绩。这名教师在课堂教学中用上所有的实验室设备（包括新实验室设备），然后进行一次考试。学生科学课成绩很理想，于是这位教师得出结论：这种新实验室设备有助于帮助学生学习科学课程。这个实验设计的缺陷是在这位教师进行的研究中，有太多可能影响学生科学课成绩的变量没有被纳入讨论。因为，完全可能出现的一种情况是：学生使用另外一套实验室设备，成绩同样不错，甚至不使用实验室设备成绩也不错。可能的原因也是多种多样的，比如也许是本来学生就很聪明，还可能是在去年科学课上，学生已经接触过类似的新实验室设备，等等。

第二种前实验设计是**单组前后测设计**。虽然依然只有一个组，仍然没有"其他"组来进行比较，但单组前后测设计在自变量发生变化前增加了一个预处理环节。仍然以前面科学课教师的新实验室设备例子来予以说明：科学课教师先对她的学生进行第一次考试，记录学生成绩，然后使用新的实验室设备进行教学，教学结束后，这位教师对学生进行第二次测试，然后对第一次考试、第二次考试的成绩进行比较（Leedy & Ormrod，2005）。这种实验设计和单组后测设计相比，改进是明显的，因为引入了处理前后的对比信息。然而缺陷也很明显，因为仍然不能排除其他可能影响成绩变化的因素。

组	时间		
EXP	O	T	O
CTL	O	–	O

T = 处理条件（自变量）

O= 观察（也就是自变量 T 发生变化后，因变量发生的变化）

EXP = 实验组（处理组）

CTL = 对照组（控制组）

拟实验设计。拟实验设计（准实验设计）十分接近严格意义的实验，但不足之处在于，拟实验设计没有把研究对象随机分散到各组（Johnson，2008）。严格意义的实验随机分配研究对象是为了确保研究者要比较的不同分组之间尽可能相似。当然，拟实验设计没有把研究对象进行随机分组对于课堂教学研究来说反而是一个优点，因为在大多数学校和课堂中，为了进行行动研究，把学生年级、班级甚至学校打乱，随机分配到不同分组显然不可能。有两种方法保证不同分组的相似性：前测、匹配（Johnson，2008）。对于前测方法，以两个分组为例，在对自变量进行处理之前，研究者对不同分组进行前测。如果不同分组前测得分类似，那么就可以进行下一步研究，如果不同分组前测得分差异较大，那么表明不同分组之间存在很大差异，可比性很弱。遇到这种情况有三个办法：（1）找另一个分组进行前测后再进行比较；（2）对现有分组进行调整，看能否提高分组之间的相似性；（3）在描述结果和得出结论时，将不同分组之间的弱相似性单独予以说明（Johnson，2008）。对于匹配方法，其做法是：首先也对所有研究对象进行前测，然后基于前测结果，把前测情况相似的研究对象集中在一起，然后分别分入不同组，比如一个分入实验组，而另一个前测情况相似的研究对象分入对照组（Johnson，2008）。这样两个分组的研究变量相似性就较高了。

Johnson（2008）指出拟实验设计可能涉及改变、调整研究对象。因此，行动研究中要谨慎地使用拟实验设计。否则，你观察到的不再是真实的课堂环境，而是一个已被改变的研究环境。正是如此，Johnson 将使用拟实验设计开展的行动研究称为"拟行动研究"。因为行动研究不是为了证明、证伪某个先入为主的假设、观点，也不是为了提出一个可以推广给所有教师的研究结果，而是始终强调解决一线教师的某个、某些实际的具体问题。因此，本书讨论的教育领域中的行动研究当然也可以使用拟实验设计，但是应该仅仅用于提供某个特定环境中发生了何种情况的说明。

虽然有多种拟实验设计，但只有一种拟实验设计适用于真实课堂研究——**前测 - 后测控制组设计**。该种设计非常类似于前文介绍的"单组前后测设计"，两者的重要区别在于："前测 - 后测控制组设计"增加了控制组，但不进行处理。前测 - 后测控制组设计可以这么来理解：

对照组允许研究者在几个方面进行比较。第一，研究者可以比较**实验组**的前测和后测成绩，以确定处理是否产生影响。第二，比较**对照组**前测和后测的分数，如果对照组前测、后测的分数有区别，那么区别自然不可能来自处理，因为对照组没有进行任何处理。如果发现对照组后测分数比前测分数有所改善，那么可能是因为学生的学习能力本身往往会随时间推移而自然提高。第三，还可以更精细地比较前测到后测的得分具体提高的程度。前面提到的那位科学课教师可以把班级分为两组，一组（可以包括三个课时）使用新设备，而另外一组（包括不同的三个课时）不使用新设备。

混合方法研究设计

虽然质性和量化研究设计已经有很多选择，但是许多行动研究往往采用混合研究设计。原因是大多数教育工作者在开展行动研究时，会感到对于某些变量，收集质性数据更合适也更方便（例如学生的认知或偏好），对于某些变量，收集量化数据更合适也更方便（如学生成绩）。量化数据可以进行统计分析，尤其是需要描述一大群人的相关信息时，量化数据优势明显。而质性数据的优势是给个人提供在感兴趣话题上发表意见和观点的机会。

另外，不同研究阶段可以分别使用量化、质性研究方法，例如某研究者可能想先收集质性数据，用于编制量化调查工具。类似地，某研究者可能先收集量化数据，进行统计分析，之后再进行质性数据收集，以支持或扩充统计分析得到的结果（Creswell，2005）。

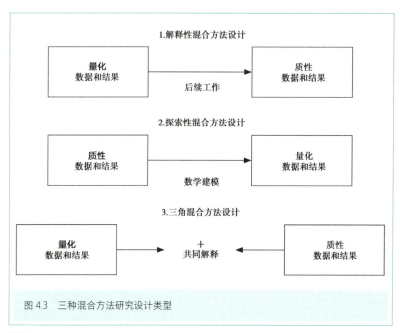

图 4.3 三种混合方法研究设计类型

来源：Creswell, 2005。

本章将介绍三种基本的混合方法设计，分别为：解释性混合设计、探索性混合设计和三角混合方法设计（Creswell，2005），如图4.3所示。三种设计区别在于：不同设计采用的数据类型不同，不同数据类型的相对权重或者说重要性也不同（McMillan，2004）。

解释性混合方法设计

在解释性混合方法设计中，研究者首先收集量化数据，然后再收集质性数据支持、解释或说明量化结果（Creswell，2005）。可以连续依次地完成两类数据的收集——也就是两类数据收集之间没有明确的"中断"——或者在两个不同阶段分别进行收集。量化数据收集及分析的作用是确定最终研究结果的主要内容，而质性数据用于详细说明、改进或进一步解释量化研究得到的结果，通常质性数据用于观察离群值或极端个例。McMillan（2004）认为解释性混合方法设计是混合设计中最常见的类型。

探索性混合方法设计

当然，研究者也可能首先收集质性数据，然后再收集量化数据。**探索性混合方法设计**首先收集质性数据，总结出一些规律或者关系。然后收集量化数据，进一步解释在质性数据中发现的规律或者联系。常见应用是通过质性数据对研究现象进行研究，识别出一些感兴趣的主题、规律、联系，然后在此基础上，开发、编制收集更多信息（量化数据）的研究工具（比如量表、问卷等）（Creswell，2005；McMillan，2004）。这一做法赋予了研究工具更高可信度，因为研究工具的条目、内容来自研究对象的想法和他们观察到的现象，而不是来自研究者在编制研究工具之前先入为主的个人推测（McMillan，2004）。

三角混合方法设计

三角混合方法设计几乎在同一时间收集量化和质性数据，且两类数据在分析中的重要性是相同的。研究者能够利用两种数据形式的各自优势，合并两者并且同时使用分析结果，更好地理解研究问题（Creswell，2005）。研究者比较量化数据和质性数据产生的结果，如果产生类似结果，整体结论的可信度自然更高。

研究中的伦理关注

　　研究者必须确保行动研究符合研究伦理标准：按照符合研究伦理标准的方式对待参加行动研究项目的学生和其他教师，以及按照符合研究伦理标准的方式对待从他们那里收集到的数据。大多数大学和中小学学区都设置有某种形式的审查流程，以确保申请的研究项目符合研究伦理标准，负责此类审查的机构通常被称为**"人类研究对象审查委员会"**（HSRBs）或**"机构审查委员会"**（IRBs）。这些委员会的工作是通过审查研究申请，确保研究中人类研究对象的人身及心理安全得到保障。HSRBS 或 IRBS 通常要求研究者提供一份研究计划概要，审查从人类研究对象中收集数据资料的方法是否符合研究伦理标准。

　　美国国立卫生研究院（NIH）下属的院外研究办公室[1]提供学习者自定进度的在线培训模块，该培训模块帮助研究者以恰当方式处理行动研究中有关参与者的研究伦理问题，注册和课程本身都是免费的。虽然一部分课程内容比较侧重于医学领域的研究，但该培训课程非常详尽地介绍了人类研究对象与人类参与情况下的研究伦理问题的历史和发展脉络。许多大学和学校都要求研究者在开展任何涉及人类研究对象、人类参与者的研究项目之前，进行此类课程的培训。本课程注册页面见图 4.4。

　　该培训课程大约需要 90 分钟完成，包括导论、历史、研究伦理准则、相关法律法规、尊重、善行、正义、结论。其中有四个部分（即

---

[1]译者注：所谓"院外研究"就是 NIH 向不隶属于 NIH 的其他机构特别是大学提供资助的研究项目。

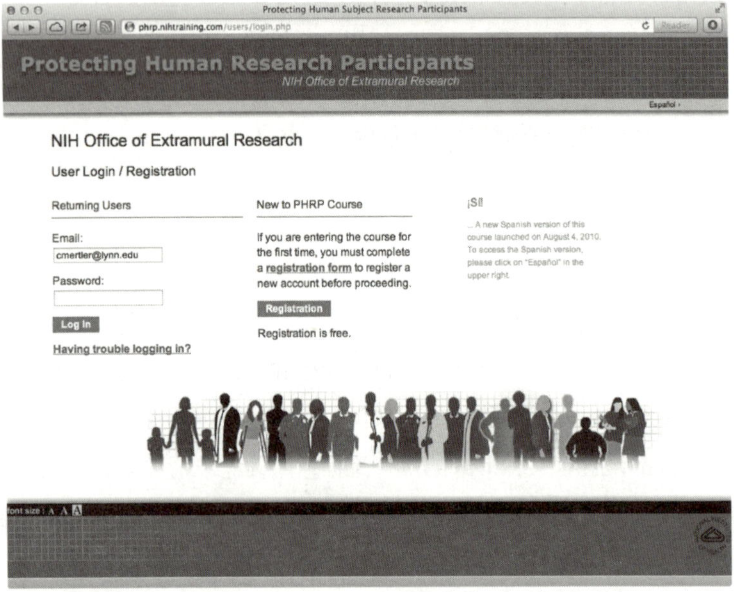

图 4.4　美国国立卫生研究院培训课程《保护人类研究对象》注册页面

相关法律法规、尊重、善行、正义）需要通过测试。一旦完成整个课程，可以取得电子版本的培训证书（图 4.5）。

此外，美国很多机构还参与了跨机构合作培训计划（CITI），该计划主办机构为迈阿密大学。CITI 是美国一流的培训机构，为美国和世界各地的学术机构、政府机构和商业组织学习者提供培训内容。CITI 的主页面如图 4.6 所示。CITI 提供了多种培训课程，但作为行动研究项目主持人的中小学一线教师可能对以下内容最感兴趣：

以人类为研究对象的研究（human subjects research）
负责任地开展研究（responsible conduct of research）

一旦你确定了一个研究主题，并开始起草你的研究计划，一定要记住：务必获得你的研究对象以及参与者（例如学生及其家长、同事、其他教师、学校管理人员等）的同意，即你被允许从他们身上获得数

图 4.5　美国国家卫生研究院培训课程"保护人类研究对象"的结业证书样本

图 4.6　CITI 官网主页

据资料，包括录音、录像、学生制作的各类作品、测试分数和教学观察日志等。确保他们参与研究是完全自愿的，任何人，不管是成人还是儿童，都不能被强制或被迫参与研究。

对于是否需要获得研究对象的正式同意问题，Hubbard 和 Power（2003）建议，如果你的行动研究结果只是在小范围内呈现，比如在你自己和其他几名老师之间分享，那么可以不用获得研究对象的正式许可。因为在这种情况下，数据资料只涉及一个或者几个学生以及学校的一些诊断性信息，而你和你的同事在日常教学工作中经常收集和使用这些信息，以便做教学决策之用。但是，如果你打算与大范围的读者——比如学校董事会、家长、你所在学区其他学校的老师、大学课程开发者或者其他社会人员——分享你的行动研究结果时，你就必须取得研究对象的同意，包括前面列举的使用学生作品、录音、录像和观察记录等（Hubbard & Power，2003）。

在行动研究中收集学生数据时需要取得同意，这一做法是为了保护学生及其家人的隐私（Hubbard & Power，2003）。取得同意的一般做法是学生签署知情同意书。**知情同意书**会说明要进行的研究项目基本情况以及在研究过程中需要学生做什么（Leedy & Ormrod，2005），这就是所谓的**"完全公开原则"**。这意味着不能欺骗参与者，在行动研究中不能涉及任何欺骗行为（Mills，2011）。知情同意书至少应包含以下内容（Leedy & Ormrod，2005）：

- 研究主题和研究计划的基本情况
- 参与者在该研究中需要做什么
- 参与者自愿参加该研究，且参与者可以随时选择退出，研究者不得以任何理由阻止
- 确保参与者信息保密和匿名
- 研究完成后，研究者向参与者提供研究结果
- 知情同意书应该留有位置，供参与者签名、注明签名日期

知情同意书的样本如图 4.7 所示。

Division of EDFI
School of LPS
Bowling Green,Ohio 43403
(419) 372-7322
FAX:(419)372-8265

Bowling Green State University
College of Education & Human Development

知情同意书

研究项目负责人（PI）：Craig A. Mertler 博士
电话： 419-372-9357
研究项目：教师评估能力量表

您被邀请参加"教师评估能力量表"研究项目，本项目与北伊利诺伊大学合作，旨在开发衡量中小学教师课堂教学评价能力的相关工具。

如果您愿意参与这项研究，我们将使用您的 EDFI 402 测试成绩中的一部分（该项测试包括 35 个评估条目）。所有的个人信息（例如姓名和身份证号码）都会删除。另外，我们会收集您在整个测试中所处的百分位数信息。在学期结束之前，项目负责人不会知道参与或者未参与该项目的具体人员名单。项目收集的信息将严格保密，并且统计分析报告中不会出现任何有关个人的信息，不会显示您的具体身份。所有数据将存储在上锁的文件柜中，只有项目负责人才能打开。

您是否参加该项研究对您的课程成绩，以及您和教师当前或未来的人际关系没有任何影响。您可以随时选择退出而不受处罚。

您还有其他问题吗？（请圈出你的选择）　　　　是　　　　不是

如果您选择"是"，在签署本协议前，请联系项目负责人 Craig A. Mertler 博士，可以拨打上面的电话号码或发送电子邮件到 mertler@bgnet.bgsu.edu。如果您有任何疑问，也可以联系人类学科审查协会在鲍林格林州立大学的分支机构，电话是 419-372-7716，或发送电子邮件到 hsrb@bgnet.bgsu.edu。直到您的任何疑问都得到满意回答，您再决定是否签署协议。

您在下面的签名同时表明您的年龄超过了 18 岁。
我　　同意　　不同意　　　（请圈出您的选择）参加这项研究。
参与者的姓名：_____
日期：_____

参与者的签名：_____

图 4.7　知情同意书范本

对于成年人来说，在知情同意书上签字表明他们理解了以下信息：（a）研究的性质，（b）研究中要求他所做的内容，和（c）随时可以退出研究而无需承担任何额外责任。

对于未成年人来说，必须获得两种形式的许可。第一，由于未成年人未到法定的成人年龄，因此必须从其父母或法定监护人处取得同意。父母签署的知情同意书样本如图4.8所示。第二，未成年人自己也需要签署同意书。未成年人的同意书是用未成年人可以理解的语言（口头的或书面的）方式来撰写的，由未成年人在上面签字。未成年人同意书示例如图4.9所示。

知情同意书中的保密和匿名要求一般通过两种方法实现。首先，你的研究计划可以要求最终的研究报告只列出总体数据，而不列出具体个体的数据，比如你只需要报告两组平均测试成绩，而不用写出个别学生名字及其测试分数。第二，使用代称、编号来代表每个学生。如果你的研究只在小范围内报告——例如校内相关人员或学校董事会——那么，对每个学生名字进行保密即可。但是，如果你的研究要在整个学区、整个州甚至全国范围内公布——比如在全国性期刊或会议上——那么你可能还需要对学校名称、学区名称甚至你所在的城镇名称都进行保密，以便更好地保护研究参与者的私人信息（Hubbard & Power，2003）。

行动研究中，除"完全公开原则"以及尊重和保护研究对象隐私权之外，还需要注意其他的研究伦理问题（Mertler & Charles，2011）。第一个是**善行原则**，该原则要求任何行动研究都是为了获取知识和推动人类教育进步，换句话说，行动研究应该对某人或某群体有利，同时不能伤害任何个人和群体，也不能对任何人进行贬低，或压制其学术进步。第二个原则是**诚实原则**。研究的各个方面都必须体现诚实——从研究目的、数据收集和分析到最终结论。在研究目的方面，行动研究者必须完整、清楚地对参与者说明为什么进行该项研究，研究者也必须诚实地说明收集数据的内容和收集数据的方法。一旦完

2010 年 5 月 18 日

亲爱的［家长的名字］：

我是 Craig A. Mertler 博士，目前是西乔治亚大学的一名教授。

我正在研究中学教师如何评估学生在课堂中的学习表现。具体来说，我对中学教师如何使用评价量表评估学生作业很感兴趣。我计划采访相关教师，也打算从学生中收集一些数据，所以邀请您的孩子参与这项研究。

如果您的孩子愿意参与，他们则需要回答 10 个简短问题，问题内容包括学生收到的老师反馈是否能有效帮助他们的学习，需要 10 到 15 分钟完成。

如果您或您的孩子选择不参加，不会对您的孩子有任何影响。您的孩子是否参与是完全自愿的，他（她）可以自由地退出。我们可能会公开发表研究结果，但不会提到您孩子的名字。收集的数据将严格保密。我将在一年内完成这项研究，之后销毁所有数据。
如果您有任何关于这项研究的问题，请随时与我联系（678-839-6096 或 cmertler@westga.edu）。
谨启

Dr. Craig A. Mertler

教授、主任、博士生导师

以下签字表示我同意我的孩子参加上面提到的研究。

父母的名字：＿＿＿＿＿＿＿＿＿＿＿＿　孩子的名字：＿＿＿＿＿＿＿＿＿＿

家长签名：＿＿＿＿＿＿＿＿＿＿＿＿

图 4.8　父母同意书示例

2010 年 5 月 18 日

亲爱的［学生名字］：

我是 Craig A. Mertler 博士，目前是西乔治亚大学的一名教授。

我正在研究中学教师如何评估学生在课堂中的学习表现。具体来说，我对你学校的教师如何使用评分量表给你的作业打分很感兴趣。我计划采访相关教师，也打算从学生中收集一些数据，所以邀请你参与这项研究。

你如果愿意参与，需要回答 10 个简短问题，问题内容包括学生从老师那里收到的反馈情况是否能有效帮助你的学习，需要 10 到 15 分钟完成。

如果你不愿意参加，也不会对你有任何影响。你的参与是完全自愿的，你可以自由地退出。我们可能会公开发表研究结果，但不会提到你的名字。收集的数据将严格保密。我将在一年内完成这项研究，之后销毁所有数据。

如果你有任何关于这项研究的问题，可以随时联系我（ 678-839-6096 或 cmertler@westga.edu ），或者询问你的老师。
谨启

Dr. Craig A. Mertler

教授、主任、博士生导师

请你在下面你想选择的项目前打勾：

＿＿＿是。我想参与这项研究。我明白会在上课时间进行研究。我明白，即使我现在打勾选择"是"，以后我可以随时改变主意。	＿＿＿不是。我不想参与这项研究。

你的名字：＿＿＿＿＿＿＿＿＿＿＿　签名：＿＿＿＿＿＿＿＿＿＿＿

图 4.9　未成年人同意书样本

成数据收集，禁止窜改数据或以任何方式隐瞒数据。如果不能遵守这些规定，<u>应立即停止研究</u>，至少应该重新制订研究计划。最后是**重要性原则**，该原则类似于善行原则，但侧重点在于研究结果的价值应与研究投入的时间、精力成正比。

有条不紊地组织你的研究

一旦实际开展行动研究，不少教师往往感到有些力不从心，一个典型的行动研究计划包括聚焦研究主题、制订研究问题、确定适当的研究设计、获得参与者许可、收集数据、分析数据、撰写最终报告，这些任务甚至可能难倒那些最热情的教师。正因如此，开展行动研究项目当然不是轻而易举的事情——如果行动研究很容易就完成，那么就会有更多的教师开展，但实际上只有为数不多、对教育事业有献身精神、愿意反思自身教学的少部分教师才会去开展行动研究。教师开展行动研究时，面临的一个难题就是很难保证研究时间。一个可行的建议是，行动研究主题应该与你的日常教学工作相结合，如果不这么做，那么你就很难拥有开展研究的时间。

举个例子，回顾前面在行动研究项目 1 中提到的那名教师，这名教师确定的研究主题是改进教师评估方案是否有助于改善学生学习成绩。在这个范例中，这位教师决定把工作重点放在自己日常教学中一直在做的一件事情上——自制课堂评估工具（如书面测试、整体表现评估）。作为一个有责任心的好教师，这位教师设计的行动研究项目内容正是自己在课堂教学实践中所做的一些事情，因此这名教师在其行动研究项目中，不必另起炉灶，而只是更加聚焦这些平时已经在做的事情，这样研究时间就得到了很大的保证。

我的另一个重要建议是设计一个研究计划进度表。我每次开始设计研究或接手工作量较大的项目时（如编写一本教科书），都会制订一个研究进度表。研究进度表是不可或缺的，我见过太多的研究者和教师最终未能完成其最初设想的研究，或者严重滞后，偏离预期完成的日期太多。其中一个原因是他们没有一开始就对进度做必要的计划。计划进度表有助于研究者集中精力，把任务分解细化并稳步有序推进。这样一来，每完成一个任务，研究者都可以自我激励一番，然后情绪饱满地进入下一个任务，如此形成良性循环。当然，不可能每个研究项目的每个计划进度表都能够被严格地执行，但是计划进度表始终能给研究者一个参考，不至于让他们随心所欲。研究计划进度表的一个例子如表 4.3。

表 4.3　研究安排计划表的示例

任务	预计完成所需时间	预计完成日期	任务是否完成？（√）
			□
			□
			□
			□
			□
			□
			□
			□
			□

来源：Adapted from Leedy and Ormrod, 2005.

在必要时可以对你的研究计划进度表进行修订，毕竟计划不如变化快。有时，研究者会发现，即使在研究启动之前研究主题和研究问题非常明确的情况下，研究者可能会在研究进行过程中发现某些更有趣、更需要关注的研究问题，而这些问题在最初的研究计划中未必被考虑到。Mills（2011，p.93）认为：

行动研究者不必自我设限，在行动研究中，出现一些意料之外的偶然性事件恰恰是行动研究的本质之一。在行动研究开始后，明确研究问题至关重要，但研究重点往往是在研究者系统性收集资料的过程中逐渐清晰和确定下来的。

即使你已经进入到数据收集阶段，在实际情况要求你调整研究主题时，也不能犹豫不决（Mills，2011）。请记住，当你作为一名一线教师从事基于课堂教学的行动研究时，你的根本目的是让你和学生在课堂中受益，而不是保持研究计划不变。你的研究计划应该服务于你的根本目的，而不是反过来。当实际情况表明原来的研究计划需要调整时，不要感到不安，应该迅速进行调整。最终，你和你的学生将成为及时调整的受益者。

行动研究写作：研究计划

研究设计采用后测控制组设计。学生被随机分配到实验组或对照组。将处理（本例中就是学生要完成的完型填空试题）施用于实验组，两个群体进行测试。

> 作者清楚地解释了研究设计

调查单位是学生个体。参与者包括研究者教授过 4 个课时的 7 年级学生（$n = 100$ 名学生）。100 名学生从 1 到 100 按顺序进行编号。然后按照 0~100 的随机数字，50 名学生被分入实验组，50 名学生被分配到对照组。100 名学生中有 42 名女学生，58 名男学生。100 名学生中有 42 人一直在研究者所在县的学校中读书，另外 58 人曾从其他地方的公立学校转学到研究者所在学校。研究组有 9 名学生是非洲裔美国人。

> 详细、清晰地描述参与者基本情况和分组方法

实验组学生完成一套研究者自行编制的完形填空题目，此外还参加了课堂讲座活动。同时，对照组只完成阅读任务。实验组评分只分为两个等级，也就是"做"/"没做"，然后实验组学生保留自己的填写结果，作为学习指南。

> 过程说明

需要考虑的是：实验组对于对照组不需要完成题目这一点可能产生不满。这个问题的解决办法就是告诉实验组，虽然对照组不用在第二阶段完成题目，但是对照组在第三阶段仍需要完成题目。另外，只有在第二阶段收集的数据会被用于最终的数据分析，但是实验组、对照组的学生都不会被研究者告知这一点。

> 分析可能存在的问题

最后是实验组、对照组都要进行一次教师自行编制的多选题测试，该测试的评分范围为 0~100 分。

> 后测描述

我采用的质性研究方法类似于某种"涌现式"设计。首先，我的研究设计并非明确清晰。我关注的问题具有广泛性和探索性，这些问题给研究提供了一个有力起点。选择一个主题，让这个主题像火箭一样强有力地推动我的物理学课程教学，这个想法一直很吸引我。然后，在主题扩展单元教学内容中，研究小组合作学习的形式，给我提供了一个实现这一想法的具体环境。我想说的是，在行动研究中，研究设计是一个演变过程，随着研究的逐步深入，研究主题与数据收集方法也会日益清晰。

> "涌现式"设计的解释
> 研究过程中制订的质性"设计"

行动研究项目 1：
联邦教育部 I 类项目中的阅读理解能力提高计划

制订研究计划

Kathleen 老师是一个小规模郊区小学的联邦教育部 I 类项目的阅读专家，她的行动研究项目目的在于提高学生的阅读理解能力。

Kathleen 想要提高她任教的 4、5、6 年级学生的阅读理解能力。她决定继续采用过去的方式教授学生阅读能力技巧，但以不同方式进行评估。她所在学区只在春季学期进行阅读理解成绩测试，Kathleen 觉得自己不能只依靠这一次测试。虽然在整个学年中，Kathleen 都在进行一些测试，但是这些测试形式和目的与每年特定的标准化测试有很大不同。Kathleen 决定使用前测 - 后测设计，前测在 9 月进行，后测在 5 月进行。基于她阅读过的文献资料，Kathleen 认为目前这种研究设计有助于提高学生的阅读理解技能。她决定不对学生分组，而是采用一组前测 - 后测设计。

虽然 Kathleen 对自己设计的行动研究计划很满意，但是她并不认为考试成绩完全揭示了关于学生阅读理解能力改善的一切信息。因此，Kathleen 决定在研究计划中加入一些质性研究。她决定做观察笔记，记录每天她看到的学生阅读理解能力变化的情况，了解学生阅读一篇文章后能在多大程度上立即正确回答口头和书面问题。此外，她计划定期访问她的学生，问问学生自己怎样认识他们在理解阅读材料方面的进步。

Kathleen 设计了两个研究问题，一个用量化数据解决，另一个用质性数据解决。两个研究问题如下：

研究问题 #1：根据前测和后测的诊断性分数，学生在完成了教师按照标准化测试编制的阅读理解测试项目后，其阅读理解能力是否出现差异？如果出现差异，其原因是什么？

研究问题 #2：学生和他们的老师对阅读理解能力有何看法？特别是在学生完成了教师自行编制的阅读理解测试项目之后，有何看法？

行动研究项目 2：
有丝分裂和减数分裂概念的理解

制订研究计划

该行动研究项目旨在提高学生对有丝分裂和减数分裂过程概念的理解。Sarah 和 Tom 花了大量时间仔细梳理 Sarah 找到的在线资源后，开始制订研究计划。两位教师意识到需要重新对有丝分裂和减数分裂知识点的单元内容进行设计。两位教师继续采用原来的教学方法讲解有丝分裂和减数分裂过程，但会新增加"在线模拟"以及一些互动性的学习活动，同时不断进行评估。两名教师认为这一做法是帮助学生增加词汇量和理解概念的最好方式。当然，这里出现了一个问题，那就是——如何确定这些新教学因素是否对学生的学习产生积极影响？

起初，两名教师计划将今年的学生单元测试成绩与过去几年学生的成绩进行比较。Sarah 和 Tom 与一位科学老师 Paul 对此进行了讨论。Paul 提醒两名教师，由于过去几年的学生群体并非同一个群体，可比性欠佳，所以这一想法可能不是很好。Paul 建议，由于 Sarah 和 Tom 每人每天教授 6 节生物学课程，可以随机地将这些生物学课程分为两种教授方式，三个班采用新教学方法，另外三个班继续采用传统教学方法。最初，Sarah 并不是很赞成 Paul 的建议，Sarah 认为既然相信新方法有助于学生学得更好，又何必对一部分学生采用，一部分学生不采用。Tom 和 Sarah 详细讨论后认识到，尽管两个人都认为新方法会帮助学生学得更好，但这只不过是个人的一种主观想法，并没有经过检验。当然这也正是 Tom 和 Sarah 决定开展这个行动项目的原因，也就是对这个想法是否成立进行检验。于是两人决定，在新方法对学生学习产生的影响得到检验之前，不能把所有学生都置于可能的不利情景中。基于初步设计，Sarah 和 Tom 提出了两个研究问题：

研究问题 #1：使用单元测试成绩来衡量学生的概念理解能力，在传统教学方法和"传统教学方法＋基于网络的模拟和活动"的新教学方法两种情形中，学生对有丝分裂和减数分裂概念的理解是否存在差异？

虽然 Sarah 和 Tom 对学生单元测试成绩很感兴趣，但两人并非只关注考试成绩。他们对学生如何解释有丝分裂和减数分裂的过程，以及说明有丝分裂和减数分裂对生物体重要性的能力也非常感兴趣。因此，两个人决定从非正式群体、个别讨论以及课程教学博客（在线 Web 日志）等途径收集数据。于是，Sarah 和 Tom 提出了第二个研究问题。

研究问题 #2：学生口头解释有丝分裂和减数分裂概念的能力如何？接受传统教学方法和接受"传统教学方法＋基于网络的模拟和活动"的新教学方法的学生在口头解释能力上是否存在明显差异？

行动研究清单 4

制订研究计划

☐参照表 4.1，确定质性、量化或混合方法设计哪一种更适合你的行动研究。

☐设计一两个研究问题，用于你的行动研究项目中。

☐依据你选择的质性、量化或混合方法设计，比较不同的具体研究设计的优点和局限性。

☐为你的行动研究项目确定最适合的设计。

☐评估你的行动研究项目中的任何可能存在的研究伦理问题，并思考如何解决。

☐如果需要的话，为你的行动研究项目制订研究参与者需签署的知情同意书。

☐制订研究时间进度表。

相关网站

本章介绍了三个相关网站。前两个网站介绍了如何设计研究问题，并给出了若干实例。第三个网站介绍了各种常见的研究设计及其应用。

◆网站名：开发问题指南（Guidelines for Developing a Question）

此网页位于威斯康星州麦迪逊大都会学区网站，介绍了确定研究主题以及基于研究主题设计研究问题的 12 条简洁原则。这些原则中包括"还没有解决的问题""在你的工作环境与条件下具有可行性的事"和"尽量从你每天的工作中选择研究问题，研究得越深入，这个原则越有效"等。

◆网站名：作为教师发展手段的实务工作者主持研究：研究问题（Practitioner Research as Staff Development: Research Questions）

弗吉尼亚联邦大学下属的弗吉尼亚成人学习资源中心创建了一份指南，旨在指导、帮助教师对自身教学工作以及学生学习活动进行系统反思并针对落地实施做出明智的决定。该指南囊括了行动研究的各个方面。

William Trochim 的研究方法知识库是一个完整的电子研究方法教材。在他的"研究设计"（Research Designs）网站中，Trochim 博士提供了各种类型的研究设计的介绍和分析，链接页面提供更多信息。在"研究设计导论"（Introduction to Designs）中，Trochim 博士介绍了研究设计的概念并做了解释说明。在"研究设计类型"（Types of Designs）中，Trochim 博士讨论了实验性、准实验性和非实验性研究设计的区别。在"设计研究设计"（Designing Designs for Research）中，Trochim 博士讨论了研究因果关系的若干问题，也阐述了他认为任何研究设计都具有的四个基本元素，给出了一些很有帮助的图示说明。

本章小结

1. 研究问题是研究主题要探究的根本问题。

质性研究问题通常是开放式的，提供一个有机、整体的视角；量化研究问题更有针对性，通常只有少数几个变量。

在收集数据之前，研究问题的设定、表述不能暗含对问题的特定回答。

应该基于与研究主题相关的文献提出研究问题。

研究问题应该是能够通过可获得数据给予明确回答的问题。

研究问题应该符合研究伦理且具有可行性。

2. 研究假设是对研究结果做出的尝试性但有根据的猜测。

有三种类型的研究假设：零假设、无方向研究假设和有方向研究假设。

零假设说明变量之间彼此互不影响、不存在差异或相关性。

无方向研究假设说明变量之间存在影响、差异或相关性，但没有说明影响、差异或相关性的正负或者说正反方向。

有方向研究假设说明了变量之间的影响、差异或关系的正反方向。

3. 研究设计是行动研究的实施蓝图。

相较于量化设计，质性研究设计结构化程度低一些，但是更具有整体性。

案例研究是聚焦于单一场景、单一主题或某一特定事件的研究。

观察性研究中，研究者可以通过多种身份参与其中，具体包括完全的观察者、作为参与者的观察者、作为观察者的参与者、完全的参与者。

持续比较方法是一种质性研究设计，涉及多个数据来源。数据分析在研究初期就开始进行，直到数据收集阶段结束后才完成。

4. 量化研究设计包括：描述性设计、相关性设计、小组比较方法和单一研究对象设计。

描述性设计包括观察性研究和问卷调查，尽量描述对象所处状态或者研究者感兴趣的现象。

相关性研究分析两个或多个变量之间的相关程度。

小组比较设计包含一个研究者进行控制的自变量和一个在所有小组中进行测量的因变量。

小组比较设计包括：事后回溯设计、前实验设计和拟实验设计。

5. 混合方法研究设计同时收集质性数据和量化数据。

解释性混合方法设计中，首先收集量化数据，然后收集质性数据。质性数据用于支持、解释或说明量化结果，重点在于量化数据。

探索性混合方法设计中，首先收集质性数据，然后收集量化数据。量化数据用于进一步解释在质性数据中发现的关系、规律，重点在于质性数据。

三角测量混合方法设计中，研究者大约在同一时间收集量化和质性数据，且量化和质性数据得到同等重视。

问题与思考

1. 你如何理解研究主题、研究问题和研究假设之间的关系？

2. 思考你感兴趣的某个适用于行动研究的研究主题，说明研究主题、研究问题和你选择的这个研究主题的所有三类假设。

3. 思考另一个你感兴趣的研究主题。为该研究主题设计两个研究问题，一个研究问题使用质性方法进行研究，另一个研究问题使用量化方法进行研究。你设计的两个研究问题有差异吗？可以等同吗？请说明理由。

4. 相关性研究是一种常用的量化研究设计。大众媒体如报纸和电视新闻，经常报道相关性研究的结果。找到并讨论报纸或新闻中相关性研究的例子。这些例子是否存在有明显误解或曲解的情况？

5. 对第 3 题中你设计的两个研究问题，简洁地说明一下你给每个研究问题确定的研究设计，注意分别使用质性、量化的研究设计。

　　6. 草拟一份学生或家长的知情同意书，确保你草拟的知情同意书包含本章介绍的知情同意书的所有必备要素。

关键术语

同意	持续比较性研究	有方向研究假设
知情同意书	相关系数	解释性混合方法设计
事后回溯设计（因果比较设计）	相关性研究	前测 - 后测对照组设计
探索性混合方法设计	观察性案例研究	善行原则
完全参与者	观察性研究	诚实原则
小组比较设计	作为参与者的观察者	重要性原则
人类研究对象审查委员会（HSRBs）	单组前测 - 后测设计	质性研究方法
机构审查委员会（IRBs）	单组后测设计	量化研究方法
负相关	父母知情同意书	拟实验设计
无方向研究假设	作为观察者的参与者	调查问卷
零假设	观察者研究	三角混合方法设计
正相关	皮尔逊相关系数	前实验设计

第 III 部分
研究者如何处理收集到的数据？

　　第 III 部分向读者介绍关于数据收集与处理的内容。第 5 章介绍质性和量化数据的收集技术，如现场笔记、访谈提纲、访谈记录、焦点小组访谈提纲、调查问卷、核对清单、学生自我评估等。第 6 章向读者介绍分析质性数据和量化数据的技术，并向读者介绍数据分析软件。最后，给出一些撰写数据分析结果的建议。

第 5 章　收集数据

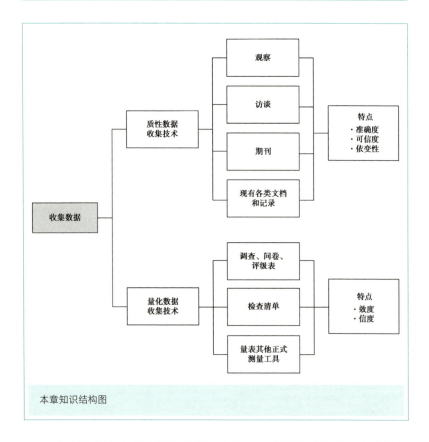

本章知识结构图

　　本章我们进入行动研究的第二阶段——实际行动阶段，也就是进行一个在课堂范围内的研究计划。请读者回忆一下，实际行动阶段包括数据资料收集（本章会进行讨论）和数据分析（第 6 章讨论）。读者可以看到，在教师主持的行动研究中，有多种方法收集质性、量化数据资料。

质性数据收集技术

　　前文已提到质性数据是叙事性的，也就是说，质性数据主要是由文字而不是数字组成的。质性数据主要包括访谈记录、观察笔记、日记条目、音频文本或视频、现有文档记录或报告等。读者需要记住这一点，质性数据总是由描述性和叙事性资料组成。

观　察

作为人类，我们不断地观察和记录周围的世界。教师自然也在不断地观察学生。然而，在日常生活工作中，我们通常只是随意地观察周围的环境，仅仅是在"看"而不是在进行观察。

作为收集质性数据的一种方式，**观察**包括"仔细看"和"系统记"两个方面，它要求你在某个特定场景下用一种完整、全面并抓住关键

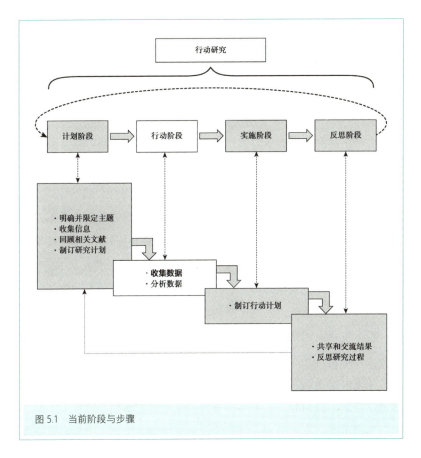

图 5.1　当前阶段与步骤

细节的方式记录你所看到的和听到的（Schmuck，1997）。在某些情况下，其他数据收集方法难以奏效，而观察却恰恰适用。例如，教师想要了解学生发生在教室里的非言语行为或是想要了解学生在小群体中如何交流和沟通。

课堂观察的结构化程度可以是高度结构化、半结构化，或非结构化（Parsons & Brown，2002；Schmuck，1997）。**结构化观察**通常要求观察者只进行观察，寻找特定的行为、反应或互动。但是，由于研究者同时也是任课教师，进行观察时，在所观察的教室里同时有很多事件发生，因此作为研究者的任课教师要在课堂上进行结构化观察，难度较大。基于课堂的行动研究不应该阻碍研究者的教学工作（Hubbard & Power，2003；Johnson，2008），行动研究应致力于加强和促进教学工作。

非结构化或半结构化观察允许教师灵活处理发生在教室里的事件，同时进行适当的观察并简洁地做笔记（Hubbard & Power，2003）。正是由于其"弹性特征"，非结构化观察是更常用的质性数据收集方法，当新事件出现时，作为研究者的教师可以随时将观察焦点从一个事件切换到另一个事件（Leedy & Ormrod，2005）。

Schmuck（1997）讨论了课堂观察的优点和局限性。课堂观察的优点有：首先，教师可以收集学生实际表现出来的行为数据，而不是要求学生填表或者口述其看法或感受。其次，教师可以观察到某些学生自己可能不会报告的事情。最后，录像机等设备可以帮助教师"观察"到更多信息。课堂观察的缺点有：首先，教师作为"数据收集器"的存在——不管是用纸笔还是手里的录像机——可能影响学生的实际行为。当学生意识到自己处于被观察的状态时，很有可能做出与平时不同的言行举止。其次，当研究者试图定位特定的行为时，因为学生的言行举止可能受到教师的影响而发生变化，因此当教师作为研究者试图定位特定的行为时，必须等待较长时间才能观察到这种行为，而这种行为很可能一直不出现——即使这种行为并非罕见，而是经常出现的日常现象。最后，如果多名教师合作开展一个行动研究项目，那么即使是观察同一件事，不同的观察者可能会看到不同的东西，得出不同的结论。

研究者通常以现场笔记的形式记录课堂观察，记录那些发生在教室的事件（Johnson，2008）。研究者做现场笔记时，有时候会感到手忙脚乱、无从下手，特别是当某些研究者试图将自己看到的一切信息都记录下来时，或者研究者一边记录一边又试图判断哪些信息值得记录、哪些不必进行记录时。Johnson（2008）建议研究者"停止思考，只写下你所看到的"（p.83）。一边观察，一边记录看到了什么，你自然会记录你觉得重要的事情，不会因为过多思考而影响记录速度。随着时间的推移，记录资料不断积累，规律、模式自然会从你的现场笔记中浮现出来。

本书建议读者把现场笔记的每一页分成两栏。左边一栏记录观察到的情况，右边一栏记录你观察该事件时想到的原因与解释（Leedy & Ormrod，2005）。Bogdan 和 Biklen（2007）将这些解释缩写为OCs（observers comments）。当场想到的解释往往能帮助研究者从记录的资料中提取出规律与模式。一边记录现象，一边记下对现象的看法，也是一种将反思融入行动研究过程中的具体方式。两个栏分离是关键，它能够尽量保证你实际观察到的事件现象和你给出的解释思考之间不会混淆。行动研究需要保证现场记录和收集数据尽可能客观。顺便说一句，行动研究所要求的客观性也要求作为研究者的教师不能用"教师的眼睛"来增删你的现场笔记——特别是对记录那些你教学中的负面现象与事件不要犹豫（Hubbard & Power，2003）；毕竟，作为"行动研究者＋教师"的你正在试图通过行动研究项目来提高你的教师专业能力，改进你的教学方法。此外，对观察的解释可能随时间推移而变化，你在记录数据资料的同时做出的解释可能和记录结束后进行的解释不同，记录这些不同的解释本身也是宝贵的学习过程。这里给出一个具体例子，见表5.1。

表 5.1　现场笔记实例：
左边一栏是研究者实际观察的内容，右边一栏显示研究者给出的初步解释

观察 #3 6月10日 10:15 — 11:00	观察	观察者评论 OC
时间	孩子和教师之间的互动很少。大部分时候都是孩子们自己在玩。一名教师推两个女孩荡秋千，另一名教师靠近水池坐着，看着孩子们。Carol（其中一名教师）对几个孩子说了一些事情。她反复使用这几个短语，比如"别这样""不要玩水""不要扔池中的东西"和"你已经玩坏了洒水器……不要那样做！"	我认为今天一天中，我所观察的教师在课堂上没有表现出哪怕一次比较积极的言行。教师们扮演的似乎只是监督的角色。他们所做的只是监督孩子的行为，保证不出事和受伤。这并非不对，相反确保孩子们不出事是基本要求，尤其是对幼儿来说。我只是希望听到一些积极的表扬、肯定，而不是全都是这不允许那不行。
	有几个孩子差点伤到了自己和/或其他孩子。一个3岁的小女孩试图往一个年仅1岁的孩子头上浇水。两个男孩无意间把沙滩球扔进游泳池，结果球打到了正在游泳池里玩的孩子。	我开始怀疑此类教学活动（实际上就是监管）并未鼓励使用积极的表扬与肯定。也许教师们在室内课堂上会更多使用积极表扬与肯定策略。也许由于室外活动需要教师做出更快的反应和行动，为防止孩子受伤或局面变糟，教师们在室外活动中不愿意对孩子的言行做正面肯定。
	孩子们继续在池子里玩洒水器和荡秋千。我注意到教师和孩子之间很少有语言交流。一开始我听到的大部分对话来自Carol。她向孩子们说"不要那样做"和"你去骑那边的那辆自行车"。Carol的女儿捡了一根橡胶软管并开始玩它。Carol两次告诉小女孩不要玩软管，但没有用。第三次Carol对女儿说："你最好把它放下来，否则它将会变成一条蛇咬你。"	Carol和孩子们说话时的语气与口吻很严厉，毫不轻松幽默。我不喜欢听到这样的严厉口吻。无论孩子年龄大或小，也无论恐吓是不是真的，我接受的教育始终要求不能恐吓孩子。我希望看到和听到Carol和孩子们说话时能够使用轻松的语气和口吻，而不是恐吓他们。另外一名教师Marilyn，我就一直没有听到她用严厉甚至恐吓的语气和孩子们说话。

　　现场笔记当然也存在缺点，比如往往难以全面描述现场观察的内容，也容易漏掉一些细节（Leedy & Ormrod，2005）。**录像**可以在一定程度上弥补现场笔记在这方面的不足，尽管录像也有其自身局限性。现场录像的背景噪声可能会让你难以听清楚录像中你感兴趣的内容。此外，摄像机只能捕获相机正前方正在发生的事。Leedy 和 Ormrod（2005）表明，在开始任何正式观察之前，研究者应熟悉、比较各种观察方法，以便确定在具体研究场景中用哪种观察方法最合适。当然，必须记住无论用什么方法观察，研究者都不能仅仅在物理意义上记录每件看到或正在发生的事，而是要进行思考，但是这种思考不能过于耗时或具有强迫性，而是应该如前文所述一样进行（Mills，2011）。

　　在记录时，有几个小技巧可以提高你的观察技能。一旦你确定进行观察，并使用现场笔记来记录，那么你可能需要考虑携带附有纸夹的笔记板或合适的便笺纸，以便在正式观察开始之前提前几天进行观察和记录，这么做的目的是让记录现场笔记的行为成为你日常工作的一部分，而不是让你感到这是一件被动、不熟悉、不自然的事情。同样地，如果你决定使用一台摄像机来记录和观察，也最好提前几天使用摄像机，以便让摄像机成为你的日常工作的一部分。这样一来，你自己和学生，或者其他参与者也会开始接受你使用摄像机对他们进行观察的事实。

访　谈

　　观察的一种替代方法就是直接问人问题。这可以从几个方面来完成。**访谈**是研究者和研究参与者之间的谈话，研究者对参与者提出问题，参与者给予回答（Schmuck，1997）。访谈能在个人或团体中进行。研究者最好准备**访谈提纲**，设计一些具体或者一般的问题，以便在访谈中使用，指导访谈的进行。

　　类似于观察，访谈也可以分为结构化、半结构化或开放式三种类型。在**结构化访谈**中，研究者按照事先设计好的提纲对每一位被访者进行访谈。

收集质性数据时，数据的一致性通常不是关注点，质性数据本身的一个优点就是给予研究者一定灵活性，以及允许研究者在访谈过程中根据具体情况临时地提出一些具体问题（在访谈开始之前并未列入访谈提纲）。研究者要收集的并不完全是最初计划要收集的信息，而是要从接受访谈的不同人身上收集不同的信息（Leedy & Ormrod，2005）。

通过访谈收集真正意义上的质性数据时，访谈最好以半结构化或开放式形式进行。在**半结构化访谈**中，研究者先询问几个给出了答案选项的基本问题，在此基础上，研究者根据当时的具体情况，再决定是否继续询问没有答案选项的开放式问题。设计访谈提纲时，你的问题应尽量保持简短、明确，且没有歧义、清楚易懂（Johnson，2008；Schwalbach，2003）。例如，如果我们正在采访学生对学校的意见，我们可能会问下面的问题，其中楷体标出的是可选、可以继续询问的探索性问题：

- 你最喜欢这所学校的什么方面？
  你为什么喜欢这方面？
  你认为其他学校有这方面的优点吗？

- 你最喜欢的课程是什么？
  为什么你最喜欢这门课程？
  你还喜欢其他的课程吗？
  你有没有参加课外活动？
  哪种课堂活动你最喜欢？为什么？

- 你最不喜欢这所学校的什么方面？
  你为什么不喜欢？
  有校长或教师做了什么事来改善这方面吗？

我在一项正强化的研究项目中使用的半结构化访谈提纲如图 5.2 所示，我主持进行的一份访谈记录如图 5.3 所示。

开放式访谈的目的是从不同人身上收集不同种类的信息，只需问作答者几个问题，而且问题的内容往往很宽泛，很大程度上取决于作答者如何理解问题。例如，一个关于学校气氛的开放式的访谈问题可能包括以下内容：

"学校"对你来说意味着什么？

你喜欢学校的什么？

你不喜欢学校的什么？

访谈可以针对个人进行，也可以针对群体进行。

半结构化采访提纲

主任访谈

- 你所在学校的课堂老师拥有哪些类型的培训证明或证书？
- 当你和学校老师交流时，你对正强化有没有给出意见或建议？

　如果有，如何让这些建议被老师接受？

　教师们曾尝试使用这些建议吗？

- 在你所在的学校，你觉得学生对哪些形式的正强化做法接受度较高？
- 你理解的正强化有何含义？

　你认为教师理解的正强化和你一样吗？为什么或为什么不？

　你认为学生理解的正强化和你一样吗？为什么或为什么不？

教师访谈

- 你所在学校的主任曾经就正强化教育给过你积极建议吗？

　如果给过，你曾经采纳过它们吗？

　如果你采纳过，效果如何？

- 你了解过哪些学生可接受的正强化方法？
- 你如何理解正强化？

　你认为你的学生对正强化的理解和你一样吗？为什么会一样或为什么不一样？

图 5.2　一个半结构化访谈提纲样本

CM	你如何理解正强化？你是如何定义它的，或者正强化对你而言意味着什么？
"Carol"	正强化的手段不是对学生大喊大叫，而是用一种积极的方式与他们交流。有时你可能会发脾气。我尽量不要对学生说诸如"听着，我数 1、2、3，你再不……，我就……"之类的话。我给他们选择。如果学生想扔砖玩，那么我就要求学生要把扔出去的砖捡起来。如果你用玩具打了别人的脑袋，那么你就要向他们道歉。告诉学生对和错的区别，而不是……例如学生 E，喜欢向每个人扔玩具。我没有帮 E 捡起他丢的玩具，也没有惩罚他，叫他站到墙角去。我的做法是换了个游戏，而不是一直说"E，把玩具捡起来"，我和 E 一起玩的游戏就是用玩具数数，同时 E 仍然必须自己完成需要他做的事情——就是把玩具收拾整齐——但这些都是以游戏的方式进行的，而不是以"你不能这么做，这么做是错误的，你要为此一个人坐在墙角"之类的方式。
CM	这么做，学生就不会将你的要求看成惩罚。相反，你试着把它变成建设性的，对吗？
"Carol"	对。像今天早上，E 一拳打在一个小女孩脸上，我和盖尔都同意 E 需要远离集体坐一小会儿。
CM	如何处理问题确实需要考虑具体情况？E 突然打人，老师确实很难马上想到一个办法，就像前面的扔砖游戏一样把打人这件事游戏化。
"Carol"	对。这取决于学生做了些什么，如果学生做某件事做了整整一天。那自然需要学生暂时放下那件事一段时间。这就是为什么我们准备了外面那张地毯。如果哪个学生需要离开房间和其他学生待 5 分钟，那么他们会出去坐在那张地毯上。

图 5.3 一份半结构化访谈记录的部分内容，使用提纲如图 5.2

半结构化访谈小组也叫**焦点小组**，规模较小，通常不超过 10 到 12 人（Leedy & Ormrod，2005）。这种类型的访谈一般持续 1 至 2 小时。当访谈时间有限时，焦点小组尤其有用，因为人们在小组中说话往往更为放松。此外，焦点小组成员之间的互动往往信息量很大，因为人们倾向于对别人的观点、意见进行某种点评与反馈。进行焦点小组访谈时，要确保每个参与者都有机会发言、表达观点（Mills，2011）。在焦点小组访谈中，很容易出现一个或两个人主导访谈的情况，对此研究者需要密切关注讨论进展，随时通过提问、介入等方式进行引导，防止这种情况发生。图 5.4 列出了我在一次焦点小组访谈中使用的引导性问题。提问结束后，告诉参与者本次会议即将结束，请参与者总结刚才大家一起讨论了什么。然后，逐个询问是否有其他意见。如有必要，则对新意见进行讨论。

1. （a）收集学生对你的教学反馈意见时，你对该过程整体感觉如何？
   （b）你喜欢这个过程中的哪些方面？
   （c）你不喜欢哪些方面？
2. （a）你是如何收集对你有用的反馈意见的？
   （b）反馈对你有多大用处？
3. （a）你有没有因为学生的反馈而改变教学行为？
   （b）如果有，你改变了什么教学行为？
4. （a）在收集学生反馈意见过程中，你有没有什么意外收获？
   （b）在收集学生反馈意见过程中，你有没有什么负面经历？
5. （a）使用评级表是收集学生反馈意见最适当的方式吗？
   （b）有没有更好的方法？为什么？
6. （a）这种收集学生反馈的方法不适用于哪些情况？
   （b）对于 6(a) 中的情况，需要做什么调整？
7. （a）这个过程对教师来说是可控的吗？
   （b）如果不是，需要做什么调整？
8. （a）应多久收集一次学生反馈意见？
9. （a）为了改善该过程，可以具体做哪些调整？
10.（a）根据你的经验，你以后还会继续以这种方式收集学生反馈意见吗？
   （b）如果不会，你会使用什么方法呢？能描述一下这种方法吗？

图 5.4　焦点小组访谈引导性问题实例

也可以通过电子邮件收集质性数据（Mills，2011）。随着学校日益网络化，研究者可以通过一封电子邮件向同事、学生和家长发送一系列的问题，轻松地收集数据。好处之一是邮件回复者答复你的电子邮件问题时，已经为你做了采访转录，也就是说不用你再次将收集到的材料转换为电子版本。当然，研究者需要注意研究伦理方面的潜在风险，因为电子邮件答复不一定都是匿名的。拥有学校服务器权限的其他人也可能拦截受访者的电子邮件（Mills，2011）。

Hubbard 和 Power（2003）提醒研究者不要忽视非正式访谈的价值。**非正式访谈**就是那些在数据收集过程中自发发生、没有预先计划、随机产生的访谈，例如教室里学生的日常交往。教师可通过询问学生不同的问题，从学生那里收集各种类型的信息。

Schmuck（1997）提出了访谈在行动研究中的优势和局限性。优势包括访谈允许研究者进一步询问参与者对某个问题的回答，获得更多信息。此外，数据可以通过音频和视频形式保留，如果研究者确认被访者对录音摄像设备没有心理上的抵触情绪的话。最后，面对那些不能或不愿意通过书面方式分享想法、感觉或看法的一部分受访者，坐下来和他们谈话是收集资料的好办法。另一方面，采访可能非常耗时，不仅需要与受访者进行面对面的个人口头交谈，在收集完数据、进行数据分析之前，往往还需要将收集到的材料转录为电子版本。我基于研究生经历总结的一个访谈经验法则是：一个小时的采访录音，通常需要 8 到 9 小时进行转录，具体时间视录音质量而定。访谈的其他局限性之一是被访者不能匿名。很多人也不习惯谈话时桌子上放着一个录音机。最后，受访者担心他们说的东西可能在未来某个时刻对自己不利。研究者必须让受访者对这种可能性感到放心。

日 志

数据日志可以由教师和学生记录，能够为研究者把握教室内部的运作提供有价值的信息（Mills，2011）。某种程度上，**学生日志**提供的信息类似于交给教师的家庭作业，教师可以获得学生在教室里思考、感知和经验的一些信息。**教师日志**则让研究者不间断地记录其自身教学实践的反思，从而构建一种表达了教师自身声音的独特、有力的叙事文本（Mills，2011）。

班级日志是另一种在行动研究项目中采用日志方法收集数据的手段。**班级日志**是学生日志不太正式的版本。Johnson（2008）建议教师向学生定期发放一本空白笔记本，或者把笔记本一直放在班级学习中心。教师鼓励学生在这个笔记本上自由地写下他们的想法、认识、反馈或其他形式的反应，比如图片或表格。当然，教师需要在一开始明确一些准则，以确保班级日志不会变成"老师默认什么都可以在上面说"的大杂烩，因为有些言论可能会伤害到一些学生（Johnson，2008）。

现有文档和记录

通常情况下，行动研究需要收集一些已经存在的数据。学校和学区是名副其实的现有数据宝库。这些数据最初并非为了行动研究而收集，但是现在可以用来开展行动研究。现有文档和记录的存在形式多样，学生层面包括课程学习材料、教科书、教学教具、出勤记录、考试成绩、以前的成绩单、课堂纪律记录、学生档案袋，学校或学区层面包括考勤率、升学率、毕业率、学校活动新闻报道，以及教师或学校董事会会议记录和按年级、性别或种族来分类的标准化考试成绩（Johnson，2008；Mills，2011；Schmuck，1997）。这些不同的数据在行动研究中应该被充分利用。不过，需要注意的是，必须确保按照你所在的学区批准程序得到获取、使用这些数据的许可，并以符合研究伦理的方式报告分析结果（Johnson，2008）。

收集现有数据有时候可能会让研究者有难以完成之感——因为研究者面对的信息太多了。研究者经常面对的难题是在收集数据过程中，如何组织、整理大量信息。一个比较有效的办法是设计表格，用一个表格组织问题的所有相关数据资料。几年前，我参与了一项研究，研究主题是分析学生考勤记录、缺勤原因、违纪情况以及惩罚部分违纪学生进行社区服务等的相关记录。由于涉及面较广，每个学生都有相当多的数据。我设计了一个数据收集表格（表 5.2），可以在一张表格中囊括和组织所有信息。

收集数据时，不要忽视**课堂制品**（classroom artifact）。诸如学生学习档案袋、教师进行学业表现评估时学生完成的各种作品，以及那些教师要求学生回答建构型数学问题时学生做出的、相对不那么正式的回答，都是课堂制品的典型例子。此类数据一直被当作学生在学校完成的作业，但现也成为行动研究的数据来源（Hubbard & Power，2003）。

表 5.2　一个学生数据收集表格的样本

学生名字	缺课天数	缺课原因	违纪次数	违纪原因	是否需要进行违纪教育？（是/否）	是否需要接受社区惩戒教育？（是/否）	该生是否继续在校就学？（是/否）

反思性教学

最后，质性数据还来源于研究者对自身教学活动的检视过程。反思性教学是行动研究中一个相当广泛的主题，它需要为行动研究提供数据，才能发挥实质性作用。机制能够帮助作为行动研究者的教师更仔细地审视自身教学，诊断自身的课堂教学活动，因此机制对教师大有帮助。一些常见的反思性教学数据包括自我评价、同行评教、教学日志或日记（个人或合作性质）、课堂教学录像。研究者反思自己的教学时需要注意以下三方面：（1）真实发生的事件或课程；（2）对该事件或者课程的回忆；（3）当时自己是如何回应的。虽然三个方面都很重要，但第三步是最重要的，因为它是后续行动的基础和起点。

质性数据的特点：准确、可信和可靠

在行动研究中收集数据时，需要确保数据质量。如果收集数据不精确或者研究者测量的对象实际上并非研究者计划测量的对象，那么至少可能造成得到的数据不准确并存在误导性。如果一个行动研究项目过度关注行动研究的逻辑"终点"，则往往导致该项目的研究结果也容易不准确，有误导性。如果出现这样的情况，研究者显然是在浪费自己的时间，更是在浪费你的同事、学生、家长和任何研究参与者的时间。

研究数据的效度指研究者收集到的数据测量研究对象的准确程度（Mills，2011）。对于质性数据的效度，研究者主要关心数据是否**值得信赖**，如准确性和可靠性，包括数据的可信度、可靠性、可转换性和可验证性几个方面。Gay、Mills、Airasian（2009）和Trochim（2002c）总结了质性数据的如下特点：

• **可信度**指在各种研究参与者看来，质性研究的结果可信。研究者在数据收集、数据分析过程中必须将研究中各种复杂的、比较含混的问题向各种研究参与者解释清楚。

• **可转换性**指研究提供的描述性和背景性的陈述足够详细、具体，任何阅读这些研究材料、研究结果的人都可以很容易地弄明白研究的场景。记住，质性研究——行动研究也一样——的研究目标不是得到一些可以推广到其他场景的研究发现，而是对研究者正在研究的具体场景有一个清晰、深入的理解。

• **依变性**要求研究者关注并清楚描述研究场景中不断出现的动态变化，说明这些变化对研究者的研究计划、研究结果有何影响。

• **确定性**指确保数据中立、客观。

Maxwell（转引自Gay，2009）提出了质性研究有效性的五个评价标准，同时给出了一些保证质性研究有效性的具体做法。我建议任何使用质性数据的研究，都参照这五个标准进行，以使数据和研究更值得信赖（Mertler，2016）。Maxwell提出的质性研究有效性的五个标准是：

• **描述有效性**指研究材料真实准确。研究者要确保不扭曲、操控以及基于推理来制造一些并没有实际发生的事件。

• **解释有效性**指参与者的言行被研究者准确客观地记录表达。

• **理论有效性**指某个具体的研究及其最终结果在多大程度上将所研究的现象与更广泛的理论联系起来。

• **评价有效性**指研究者是否客观地报告数据和研究结果，没有对收集到的数据资料采取任何评估或评价行为。

• **研究外推性**指某个研究项目的研究结果在该项目讨论的具体场景中的可应用度，以及将研究结果推广到其他并非该研究项目讨论的场景的可能性。

有三种常见做法可以帮助研究者确保质性研究数据值得信赖，这些做法的关键是要求研究者在数据收集过程中，不断反思、审视自己的想法和做法，确保研究者自己看到、听到的信息确实是研究者真实看到、听到的信息，尽量不要掺入研究者的主观推断与猜测（Fraenkel et al, Wallen, Hyun, 2012）。下面介绍一些具体做法（改编自 Fraenkel, 2012; Gay, 2009; Mertler, 2016）。

• **三角验证**。使用多种工具、方法和来源收集数据（Glesne, 2006）。三角验证是混合研究设计的基本方法，第 4 章已经介绍过三角验证方法也适用于行动研究，而不是在质性或量化数据两者中的某一类中单独使用（Ivankova, 2015）。对于一个研究结果来说，多个独立的数据来源和推理分析都支持该研究结果，或者至少不互相矛盾，该研究成果成立的可能性显然更大（Hubbard & Power, 2003; Ivankova, 2015）。例如，当你观察到 Susan 确实在做一些她在一次访谈中告诉你她会这么做的事情，而且在一次开放式问卷调查中 Susan 也做出了同样的回答（图 5.5），那么自然更能保证 Susan 的表述是真实的。换句话说，你的访谈数据被观察数据和问卷调查数据同时支持。这三个数据来源中任何一个与其他两个不同，研究者得到的结论就可能变为：也许 Susan 只是在说一些研究者希望听到的话，实际上 Susan 在现实中并没有那么做。

• **长期坚持现场收集数据**。研究者花在观察、访谈以及参加现场活动的时间长度对于使用质性数据开展研究来说是至关重要的。花的时间越多，研究者区分现场中的典型、非典型行为和问题行为的能力就越强。这里强调的是"现场"，研究者花越多的时间进行系统观察、和参与者互动，与参与者之间的信任关系就会越深，更能了解参与者的想法和文化（不管研究场所是教室还是学校其他地方），还能更准确、全面地观察到参与者真实的日常行为模式（Glesne，2006）。只进行一次、两次的观察或访谈很难做到这一点。

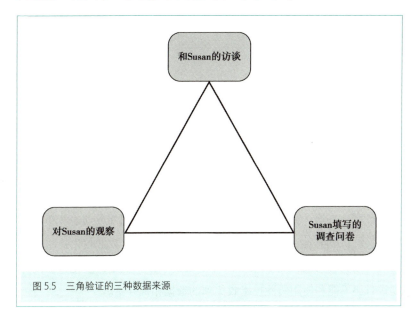

图 5.5　三角验证的三种数据来源

• 参与者检查。参与者检查要求直接参与了行动研究的各类人员审查研究报告的准确性。具体内容包括分享访谈记录、分析想法（如研究者在观察过程中写下的观察者评论）以及手稿、草案等。通过参与者检查，可以确保你准确地表达了参与者的真实想法（Glesne，2006）。

• 同行评议和外部审查。同行评议是邀请其他专业人员（如同事或好友）帮你回顾和评论你的数据收集、分析和解释的过程。外部审查指邀请不属于你的研究项目成员的其他外部人员（同样地，可以是同事或者好友等）审查和评价你的最终研究报告。第三方的视角、想法有助于提高研究过程和研究报告的可信度。

• 详细记录。观察和访谈记录应尽可能详细。此外，收集数据时应充分利用观察员评论，记录下你当时的想法、解释、假设，甚至可能的偏见，这些观察员评论对于研究的后期阶段至关重要。研究者对现场的实际观察情况与研究者当时在现场产生的各种想法之间的整合过程被称为自反性（reflexivity）。

•分析负面情况。有时某些情况可能和研究者之前观察和总结的情况不吻合，甚至冲突矛盾。研究者不能予以忽略，而是应该尝试延长自己的观察时间，不断完善之前的结论，将此类情况纳入自己的分析框架中去。

量化数据收集技术

与质性数据不同，量化数据是数值型的资料。任何可以被量化的（计数、计算、统计和评级）的对象都可以称为量化数据。这不仅包括可以计数的对象，也包括通过某种数字测量确定的一个人的情绪、态度、兴趣。量化数据收集技术包括调查、问卷、列表清单、评级表、测试和其他正式测量工具。一般来说，量化数据收集技术效率更高，因为你可以同时从很多人那里收集数据。但是，量化数据的深度暂时还不能和使用质性技术收集到的数据相提并论。

调查、问卷调查和评级表

调查指向一群人询问一组问题，收集集体数据。调查可以口头进行——口头进行的调查实际上就变成某种访谈——口头调查产生的数据是数值型，而访谈产生的数据是叙事型，当然调查也可以以书面方式进行。以书面方式进行的调查叫问卷调查，研究者要求参与者回答一系列问题，然后将填写情况反馈给研究者。研究者可以通过调查以较快的速度收集大量的、多种多样的信息（Johnson，2008）。使用调查和问卷没有太多限制，可以简单也可以复杂，可以是**开放式问题**（也就是作答者自由作答，不必从给定的答案中进行选择），也可以是封闭式的选择问题（作答者从问卷上的一组选项中选择回答），还可以是开放式问题、封闭式问题的组合。对开放式问卷回答结果的分析表明——开放式问卷比封闭式问卷更符合质性设计的特征——学生经常会在开放式问卷中透露一些令教师感到意外的想法和感受，这一点在封闭式问卷中很难遇到,因为问卷设计者不可能将学生的回答全部写入问卷选项中(Schmuck,1997)。

一个封闭式问题给作答者很多选项,要求作答者选择。如下面的问题:

你在学校你最喜欢的科目是什么?
• 英语
• 数学
• 自然科学
• 社会研究

问卷要求学生在四个可能的回答中选择一个。此类问题很容易量化,结果也容易总结,只需计算选择每个选项的学生人数与百分比即可。汇总数据,你可能会得出以下结论:

• 自然科学 = 35%
• 数学 = 25%
• 英语 = 25%
• 社会研究 = 15%

研究者需要注意,如果选项设计不合理,那么就容易出现误导性结果(Johnson,2008)。比如说,在上面的示例中,假设一个学生最喜欢的科目是外语,但是上面的例子中没有"外语"这个选项,那么这个学生就无法做出回答。因为选任何一个选项,都不符合他的实际情况。一种简单有效的解决办法是完善选项,具体如下:

你最喜欢的科目是什么?
• 英语
• 数学
• 自然科学
• 社会研究
• 其他

开放式问题对被访者的回答没有限制。例如，我们可以将"最喜欢的学科"问题改写成开放式的问题，简单地问：你在学校最喜欢的科目是什么？我们可能会得到各种各样的回答，然后研究者将所有回答进行整理总结，然后计算每个类别回答的百分比。一种可能的结果如下：

- 自然科学 = 26%
- 英语 = 25%
- 几何 = 15%
- 社会研究 = 15%
- 数学 = 10%
- 艺术 = 5%
- 体育或健康 = 2%
- "我不知道"或"没有最喜欢的科目" = 2%

显然，按照上述方式设计选项的开放式问题，学生的回答更符合实际情况，收集数据的准确性、质量自然也更高。唯一的不足是研究者可能面对各种各样的回答，整理工作量加大（Johnson，2008）。

问卷调查和评级表的主要区别是前者更适合基于内容设计的问题（类似于上面的例子），而评级表更适合让学生回答一组问题，其中学生的回答具有程度方面的含义（例如同意程度、理解程度，以及频率高低）（Johnson，2008）。评级表可以测量学生的态度、看法或行为。常见评级表有两种：李克特量表、类李克特量表。**李克特量表**最常见的是 5 个等级，如下所示：

1 = 非常不同意
2 = 不同意
3 = 没有意见
4 = 同意
5 = 非常同意

学界对于问卷中使用评级表是否应该设置一个"不知道""没有

意见"之类的中间值（也就是上文李克特量表的第 3 个值），存在分歧。赞成者认为，当受访者确实需要做出中性选择或没有意见时，受访者可以选择中性选项。反对者则认为：（1）如果提供了中性选项，有些受访者就不会去仔细思考，而是一味选择中性选项，这时收集的数据自然不准确；（2）如果一个受访者确实对问卷毫无兴趣，或者没有意见，那么问卷也不用提供中性选项，否则这种做法就是在强迫这个受访者做出不符合其本意的选择，数据自然是不准确的。

在评级表中是否列入中性选项没有对错可言。但是，一个研究者应该思考包括和不包括中性选项对自己的研究有何影响，然后再决定在自己的研究所使用的评级表中是否要设计一个中性选项。图 5.6 是我在一项学生向教师反馈课堂教学意见的研究中使用的评级表。注意李克特量表格式，以及较大数字对应更强同意度的设计。

类李克特量表也是一个连续统，但两端并非和李克特量表一样的"同意""不同意"，而是根据问卷内容调整过的选项，例如可能要求参与者回答质量（"优秀……差"），发生频率（"总是……从不"），或舒适程度（"很舒服……完全不舒服"；），等等（Mertler & Charles，2011）。图 5.7 展示了一个类李克特量表的例子，该例来自一个对幼童托班到幼儿园过渡期的研究。

在使用问卷调查和评级表时，有一点要强调，那就是研究者需要确保这些工具的文字理解难度以及其他方面要符合学生年龄、年级。虽然我之前建议一般情况下使用 5 分量表，但是对于低年级学生来说 5 分量表存在选择困难，因为低年级学生往往不能很好地区分相邻等级。这不是说在低年级学生中就不能使用评级表进行数据收集，而是说，研究者应该减少评级表的等级数，甚至可以让低年级学生用图形作答。几年前，我参加了一个对幼童托班到幼儿园过渡期的研究，该研究中专门有老师给研究对象——学生解释问卷问题的含义，问卷用不同的面部表情图形表达不同感受，然后让学生在他们觉得表达了他们感受的图形上画叉，具体见图5.8。

这份问卷的目的是帮助你的老师提高教学质量。下面有一些关于你老师的句子。请在你同意的选项上画圈，每个问题只能圈一个数字。你的回答是匿名的，也不要在这张表的任何地方写上你的名字。请尽可能如实回答每个问题。

1	2	3	4	5
非常不同意	不同意	无意见	同意	非常同意

1. 当我表现不错时，老师会告诉我。   1　2　3　4　5

2. 当我不理解课堂内容时，老师鼓励我提出问题。   1　2　3　4　5

3. 老师会告诉我们正在学习的东西为什么很重要。   1　2　3　4　5

4. 老师清楚地告知我们成绩评定标准。   1　2　3　4　5

5. 我在课堂上很专心。   1　2　3　4　5

6. 当学生犯错时，老师公平处理，没有偏向谁。   1　2　3　4　5

7. 老师讲课内容前后连贯，没有漏过、跳过某些内容。   1　2　3　4　5

8. 老师在课堂上花时间指导帮助学生。   1　2　3　4　5

9. 这门课对我来说有挑战性。   1　2　3　4　5

10. 老师在考试时很公正。   1　2　3　4　5

11. 在课堂上学到的东西对我来说很重要。   1　2　3　4　5

12. 老师知道怎么处理扰乱课堂秩序的学生。   1　2　3　4　5

13. 老师在课堂上采纳了我的想法。   1　2　3　4　5

14. 老师布置作业时很清楚明白。   1　2　3　4　5

15. 考试结束后，老师很快就将评分结果反馈给学生。   1　2　3　4　5

16. 我的老师有幽默感。   1　2　3　4　5

17. 我有时跟不上课堂进度。   1　2　3　4　5

18. 老师鼓励我们在课堂上好好表现。   1　2　3　4　5

图5.6　李克特量表的一个示例：学生评价教师的教学技巧（SE3T）

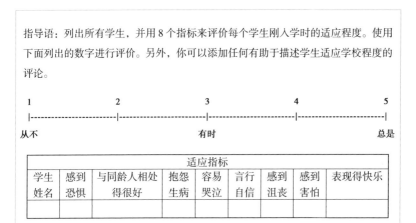

指导语：列出所有学生，并用 8 个指标来评价每个学生刚入学时的适应程度。使用下面列出的数字进行评价。另外，你可以添加任何有助于描述学生适应学校程度的评论。

1	2	3	4	5
|---------------|	---------------|	---------------|	---------------|	---------------|
从不		有时		总是

适应指标							
学生姓名	感到恐惧	与同龄人相处得很好	抱怨生病	容易哭泣	言行自信	感到沮丧	感到害怕	表现得快乐

图 5.7　类李克特量表的一个示例：教师对学生适应学校程度的评价

不幸的是，学生不太理解数字代表什么意思——教师努力解释也无济于事。教师在解释第一个句子时，告诉学生在自己的问卷上找到数字"1"，然后在数字"1"后面的人脸表情图形中做出自己的选择，在选中的图形上打叉。分析了最开始的几个问题后，我们意识到学生只是在每一行的第一列的脸上打叉，而不是根据每个句子的意思做出不同选择。有几个学生的回答就像下面的图像。

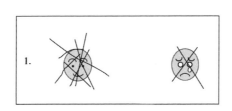

很明显，如此收集的数据质量很差。于是，我们决定修改评级表的表达方式，采用图 5.9 所示的方式，把学生的注意力吸引到有特定图像的方框上，并让他们把选择的回答放到方框里。

学生自我评价调查

指导语：让你的学生回想去幼儿园上学的第一天。给你的学生读每一句话，并指导他们在问答表上适当的地方作答。

1.你在幼儿园的第一天感觉如何？

2.你对第一天离开家上幼儿园的感觉如何？

3.今年你在幼儿园遇到一位新老师，你感觉如何？

4.与你的新同学交朋友，你感觉如何？

5.在操场上玩，你感觉如何？

6.在食堂吃午餐，你感觉如何？

7.在学校的第一天做的活动，你感觉如何？

8.在学校的第一天结束了，你离开学校时感觉如何？

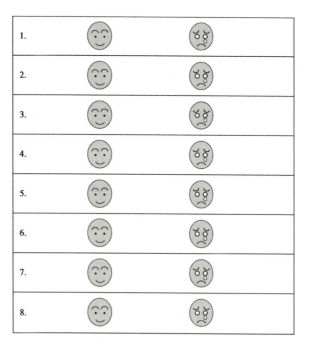

图5.8 面向幼儿的评级表

学生自我评价调查

指导语：让你的学生回想去幼儿园上学的第一天。给你的学生读每一句话，并指导他们在问答表上适当的地方作答。

1. 你在幼儿园的第一天感觉如何？
2. 你对第一天离开家上幼儿园的感觉如何？
3. 今年你在幼儿园遇到一位新老师，你感觉如何？
4. 与你的新同学交朋友，你感觉如何？
5. 在操场上玩，你感觉如何？
6. 在食堂吃午餐，你感觉如何？
7. 在学校第一天做的活动，你感觉如何？
8. 在学校的第一天结束了，你离开学校时感觉如何？

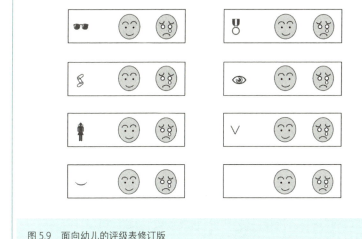

图 5.9　面向幼儿的评级表修订版

研究者可以使用互联网工具收集调查问卷和其他自我报告数据，如 SurveyMonkey、Checkbox、Zoomerang 和 Poll Everywhere 等。这些调查网站价格实惠，上手很容易，其中一些调查网站还可以帮助完成一部分数据分析工作。

调查和评级表的优点在于收集学生态度、看法或意见方面的数据效率很高。实际上它们就是书面化的结构化访谈提纲，只不过回答者是在纸张上作答。评级表和其他封闭式问题作答的数据信息可以被快速统计。使用计算机软件可以使统计过程更加便捷。

当然，行动研究中采用调查方法也有其局限性，开放式问题的回答处理有时非常耗时，因为有些回答含糊不清、存在歧义（Schmuck，1997）。这一不足的解决办法可以是采用评级表或者用给定选项的封闭式问题取代开放式问题。另一个局限性是，研究者对某个人的某个回答不太肯定，却没有机会和访谈一样继续询问受访者。

对于将调查问卷、评级表作为行动研究项目数据收集手段的问题，我给出几个建议，这些建议来自多位作者，我进行了汇编（Johnson，2008；Mills，2011；Schmuck，1997；Schwalbach，2003）。当开发一个新测量工具时，应该注意以下几点：

• 一个选项只表达、测量一个观点或概念。

• 问卷问题不要太多，不必要或者内容上有重复的问题不应该出现。

• 问卷不要过长，文字要清晰易懂，否则作答者不会填完问卷，或者出现作答者随意填写的情况。

• 问卷中的评级表只能有一种，多种评级表会让回答者无所适从，从而影响数据质量。

• 设计时结合开放式问题、封闭式问题，发挥两者各自优势。

• 不要使用诱导性问题，问题提法应该是客观的，不能影响作答者的独立判断。

• 在问卷发给作答者之前，仔细检查错别字，除了你自己，最好再另外找人同时检查。

清　单

清单是一张表，上面罗列了一系列行为、特征、技能或研究者感兴趣、想调查的内容（Johnson，2008；Leedy & Ormrod，2005）。清单、调查问卷、评级表之间的主要区别是：清单的每个问题只有两个选项，也就是"是""否"，而不是多个选项。清单收集当然比调查问卷、评级表效率更高，但清单收集的数据详细程度不如后两者。使用清单时，要注意清单上罗列的观察项目不要过多。图 5.10 是一个清单范例。

独立阅读行为清单
学生姓名：_____
年　　级：_____
填写日期：_____

独立阅读特征	观察到此特征	没有观察到此特征
尊重别人		
坚持完成任务		
选择适合自己阅读的书		
阅读时全神贯注		
能理解故事的情节		
对故事的各方面能进行自己的思考		
能回答关于故事的提问		
能对故事中的人物进行思考评价		
能回答关于故事中人物的提问		

图 5.10　小学独立阅读行为清单范例

形成性和总结性课堂评估

　　假设你的某次行动研究主题是学生学习行为，那么有多种数据来源可以支撑你的研究。这些数据很多来自每天的日常教学过程，如教师给学生布置任务，然后评估学生完成情况所产生的大量数据。**形成性评估**指在教学任务进行过程中，教师进行评估，以决定是否对教学活动进行调整（Mertler，2003）。形成性评估主要包括教师的一些非正式的、偶发的评估行为，如观察、口头询问和学生反馈。

　　总结性评估由教师在完成阶段性的某个教学任务后进行，例如一个教学单元、一门课、一个学期结束后进行的测试，目的是做出某个管理决策，如根据学生一门课、一个学期的整体表现打分，或者对学生的整体情况做一个评估（Mertler，2003）。总结性评估比较正式，而且往往是事先计划好的，如章节测试、单元测试、期中（末）测试以及一些基于学业表现的评价项目（如研究报告、研究性学习汇报），通常是衡量学生的学习效果，评估教学目标是否达标。其他一些正式评估工具还有家庭作业成绩、课堂测试、期末成绩或者课程成绩等。如果你的研究项目里面包括了这些数据资料，那么很重要的一点是，要意识到这些数据资料并非你的行动研究项目数据资料的唯一来源。

行动研究中使用形成性和总结性评估的优点在于：和前文介绍的一样，形成性和总结性评估数据都是现成的，因为日常教学工作会不断地产生这些评估数据。当然形成性和总结性数据仅在教师、课堂层面上是"现成"的，在学校或者学区的层面上并非"现成"的。在行动研究中纳入这些数据能让研究更加方便、可行，因为给一个研究专门设计数据收集工具往往并不必要。当然，这一做法也有缺点，即这些数据未必匹配、吻合你的研究需要。一个认真、专业的行动研究者必须从研究一开始就确保接下来要收集的数据符合研究项目所需，否则这些数据——从研究者角度看——可能毫无意义。

需要说明的是，可能有这样的情况——取决于研究问题的性质以及你的行动研究计划——需要你进行前测和后测设计，特别是试图研究某种教学方法、措施对学生会有何种影响时。这种情况下收集到的数据不是"现有的数据"，因为此时学生的行为已经不再是自然的、未加干涉的行为，而是在你构思并实际实行了的方案、做法之下产生的行为，因此收集的数据不是"现成的数据"。当然，这些数据不失为量化数据的一个重要来源。

标准化测试成绩

标准化测试成绩也是量化数据的一个来源。研究者应该认识到这些"正式"的数据收集工具会被视为"现有记录"，因为标准化测试往往是在学区范围内、在各学校的教室中统一进行的，并非某个教师的个人行为。当行动研究者使用标准化测试成绩时，研究者需要意识到，标准化测试成绩并非唯一的数据来源，应该和更多的"局部"数据——如教师观察、教师自主开发问卷取得的数据——结合起来使用。

很多人，特别是教育工作者不是很同意标准化测试的优点。我认为，不管你对标准化测试的利弊有何看法，作为中小学教师、作为行动研究者的你都必须意识到在解决某些行动研究问题时，标准化测试数据有其独特价值。我一直认为，既然教师需要对学生进行上面提到的各种类型的测试并能获得大量数据（学生个体层面或者群体层面），那为什么不通过某种更富有产出的方式充分利用这些数据，帮助教师们在教学、课程、评估等方面做出更明智的决定？以下引用的一段文字总结了我的一些看法：

> 我真的不知道有谁喜欢标准化测试！但标准化测试不会很快消失。过去 40 年里，标准化测试对美国教育制度影响巨大……任何时候，当教师需要面对儿童做出一些决定时，教师们需要尽可能多的信息以提高决定的准确性：教师们向学生提问、让学生朗读给教师听、给学生布置写作任务、进行单元测试、观察学生、鼓励学生创新、让学生参加基于绩效考评的各种任务等。标准化测试的结果正好是关于学生学习过程的另一个信息来源。请教师们把标准化测试纳入学生学习行为数据收集中，它会帮助你提高各种教学决策准确性，改进教师的教学质量。（Mertler，2007，p. xii）

量化数据的特点：效度与信度

效度是量化研究数据的核心特征之一，效度关注研究者测量得到的数据是否准确反映了研究者希望、计划测量的对象的真实数据。换句话说，虽然你收集的数据是准确无误的，但是这些数据是不是真正反映了你要研究的问题、要研究的对象，而不是其他不相关的研究问题、研究对象？举个例子来说，假设阅读课教师依据标准化考试成绩，将学生的阅读能力分为三组：高于平均水平、平均水平和低于平均水平。然后想象一下，一名社会研究教师使用阅读课老师对学生的三个分组来选出那些他认为胜任修读大学历史预修课程的学生。很明显，阅读课教师收集的分数在使用上是有效度的，而社会研究课老师使用这些分数则没有效度可言，得出的结果自然也不可靠（Mertler & Charles，2011）。

效度的一个定义是："对测试分数给出的某种解释得到各种证据支持的程度。"（p.11）以前有多种不同的效度定义，如建构效度、内容效度、共时效度、预测效度。目前，效度被视为一个整体概念（AERA，APA，NCME，1999）。量化数据的效度高低可以通过审视不同来源的证据来确定。虽然类似于刚提到的四种效度，但下面提到的效度证据的五个来源本身就很独特（Mertler，2016）。五种效度证据来源如下：

• 基于测试（或其他数据收集工具）内容的效度证据——该证据基于测试的内容和该测试试图测量的特征之间的相关性强弱。

• 基于响应过程的效度证据——通常来源于对作答者在测试（或者其他数据收集工具）中的作答模式的分析。

• 基于内部结构的效度证据——源于测试中各项目和该测试测量特征之间的相关性强弱。

• 基于变量关系的效度证据——比较测试分数和其他类似的、测试同一或者相关对象的较高效度测试之间的相关性[1]。

• 基于后果的效度证据——收集测试分数信息，最终目的当然是使用这些分数信息，最后取得某种收益，那么基于后果的效度证据就是审查测试结果是否实现了最终目的。

---

[1] 译者注：国内目前通称"聚合效度"，也就是与测量相同或相似建构的其他测试之间的关系，比如测试学生的 400 米成绩，那么可以将 400 米成绩和 800 米成绩比较，一般来说，800 米成绩好的学生，400 米成绩也应该不错。

上文提到的一些效度证据来源实际上更适合大规模测试项目，尤其是当结果计划被推广到较大群体时。但是，将研究结果推广到较大群体并非中小学教师行动研究的主要目的，毕竟中小学教师进行行动研究的主要目的是解决自身在教学中遇到的实际的、具体的、特殊的问题。因此我建议教师应该关注基于标准化测试（或其他数据收集工具）内容的效度证据来源。例如，假设我们想要调查学生对数学学习的态度，那么就需要确保问的问题和学习数学的各方面直接相关。又比如说，假设一名教师计划了解学生对光合作用过程的理解程度。如果该教师并不想了解更多其他内容，而只是想了解学生对光合作用的理解程度这个具体问题，得出某个针对性结论，那么，该教师问的问题就只能与光合作用本身相关。如果问了一些不相关的问题，而且学生在这些不相关问题上也得分，从而提高了整个测试的分数——那么这时候根据这个包含了不相关问题得分的成绩来解释、评估学生对光合作用的理解程度，显然是低效度、不恰当的。这种类型的效度一般通过教师或者该领域的专家对测试内容进行虽然主观但严格的分析来建立。换句话说，虽然这是一个主观的过程，但研究者需要对测试（例如问卷、考试、评级表、清单等）的每个问题、每个项目以及测试的整体内容进行仔细评估，确保测试的确反映了研究者希望测试的内容。

信度是量化数据的第二个重要特征，指研究者收集到的数据的一致性。如果你从三个人那里，分别听到一场轻微车祸的三个版本，每个版本在发生了什么事、牵涉到谁、结果是什么上说法不一，那很自然地，你不会相信三个版本的任何一个。如果三个人的说法很相似，那么你会认为你听到的消息是可信的。同样，如果你在同样环境下重复进行某个测试，但是每次结果都不同，你自然会得出结论——测试是不可靠的。如果每次结果都类似，你会认为结果可靠，可以在你的研究项目中采用（Mertler & Charles，2011）。

有多种方法可以确定量化数据的信度（Mertler & Charles，2011），当然不是所有这些方法都适合中小学教师开展行动研究。量化数据的信度往往通过计算量化数据之间的相关性来予以确定。常见有三种方法——重测信度、复本信度和内部一致性信度。重测信度、复本信度需要在一个研究项目中两次使用同一个测试工具，而这一点对于中小学教师或其他参与行动研究的人员来说往往不可行[1]。内部一致性是对测试信度的统计估计，只需要进行一次。因为内部一致性信度对行动研究人员来说最有可行性。库德 - 理查森公式 21（也称为 KR-21）是最简单的内部一致性计算公式之一，使用计算器即可得到结果，计算结果在 0.00~1.00，值越接近 1.00，内部一致性信度越高，收集到的数据越可靠。KR-21 计算公式如下：

$$KR\text{-}21 = \frac{(K)(SD^2) - \overline{X}(K - \overline{X})}{(SD^2)(K - 1)}$$

K= 测试题目数
SD= 所有回答者得分的标准差
X= 所有回答者得分的平均值

我们通常将效度和信度看成两个不同的概念，但事实上它们之间密切相关（Mertler & Charles，2011）。通过某个数据收集工具采集到的数据信度高、效度低是可能的，信度高意味着数据的一致性好，效度低意味着收集到的数据和研究对象相关度差。反之，数据不可能信度低、效度高——因为如果分数测量到了研究者打算测量的对象，那么就应该一直进行下去，而不会出现较大波动。出现了较大波动，就意味着有时测量到了，有时候没测量到，自然也不可靠。因此，信度是效度的必要条件，但不是充分条件。当一名研究者关注数据的效度、信度问题时，永远牢记：有效度的测试总是有信度的，但有信度的测试未必有效度（Mertler，2016）。

---

[1] 译者注：比如同一套历史课试卷，不太可能让同一个班级的学生重复做两次。

关于研究伦理和数据收集的注记

第 4 章介绍了任何行动研究都必须考虑的一些研究伦理因素。本章讨论数据收集，很有必要重温第 4 章的一些重要问题。务必记得在收集任何数据之前——尤其是需要收集的数据超出课堂老师正常、例行活动范围时——研究者应该从家长和学生处获得同意。此外还要记得让对你的研究成果有兴趣的潜在人群和你一起决定你是否需要获得同意——如果你学校的同事是你的行动研究结果的唯一关注者，那么可以不需要获得任何类型的同意。不管哪种情况，如果研究者计划和更广泛的受众分享数据的话（如期刊、专业会议甚至整个学区范围内的公开展示），那么研究者必须要取得学生和家长的同意。

一旦你已收集到数据——不管是从学生、教师或其他人那里获得的数据——你都必须确保这些数据安全、保密。任何时候都不能让学生或教师的名字在数据中出现。一种方法是给每个数据收集对象进行随机数编号。数据收集对象（也就是具体的人，比如学生、教师、同事等）的随机数编号表应该加密，只有你才能看到。通过这种方式，其他人就无法知道哪个数据是从哪个人那里收集到的。确保研究对象身份匿名、数据保密是行动研究非常重要的组成部分。

行动研究写作：数据收集方法

我在北佛罗里达州一所农村中学教 8 年级的科学综合课（课程内容涉及生命、地球 / 空间和物理等领域内容）。我是由四位老师组成的一个团队中的一员，其他三位老师分别讲授数学、历史以及语言艺术课程。我们 4 个人（团队 E）指导的学生有 130 人。虽然我每天要教 5 节科学课，教学工作量不小，但我还是设计了一个包括 7 个阶段的行动研究计划。

背景和参与者

该班由 31 个科学课程成绩在平均水平和超过平均水平的学生组成。我选择一天中的最后一堂课纯粹是出于后勤方面的原因。我的教室只有 1 台计算机，需要每天从隔壁教室借11 台计算机。隔壁老师也同意在第 7 节课进行教学和研究。选择这个研究时间的另外一个好处是学生可以在放学铃声响起以后再归还计算机，不用占据宝贵的课堂时间。

我的数据收集方式是在三个时间节点比较学生对学习科学的态度，三个时间节点依次是：学年开始时、研究期间（也就是科学课程进行期间）、研究结束时（也就是科学课程结束时）。学生的态度和反应由学生自己、他们的父母和我来进行观察记录。本项研究数据有三个来源，可以进行三角验证，三角验证有助于更好地发现或减少错误。在研究一开始和结束时，我调查了全班学生以及他们的父母。

> 数据收集的描述
> 使用三角验证的解释

在开学后的第一个六周内，我确定了研究方法、测试工具以及实验室安全状况。多媒体技术不属于科学课程的教学内容。我设计了一些要求学生单独，也要求学生小组动手完成的任务。为了解学生对科学课程的投入程度，我进行了一项调查，包含以下几个问题：你有多喜欢科学课程？这学期以来，你有多喜欢科学课程？对于在家里学习一些科学课程的内容，你有多大兴趣？学生使用 1 到 5 的评级表进行回答，评级表为：（1）非常冷淡，（2）冷淡，（3）无感，（4）热情，（5）非常热情。

> 数据收集过程和量化测度工具

此外，我也给每个学生家长发送了调查问卷，以便了解和记录父母对他们的孩子学习科学课程的关注度。调查包括两个问题：你的孩子对学习科学课程有多大热情？你的孩子对在家里学习科学课程有多大热情？评级表也是 1—5 级。

从第二个六周开始，我开始讲授海洋学单元。我将海洋学作为研究单元，主要是因为学校媒体中心能提供给学生的学习资料在海洋学方面的数量比较丰富。从该单元开始，我开始将技术融入课程教学中。向学生介绍完该单元的基本情况后，我让学生仔细阅读教科书里海洋学那一章，并优先列出物理和生物海洋学中的 11 个知识点，因为我推测学生对物理、生物海洋学会比较有兴趣。学生根据个人兴趣尽可能多地分成若干组，每组两到三个学生，小组的任务是设计多媒体演示文稿，这些多媒体文稿会用于其他学生的学习与教学。

在此期间，我向学生小组介绍多媒体文稿制作软件——HyperStudio（Wagner，1994）。HyperStudio 是一个允许用户把声音、图形和文本整合起来，使演示文稿的动画更有创意和趣味的软件。向学生介绍 HyperStudio，加上学生小组设计多媒体演示文稿共花费了六周时间。

在研究过程中，我观察并记录了学生的工作情况以及他们对课堂的反应。观察重点有：学生制作多媒体演示文稿时遇到过什么问题？学生对课程知识有不理解的地方吗？小组合作中有出现问题吗？他们使用多媒体软件有问题吗？在本章学习结束时会进行调查，调查结果显示学生经历了一些情绪波动，而这些观察和记录能帮助我分析学生的情绪波动。我通过这些材料，能够找到问题的来源是课程知识理解困难，以及学生小组内部的摩擦，并避免把这些问题和学生丧失使用多媒体技术辅助学习热情导致的情绪波动混淆起来。

> 质性数据观察记录

海洋学教学单元结束时，我让每组学生与班里其他同学分享自己小组制作的演示文稿。颁奖后，我要求每个组在班上讲一讲他们在编制多媒体演示文稿过程中获得的乐趣。我记录下学生的发言。

我同时要求每个学生写一份个人评价，回答下面的问题：你在做演示文稿时遇到了什么问题？在制作演示文稿过程中，你学到了什么？你从其他同学的演示文稿中学到了什么？对科学课程的其他章节内容，你还想做演示文稿吗？我再次对学生家长进行了调查，收集他们的孩子对科学课程兴趣度的信息。我问了学生家长下面的问题：你的孩子在家谈论科学吗？你的孩子在家渴望和家人分享自己在学校里做了什么和在科学课上学了什么吗？你能感到你的孩子正在学习科学课吗？为什么？你的孩子对科学课有多大热情？你的孩子对在家里进行科学活动有多大热情？然后，我采用学期开始时的调查问题，再一次对学生进行调查。

> 更多质性数据

资料来源：Hollis，1995。

在我启动行动计划的两周前，我在我研究计划的第一阶段进行的那个教室里放了一台摄像机，目的是让学生习惯教室里有摄像机的存在。我给每个学生发了一张写有一连串数字的手工纸，告诉他们保存好，后面会用到。研究计划第一阶段的第一天我首次启动了摄像机。这一天结束时，我要求学生回答4个问题。学生回答问题时，不写上自己的名字，而是在之前我发给他们的手工纸上的数字中任选一个写上。我在教师教学日志里快速地做了记录。

> 多个数据来源；在数据收集时匿名

三天后，再次进行录像。这一周我完成了学生调查。每当我觉得必要时，我马上在教师工作日志上做相应的记录。记录工作量比之前增长了三倍左右。

> 质性数据 = 教师工作日志

第二周，星期一和星期四都进行课堂录像。第二周结束时，由于学生反应不一，我修改了学生调查中的问题1和3。学生调查问题修改后如下：

1. 你今天在课堂上分享了什么东西吗？ 是 / 否

2. 如果回答"是"，你和哪些人分享了：

    a. 只有学生

    b. 只有老师

    c. 学生小组

    d. 学生小组以及老师

3. 你今天提问了吗？ 是 / 否

4. 如果回答"是"，你向谁问的问题：

    a. 只有学生

    b. 只有老师

    c. 学生小组

    d. 学生小组以及老师

> 量化数据 = 学生调查

在5周内，我保持着一周两次的频率继续对课堂进行录像。在此期间，我对所有学生都进行了随机调查，此外每天在教师日志中进行记录。

资料来源：Graham，1995。

制订研究计划以及收集数据

该行动研究项目属于联邦政府教育部资助的 I 类项目，旨在提高学生阅读理解能力。

Kathleen 老师初步确定的研究问题是——使用了教师编制的阅读理解测试项目后，学生阅读理解能力是否出现变化（使用前测、后测分数对比测量变化大小）？为此 Kathleen 需要选择一个适当的、有效的阅读理解能力测量工具。在对比了几种她非常熟悉，也实际使用过的诊断性测试工具后，Kathleen 选择了《伍德考克阅读能力测验》（Woodcock Reading Mastery Test）修订版，然后分别在该年 9 月、次年 5 月对她的阅读课学生进行了测试。从《伍德考克阅读能力测验》中的"阅读能力部分"分数看，Kathleen 的学生平均分数达到该测验的常模平均水平，Kathleen 阅读课学生中的高年级学生多数得分在常模第 35 个百分点附近。Kathleen 希望提高学生在本学年阅读课上的表现。

Kathleen 的第二个研究问题与她自己和学生对学生阅读理解能力的看法有关。她设计了两个方法收集数据。第一，每天观察她的学生，记录她看到的东西以及当时她对看到的东西所做的分析和思考。她观察的重点是学生读过一本书中的一段文字后，可以回答口头和书面问题的程度。具体来说，她将仔细观察她的学生如何使用那些在课堂上教过的阅读策略。第二，定期直接询问学生关于阅读理解策略的问题。为此她设计了一个半结构化访谈提纲，包括以下几个问题：

"阅读理解"对你意味着什么？

对于你阅读的内容，你理解起来有困难吗？

为什么你认为理解起来有困难？

你觉得怎么样才能帮助一个人理解他 / 她阅读过的东西？

你曾经做过任何这类事情吗？

你会使用什么策略帮助你自己理解你读过的东西？

你喜欢阅读吗？

Kathleen 打算在她的行动研究项目过程中，每隔大约 2 个月对每个学生至少访谈两次。她相信由此可以了解到更多学生对阅读与理解的看法。此外，她也想了解学生的这些看法是否会随着时间推移而改变。

行动研究项目 2：
有丝分裂和减数分裂概念的理解

制订研究计划和收集数据

该项行动研究的目的在于提高学生对有丝分裂和减数分裂过程的理解水平。

两名生物学课教师 Sarah 和 Tom 在 1 月和 2 月完成了有丝分裂和减数分裂单元的教学，2 月中旬进行了一次测试。为了解决他们的第一个研究问题，两位教师收集了学生的考试成绩，录入到电子表格中，表格部分摘录如下。

Sarah 和 Tom 记录每个学生分数的同时，也记录了学生的某个分数是在哪一个教学进度阶段、哪种教学方法下取得的（比如"1"代表传统教学方法，"2"代表"传统教学 + 在线模拟等学习资源"的新教学方法）。因为接下来要进行的两两分组比较 t 检验统计分析需要这些信息。

对于第二个问题，Sarah 和 Tom 创建了一个合作学习博客。两位教师在博客上提出了几个关于有丝分裂和减数分裂过程的问题，让学生在网站博客上进行课堂"讨论"。

学　生	课程阶段	教学方法类型	测试得分
Adam F.	1	1	98
Becky S.	1	1	74
Chris W.	1	1	85
Michael M.	3	2	87
Nancy T.	3	2	91
Ophelia J.	3	2	95

讨论话题 #1——为什么说有丝分裂和减数分裂重要？

讨论话题 #2——有时有丝分裂和减数分裂进程不顺利。如果进程不顺利，会对一个生命体产生什么后果？

讨论话题 #3——对有丝分裂和减数分裂你还有什么疑问？还有什么你感觉不清楚的问题？

两名教师要求每个学生最少发表两个评论或问题。Sarah 和 Tom 认为网络日志能为他们的行动研究提供更丰富的质性数据，因为学生会回应其他人的问题和看法。此外，从数据收集的角度来看，网络日志有一个明显优势——学生提交的所有信息都会被完整、方便地记录下来，供教师之后分析。

Sarah 和 Tom 也进行了"集体口试"和"单人口试"，但对学生并没有多大激励效果。当然，两位教师都向学生说明集体口试、单人口试并非出于考核目的，其根本目的是要学生讨论自己对有丝分裂和减数分裂过程的理解和看法。两位教师告诉学生单元成绩包括口试成绩，但书面测试才是单元成绩的最主要部分。在课堂上，Sarah 和 Tom 也会参与到学生的小组讨论中，了解他们学到了什么。例如，教师可能会叫一个学生谈谈他对有丝分裂步骤的理解，然后教师选择一个时间点叫停该同学，叫另一个同学接着讲述该知识点。Sarah 和 Tom 在各自的课堂上做观察记录，重点观察学生理解到了什么，以及还没有理解、仍然感到困惑并努力去理解的又是什么。这一天结束时，两位教师在各自记录中都发现学生言行呈现出一些规律性的模式。

第二天，每个学生都被叫到任课老师讲桌前进行单人口试。因为时间有限，单人口试只包括 4 个简短的问题，按照结构化方式进行。Sarah 和 Tom 向每个学生询问这 4 个问题，并仔细记录学生的回答。4 个问题是：

有丝分裂的目的是什么？

如何判断有丝分裂的某个阶段什么时候结束，什么时候进入下一个阶段？

减数分裂的目的是什么？

生物体如何通过有丝分裂繁殖下一代？生物体如何通过减数分裂繁殖下一代？

最后一个总结性的大问题是一组关于有丝分裂阶段的问题。教师向学生展示有丝分裂过程的动画，在不同地方暂停动画演示，然后要求学生指出停止的地方处于有丝分裂的哪一个阶段。

完成上述数据收集工作后，Sarah 和 Tom 准备开始分析数据。

行动研究清单 5

为行动研究制订一项数据收集计划

重新审视你的研究问题和之前关于使用质性、量化或混合方法收集数据的计划。

如果你打算收集质性数据，你会选择下面哪一种数据收集方法：

□观察（结构化、半结构化或非结构化）

□访谈（结构化、半结构化或非结构化）

□日志

□现有文档

□其他来源

如果你打算收集量化数据，你会选择下面哪一种数据收集方法：

□调查、问卷或评级表（李克特量表、类李克特量表或其他，甚或是开放
式问题？）

□清单

□形成性或总结性课堂评估

□标准化测试成绩

□现有数值型的数据

□其他来源

如果你打算使用原创（即教师自行开发编制）的数据收集工具，如访谈
提纲、问卷或形成性评估，那么在这个研究阶段，就需要给出你计划使
用的自行开发的数据收集工具设计草案。

根据你使用的数据收集工具的类型，确定适当的流程，以确保收集到高
质量的数据。

相关网站

本章罗列的相关网站全部来自威斯康星州麦迪逊大都会学区的行动研究网
站。该网站总结了很多行动研究项目中收集数据的建议，能够帮助你解决很多你
可能遇到的实际问题。

◆网站名：数据收集指南（Guidelines for Data Collection）

该网站首页第一句就是："提出正确的问题是有效收集数据的关键。"其他
一些要点包括"想清楚你为什么要收集这些数据""想清楚你要怎么使用收集的
数据""想清楚你需要多少数据"和"使用多个来源的数据使研究结果更为可靠"。

◆网站名：数据收集技巧（Techniques for Gathering Data）

该网站简述了14种收集数据的不同技巧，其中有一些是本章介绍过的，也
有部分技巧本章没有介绍，包括作品集、静态摄影、学习任务的时间分析等。

◆网站名：数据收集：5个W和1个H（Data Collection: The Five Ws
and an H）

作者建议作为行动研究者的中小学一线教师在收集数据前，认真自问下面几

个问题：

我们为什么要收集这个数据？

我们真正收集到的是什么？

我们打算去哪里收集数据，需要多长时间？

我们打算什么时候收集数据，需要多长时间？

谁来收集这个数据？

具体怎么收集数据？收集到后如何展示给读者？

本章小结

1. 质性数据是叙事型数据，主要表现为文本形式。

质性数据的常见收集方式有观察、访谈、日志，或获取现有文档、记录。

观察是在一个特定环境中仔细、全面地观看和记录你所看到和听到的事物。

课堂观察包括结构化、半结构化或非结构化三种方式。

非结构化或半结构化观察允许记录者随时灵活地记录现场的临时事件。

课堂观察通常以现场笔记方式进行记录，可以包括观察者评论。

访谈通常是人与人之间的正式谈话。

访谈往往按照访谈提纲进行，提纲设计可以是结构化、半结构化或开放式的。

访谈除了可以在个人层面进行，也可以以小组形式进行，以小组形式进行访谈的研究方法被称为焦点小组。

访谈也可以通过非正式方式或电子邮件进行。

日志可以由教师和学生分别保留，以鼓励和记录师生在课堂教学活动中偶然产生的一些宝贵见解。

现有文档和记录最初并非为了行动研究而收集，但是完全可以作为行动研究的一种信息来源。现有文档和记录也包括课堂作品，如学生完成的手工作业。

质性数据的质量一般从可信度、可转换性、依变性和确定性四个方面来评价。

2. 量化数据是数值型的数据，包括任何可计数、统计、评级的数据。

调查是一组需要研究参与者给予回答的陈述或问题。

问卷是调查的一种类型，是一种以书面方式进行的调查。

问卷题目包括开放式问题和封闭式评级表两种类型。

封闭式题目给作答者多个选项，作答者从中做出选择。封闭式问题的数据分析主要是对每个问题的每个选项被选中的频率进行统计。

开放式题目由作答者作答，没有选项。开放式题目的数据分析主要是将作答者的各种回答进行归类，然后再进行统计。

调查和评级表可以同时从很多人那里收集到数据，但有时候数据分析会比较耗时。

清单是一种简单的、二分的评级表，回答选项只有两种选择（例如，存在或不存在、是或否）。

各类课堂测试和其他正式的测试收集的数据可用作量化数据。

量化数据的效度与研究者对这些数据本身持何看法有关。

信度指量化数据在统计学意义上的一致性。

请牢记：有效度的数据总是有信度的，但有信度的数据并不一定有效度。

问题与思考

1. 你认为行动研究中，既收集质性数据，又收集量化数据有哪些好处？可能有哪些局限性？

2. 为什么对于研究者，尤其是对于既是研究者又是实践者的行动研究一线教师来说，采取措施确保数据收集质量很重要？

3. 要进行高质量的观察，通常要求观察者事前进行一些培训，或者观察者本人至少要自行进行练习。找一个人群密集的地方（如购物中心、学生活动大楼），花 30 分钟观察和记录你看到和听到的事物，也记录下你作为观察者有时候可能会进行的观察者评论。观察 30 分钟后总结经验。你是怎么想的，有什么感觉？下一次你会如何改进你的观察和做笔记的技巧？

4. 思考一个你感兴趣也适合进行行动研究的研究主题。设计一个访谈时间大约 15 分钟的、面向个人的半结构化访谈提纲。对于可能涉及个人隐私的问题，访谈提纲要向受访者提供不回答的选项。下一步，使用你的访谈提纲采访某人。之后，反思你这次访谈的得失。对于这次访谈，你想到了什么，有什么感觉？打算下一次访谈如何改进？

5. 使用上面第 4 点确定的主题，面向特定群体，按照本章介绍的相关指南，设计一份有 15 个问题的问卷或评级表。记住评级表要么使用李克特量表，要么使用类李克特量表。至少邀请 5 人填写你的问卷。之后，请他们反馈意见。在你设计问卷和实施问卷调查的过程中，不断反思自己的想法和做法。

6. 你能想到任何支持你的研究主题的现有文档或记录吗？它们都是什么文档和记录？获取它们有没有什么困难？

关键术语

实施阶段	访谈	半结构化观察
课堂日志	库德 - 理查森公式	结构化访谈
课堂作品	李克特量表	结构化观察
确定性	类李克特量表	学生日志
结构	成员检查	总结性课堂评估
可信度	观察	教师日志
数据日志	观察者评论	可转换性
依变性	开放式访谈	三角验证
外部审查	开放式问题	诚信
焦点小组	同行评议	非结构化观察
形成性课堂评估	反身性	研究数据效度
非正式访谈	半结构化访谈	录像带
内部一致性	访谈提纲	

第 6 章 分析数据

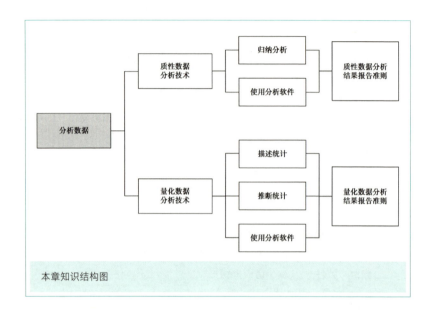

本章知识结构图

　　行动研究中行动阶段的第二步是数据分析。不管收集到的数据是质性、量化还是两者混合，对于缺乏经验的研究者而言，数据分析阶段很可能是压力最大、最感到焦虑的阶段。部分原因可能是研究者需要阅读、分析、编码、组织、整理总结大量叙事型数据，也可能是量化数据需要进行统计分析处理。在任何情况下，都要牢记数据分析技术必须致力于回答你的研究问题——换句话说，你的研究问题决定了你的数据分析方法。此外，还应该记得，数据分析的主要目标是将大量数据进行提炼分析，浓缩成更少、更易于处理的信息。

质性数据分析技术

　　第 1 章初步介绍质性研究方法时，提到质性数据分析是一个归纳分析过程。进行质性数据分析时，研究者从观察收集到的具体数据总结出其中的规律性模式，提出一个或多个研究假设，最后给出一般性的结论和理论。

需要再次强调的是，分析质性数据时，务必整体、全面地思考研究者感兴趣的现象（Parsons & Brown，2002），也就是说，不仅考虑数据本身，也要考虑数据产生的具体研究场景、研究参与者以及研究场景的所有其他特征。

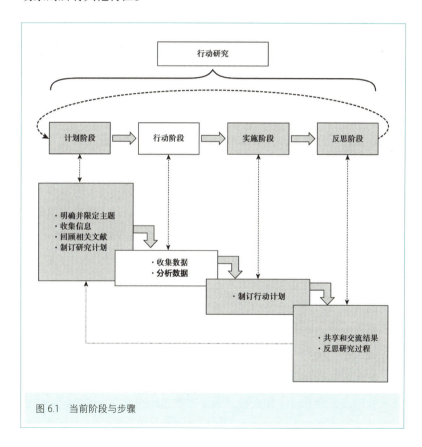

图 6.1 当前阶段与步骤

归纳分析

收集了大量的质性数据后，研究者可能对如何分析数据感到不知所措，因为这看上去似乎是一项工作量不小的艰巨任务（Parsons &

Brown，2002）。对质性数据进行归纳分析时，真正的挑战是你始终要牢记，分析目标是压缩大量已收集的数据，从数据中凝炼、提取出一些范畴、主题、规律、规则、模式，进而构建框架，如此最终才能得出行动研究的结论（Johnson，2008）。当然，在此过程中，研究者不能过度简化、扭曲，或错误地解释已收集的数据（Schwalbach，2003）。Parsons 和 Brown（2002）将质性数据分析过程描述为"系统地整理和展示行动研究结果，以加深对研究数据的理解"的一种手段（p.55）。他们将质性数据的归纳分析过程分为三个步骤：组织、描述和解释。

第一个步骤即组织，主要是将大量访谈记录的叙事型数据（如访谈笔记、现场观察笔记以及任何现有文档或记录）进行精炼、浓缩。研究者需要设计一个通常被称为"**编码方案**"的分类框架，将相似信息、数据进行分组（Parsons & Brown，2002）。当你仔细读完各种记录、现场笔记和文档后，一些主题 / 范畴会自然浮现出来。研究者应该记下这些主题、范畴以及它们对应的单词或短语，然后研究者在收集到的资料中检索这些特定的单词以及反映特定事件、观察现象的短语，从而对收集到的数据进行编码（Mills，2011；Parsons & Brown，2002）。有些研究人员的做法是：用不同的彩色笔标记出主题 / 范畴，或者用 3~5 英寸的索引卡来进行分类和编码，还有人用剪刀把收集到的成绩单和现场笔记剪开，再按照分类、编码关系排列组合在一起。研究中需要思考并确认自己要使用哪种编码方法（Mills，2011；Schwalbach，2003）。

第 5 章我介绍了一项对学龄前儿童使用正强化方法的行动研究项目。我访谈了幼儿园工作人员，做了许多实地观察和访谈笔记。完成了我的数据收集工作后，我开始仔细阅读我的现场笔记、观察者评论和访谈记录。读完后，我制订了编码方案（表 6.1）。显然，某些主题 / 范畴比其他主题 / 范畴包含的数据更多，但在这个阶段，研究者不必判断哪个主题 / 范畴更重要。

提出主题 / 范畴后，我开始重读数据，以便将所有数据纳入我的编码方案中。我向读者提供了我完成的某次观察记录（图 6.2）和某次面试记录（图 6.3）的部分内容，展示我如何对这些片段进行编码。正如读者在示例中看到的一样，有些段落可以用一个或多个范畴进行编码，这具体取决于研究者的自身经历。

通常情况下，数据编码过程要求阅读三次你收集到的数据。通过反复阅读与思考，研究者对收集到的数据会有更好的把握与理解。请注意，这个归纳分析的编码过程并不简单，因为编码方案不会自动、明显地出现在你的数据中，而是需要反复阅读、反复思考才能最终确定一个合理的编码方案（Parsons & Brown，2002）。设计、使用编码方案都需要研究者投入很多时间。

表 6.1　为一项正强化行动研究项目的数据设计的编码方案

用于数据分析的编码类别		
Desc	Description of Site	地点描述
TChar	Teacher Characteristics	教师特征
TQual	Teacher Qualifications	教师资格
Meth	Methodology	方法论
CAct	Child Activity	儿童活动
TBeh	Teacher Behavior	教师行为
PInt	Positive Verbal Interactions	良性口头互动
NInt	Negative Verbal Interactions	消极口头互动
ObsAct	Observer's Actions	观察者介入行为
Res	Results of My Presence	研究者对结果的影响
CBeh	Child Behavior	儿童行为
MO	Missed Opportunity	错过的机会
Modl	Modeling	建模
TCRel	Teacher/Child Relationship	教师／儿童关系
Act	Academic/Social Activities	学术／社会活动
Sup	Supervisory Role	监督作用
PR	Positive Reinforcement	正强化
NR	Negative Reinforcement	负强化
ChBel	Child Beliefs/Interpretations	儿童观念／解释
TBel	Teacher Beliefs	教师观点
TTrng	Teacher Training	教师培训

归纳分析的第二步是总结数据编码后所得到的范畴的主要特征（Parsons & Brown，2002）。在这个环节，研究者要将数据和研究者

最初提出的研究问题或者在研究过程中浮现出来的新研究问题联系起来。研究者需要从范畴与研究问题的相关度及其解释能力的角度对范畴进行分析。此时，面对上一个步骤总结出来的范畴，研究者需要问自己：该范畴能否帮助我理解我的研究主题，以及回答我的研究问题？

在你关注数据和研究问题的关联性时，也要注意数据中是否存在和你目前总结的规律、模式相矛盾或冲突的例外信息（Schwalbach，2003）。这些例外信息往往使你对数据的解释工作更加困难，但会让你的分析结论更准确、更全面，对你今后的教学也更有意义。

最后一步是解释通过编码框架梳理、组织、浓缩的数据。在这一步中，研究者分析编码处理后的事件和行为，或与其他观察到的事件

一个男孩让 Carol 推他荡秋千，Carol 说，"你应该说什么？那个词是什么？"这个男孩恰如其分地回答说"是请"，于是 Carol 推他荡秋千。

CAct
TBeh
CBeh

O/C：在小男孩给出正确回答后，为什么 Carol 除了帮他荡秋千，没有说任何话回应，尤其是在小男孩只被问一次后就给出正确回答的情况下？这是一个说"非常好！"或其他表扬话的完美时机。我注意到 Carol 多次让这种"好机会"擦肩而过。

MO

接下来，我观察了 Carol 的女儿（有点过分调皮，甚至是有点捣蛋的一个小女孩）。她想推一辆自行车穿过沙池，但却遇到一些困难。沙太深，车轮被卡住了。Marilyn 注意到了，于是小女孩希望 Marilyn 帮自己推自行车。Marilyn 回答说："为什么你不来帮我推自行车？"女孩马上同意了，开始和 Marilyn 一起推自行车。

CAct
PR

O/C：我对这段简短的交流印象深刻。Marilyn 没有坐下来跟小女孩长谈说教。相反，Marilyn 试着和小女孩一起完成事情。

Modl

这事发生后，我又注意到 Carol 和一个大点的男孩玩传球游戏。他们之间大约有 15 英尺。Carol 扔出橄榄球，那个男孩一下子接住了。然后 Carol 的注意力就转到附近另外一个孩子身上了。

CAct
TBeh
CBeh
MO

O/C：天哪！她甚至没有说"接得漂亮"。这场面让人看得沮丧。一句表扬的话对那个男孩可能意味重大。Carol 又一次错过了机会。

图 6.2　使用表 6.1 编码方案对现场记录编码的示例

之间的关系、 相似之处或者矛盾（Parsons & Brown，2002）。关键点在于寻找能回答你的研究问题并能挑战、指导当前或未来教学实践的数据，因为研究者的背景、经验和专业知识会影响解释数据的方式。与此同时，研究者应进行一些必要的说明，某些情况下，甚至需要给出具体例子（Parsons & Brown，2002）。在图 6.3 中，我提供了一段正强化研究的最终书面研究报告的摘录。请注意该摘录片段中关于幼儿园教师对儿童给予消极评论以及忽略表扬、肯定机会的讨论，还要注意那些支持研究者解释逻辑的访谈、观察资料是如何被整合入讨论部分的（图 6.3 和图 6.4）。

CM：你能否给我一些例子，说明你认为什么是孩子们可接受的积极行为？

"Marilyn"：这不好回答。[笑]我也许只需要给孩子们说一说就行了。

CM：你是不是认为正强化主要通过语言来实现？

"Marilyn"：是的。

CM：能给我一个例子吗？就是关于你怎样或什么时候使用正强化的语言，还有就是你具体会怎么说？

"Marilyn"：呃，我会一直用像之前和孩子们玩耍时的那种方式去说。你需要告诉孩子们，也许不应该——呃，不是真的说做某事不对——但是，你知道……关于我怎么和孩子们说话，我说不太清楚。我已经习惯和 2 岁的小孩子说话了！[笑]就像我刚才说的，就像你看到的，整整一天你都得要告诉孩子们什么能做、什么不能做。就像拿玩具，你得告诉孩子们去拿其他东西玩之前，应该先把掉在地上的玩具捡起来放好才行。

CM：嗯，就用这个做例子，假设你叫孩子去做那件事情，就是捡起玩具，把玩具放回去。让我们看两种可能。第一种可能，你叫孩子把玩具捡起来放好，但孩子们不听，你会怎么说？

"Marilyn"：我会问他们两次，如果他们还是不听，我会说："我要去捡玩具了。为什么你不帮帮我呢？"

CM：也就是说，你给孩子们树立一个榜样？

"Marilyn"：是的。

图 6.3　使用表 6.1 编码方案对现场记录编码后的访谈记录摘录

当你在进行归纳分析时，非常重要的一点是：你需要定期从数据、你的编码框架和任何你已给出的解释中抽身，加以反思（Schwalbach，2003）。这一反思过程——实际上也是将反思性实践融入行动研究的另一种方式——是重要的，目的是尽量保证你对自己收集的数据保持客观态度，这也有助于让你从更开放的角度来审视、解释你收集的数据。多投入时间进行质性数据分析，你会得到更准确、更有意义的结果。

归纳分析过程有多种形式，第 4 章专门介绍了一种形式，当时是

不幸的是，由于 Carol 的注意力集中在一部分有负面行为的孩子身上，Carol 似乎就忘了那些表现出积极行为的孩子们。其中一个男孩完成了绘画，高举着画向 Carol 展示。男孩大声说："看，这是我画的！"男孩对此似乎颇为自豪。但 Carol 的回答是："你画的是什么？"那男孩扭头看别处去了，没有回答。Carol 似乎让产生正强化的机会从身边溜走了——又一次"错失良机"。Carol 完全可以这么说："哦，画得不错！你能告诉我你画的是什么吗？"根据我自己的经验，教师在处理一部分孩子的负面行为时，往往忘记做这类正强化的"小事"。

虽然 Carol 对有负面行为的孩子说的很多话不太积极，但大部分时间 Carol 说话口气并不严厉，实际上有时甚至是用听上去堪称"温和悦耳"的语气讲出来的。这就出现了一个问题，那就是当她用温和的口气说出一些批评的话时，很难把握她的意图是不是真的在进行批评。我在想，孩子们潜意识里是不是也有同样的困惑（例如，Carol 老师现在是高兴还是不高兴呢？）？

"圆圈教学"是指所有老师、孩子们坐在地上围成一圈，讨论幼儿园发生了哪些事，可以是每周、每月、每年中的某一天发生的事，或者当天要做的事情，以及当天发生的比较特别的事情。据我对 Carol 主持的"圆圈教学"的观察，很多孩子表现出消极、开小差的负面行为。每当出现这种情况，Carol 的应对言行都显得消极。例如，在讨论某一周的某一天时，Carol 的女儿就去撕日历纸。Carol 第一反应是威胁小女孩，如果不停下来就要她坐到教室角落面壁思过。我不知道 Carol 是否真的会让这个小女孩面壁思过，但又一次地，Carol 采用了直接威胁儿童的消极方式去应对。

在"圆圈教学"中，我开始注意到 Carol 似乎只关注孩子们的消极行为，并一直这么做。在 Carol 班级的儿童中，消极行为与积极行为出现的比例大概以 1:2 或者 1:3。我曾期待 Carol 关注那些表现出积极行为的儿童，表扬和肯定他们，还可以对表现好的儿童单独予以表扬，为其他儿童树立榜样。不幸的是，我一直没看到 Carol 这么做。她只关注消极行为，不断地"错失良机"。

图6.4　正强化项目最终研究报告中有关"负面评论"和"错失良机"的部分摘录

作为一种质性研究设计进行了介绍。持续比较法是分析质性数据的一种方法。该方法整合了归纳分析的主要过程，即浓缩、组织、梳理数据，以构建一个研究结果得以展示的框架。持续比较法不同于归纳分析之处在于它同时整合了数据收集和编码的复杂迭代过程。在某种意义上，持续比较法把归纳分析方法应用于某项研究中的多个数据来源，甚至也许还应用到多个研究场所。第 4 章指出，持续比较法很复杂，要求研究者具备分析思考能力。然而，在控制数据收集和分析范围、进行多场所研究方面，持续比较法不失为一种重要方法。

使用计算机软件协助进行质性数据分析

越来越多的计算机软件被开发出来用于协助质性数据分析。有一种典型的错误认识是软件"取代"研究者进行数据分析。Mills（2011）敏锐地指出，关键在于"协助"。软件不会，也不能取代人，质性数据分析需要使用归纳逻辑，而只有人类才能进行归纳推理。先进技术也不能代替人类的逻辑推理。

当研究者使用 Word 之类的文字处理软件把数据输入计算机后，软件可以帮助研究者储存和整理数据。此外，软件程序提供了一套支持研究者开发编码方案的系统，编码确定后，以电子方式（而不是使用传统的彩色笔或索引卡）处理观察现场笔记、访谈记录甚至开放式调查问卷中的数据。一旦研究者把所有数据录入了电脑，就可以使用软件任意地搜索特定词或短语，再把主题相似的段落组合到一起。当然，接下来对主题之间关系的解释工作仍然需要由研究者来完成——软件无法取代人。

当你有大量数据需要处理时，质性数据分析软件的价值就会得到充分体现。Mills（2011）认为"大量数据"指超过 500 页的现场笔记和记录，但一般的行动研究者不会收集到如此多的数据。此外，如果你不是一所大学的员工，那么接触到此类软件的机会也不大，也不容易找到熟悉这些软件的专家（Mills，2011）。当然，中小学教师可以自己购买软件，但有些程序价格不菲，一般在 300 到 500 美元不等。也有几种质性数据分析软件提供免费在线服务，还有提供免费试用版的软件（请参阅相关网站）。

量化数据分析技术

前文介绍量化研究方法时，提到数值型数据的分析是一个演绎过程。研究者一开始确定一个感兴趣的研究主题，然后缩到更小的能给予某个具体回答的问题或可检验真伪的具体假设。有时候，随着研究者不断收集数据、进行数据分析，研究主题与研究问题、研究假设可能会进一步细化。根据研究问题的性质，研究者使用推断统计、描述统计或结合两者使用。

使用描述统计

描述统计在数学上比较简单，其作用是把数量比较大的数值型数据进行简化、总结和组织。描述统计量可以分为三大类，研究中使用频率都比较高：

- 描述集中趋势的统计量
- 描述分散程度的统计量
- 描述相关性的统计量

下面具体介绍这三大类描述统计量，以及它们的具体计算过程。

集中趋势的描述指标用一个数值描述一群对象的整体特征，例如试图描述一组研究参与者的整体绩效、态度或意见。比如说，在实施完某个新的教学方法后，研究者对学生进行测试，研究者不仅对个别学生的测试成绩感兴趣，也对整个班级学生的成绩感兴趣，这就需要使用描述集中趋势的指标。常用的描述集中趋势的统计量有三个：均值、中位数和众数。均值是一组数据的算术平均值，把一组数据中所有的数值相加，除以数据的个数即可得到均值。**均值**是最常用的集中趋势描述指标，尽管在某些情况下，均值并不适合用来描述集中趋势，有一种情况使用平均值会得出误导结论，就是当数据中有极值（或称"离群点"）时，使用均值描述集中趋势不再合适。所谓"离群点"就是比数据中其他数值大很多或者小很多的点，比如假设有下列数据：

> 样本数据组 1：
> 15, 16, 16, 22, 25, 28, 28, 28, 30, 32

该组数据平均值为 240/10 = 24，对此人们一般不会有什么不同意见，然而，想象一下，上述数据组第 10 个数不是 32 而是 132，由此产生的新数据组如下：

> 样本数据组 2：
> 15, 16, 16, 22, 25, 28, 28, 28, 30, 132

虽然这种情况有点极端，但却很能说明问题。第 2 组数的均值是340/10 = 34。现在，如果说均值 34 代表第 2 组数，自然会出现争议，因为 10 个数字中只有一个数大于 34 分，代表性很小。这时候，均值不是一个好的集中趋势描述指标。

另一种情况是使用李克特或类李克特量表收集数据时，均值也不适合用来描述数据集中趋势。设想一下，我们使用图 5.6 介绍的评级表来收集数据，评级表和问题 1 如下：

接下来分析数据，假设把我们所有回答的分数加起来，除以完成回答的学生数，计算结果是问题 1 平均得分等于 3.25。这个分数告诉了我们什么？如何解释、理解这个分数？我们不能说平均评级是"同意"，也不能说学生们"无意见"。这个均值毫无意义，我们无法对其进行某种合理的解释。

对于上文假设的两种情况，均值不适合用于描述数据的集中趋势，其适合的描述指标是中位数。**中位数**是把要讨论的所有数字从小到大从左到右排列，把所有数字分成个数相等的两半的那个数就是中位数。如果我们有一组数字个数为奇数的数组 3，共有 11 个数字，具体是：15、15、16、16、22、25、28、28、28、30、32。数组 3 的中位数等于 25，因为有 5 个数低于 25，有 5 个数高于 25。

样本数据组 3：
15, 15, 16, 16, 22, 25, 28, 28, 28, 28, 30, 32

如果一个数组的数字个数是偶数，中位数计算方式变成：找出数组中间的两个数，计算这两个分数的均值，该均值就是数组数字个数为偶数时该数组的中位数。回头看数组 1，你会发现数组 1 中间的 2 个数是 25 和 28，2 个数的均值 =（25＋28）/2 =53/2 =26.5。有趣的是，数组 2 的中位数和数组 1 相等。由此可以看到，中位数的优点是比较极端的数字（比如数组 2 中的 132 分）对中位数影响很小。

集中趋势的最后一个常用描述指标是**众数**，也就是数组中出现频率最高的那个数。数组 1、2 和 3 的众数都等于 28，因为 28 在三组数中都出现了三次，是出现次数最多的数字。众数使用得不多，因为它对数组集中趋势的描述不是很直观。

第二类是数据**分散程度的描述统计指标**。集中趋势的描述是要表明一组数字中什么数字最有代表性、最典型，而分散程度的描述是要表明一组数字有什么不同，也就是数字之间的多样性。常见的数据分散描述指标有两个：极差、标准差。**极差**计算很简单，就是一组数据中最高分减去最低分，比如数组 1 的极差是 $32-15=17$。数组 2 的极差是 $132-15=117$。和均值一样，你可以看到极端值对极差计算也有强烈影响。

一种消除极端值影响的方法是计算**标准差**，标准差的定义是所有数与均值的平均偏离距离。可以手算，但更方便的自然是使用统计软件计算，后文将会介绍。当然，由于每个分数都会被纳入标准差的计算，因此标准差仍然会受到极端值的影响，当然其被影响程度比对极差的影响小（参见第 4 章）。

第三类是变量之间相关性的描述统计指标。描述两个变量之间相关性的方向、程度的相关系数有很多种。使用相关性研究设计时，需要使用相关性描述指标来分析收集到的数据（参见第 4 章）。读者可以回忆一下，第 4 章中关于相关系数描述两个变量之间相关性的方向、程度的长篇讨论，相关性系数取值范围从 -1.00 到 $+1.00$，系数正值或负值描述了相关性的方向（正相关还是负相关），系数的大小表明相关程度的强弱。强相关性通常指相关性系数绝对值大于 0.8 的情况，弱相关性是相关性系数绝对值小于 0.2 的情况。图 6.5 总结了解释相关性系数的经验法则。虽然相关性系数可以手算，但统计软件更方便，因此这里就不给出相关性的计算公式了。我再次提醒读者：相关并不意味着有因果关系（参见第 4 章）。因此，当研究者要对相关性系数进行分析、解释时，必须高度谨慎。

描述数据的最后一种方法是使用频数分布表或直方图、柱状图、饼状图等对数据进行图形化的直观展示。一个典型的**频数分布表**如表 6.2 所示。**直方图**用更直观的方式呈现频率分布表给出的信息。

表 6.2 的数据可以用直方图表现，见图 6.6。注意每条柱的高度表示每一类分组数的频数。

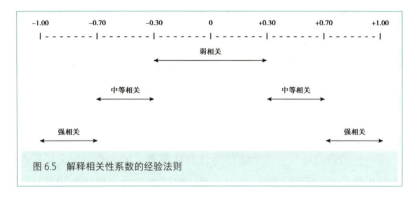

图 6.5　解释相关性系数的经验法则

表 6.2　频数分布表的样本

总分	频数	百分比
8	4	1.1
11	1	0.3
12	3	0.8
13	2	0.5
14	6	1.6
15	9	2.4
16	15	4.0
17	16	4.3
18	17	4.6
19	21	5.6
20	22	5.9
21	23	6.2
22	37	9.9
23	28	7.5
24	20	5.4
25	31	8.3
26	29	7.8
27	24	6.5
28	16	4.3
29	17	4.6
30	16	4.3
31	3	0.8
32	5	11.3
33	5	11.3
34	2	0.5
总数	372	100.0

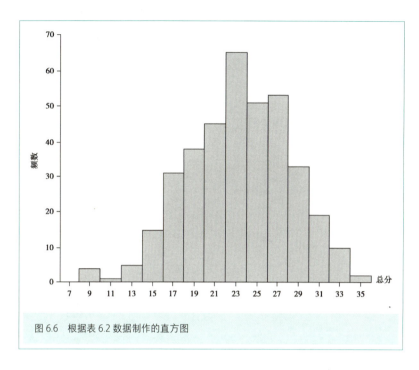

图 6.6　根据表 6.2 数据制作的直方图

当数据是分类数据（如使用李克特量表得到的数据）而不是连续数据时（如考试成绩），可以使用柱状图和饼状图。柱状图类似于直方图，区别在于相邻的柱状图之间没有紧挨在一起，因为评级表不是连续数据。也可以用**饼状图**直观显示分类数据。图 6.7 和 6.8 是同一数组分别用柱状图和饼状图表示的结果。

使用推断统计

推断统计讨论基于少数**样本**计算的某个统计结果在多大程度上对于总体也成立。推断统计常用于分组比较，第 4 章对此已有介绍。常见的推断统计方法有独立样本 t 检验、重复样本 t 检验、方差分析和卡方检验。

独立样本 t 检验最常用于检验一个处理组和一个控制组之间是否存在差异，比如考试分数，处理组采用新的教学方法，控制组继续使

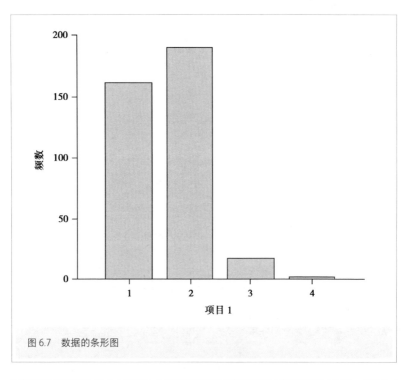

图 6.7 数据的条形图

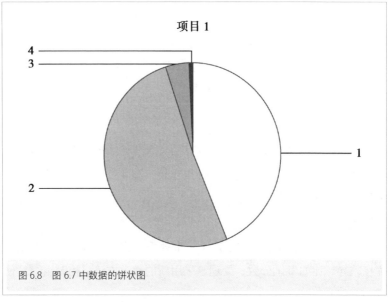

图 6.8 图 6.7 中数据的饼状图

用旧的教学方法，计算处理组与控制组的平均得分，然后通过独立样本 t 检验看两个组平均值之间的差异是否有统计学意义。如果两个组平均值之间的差异有统计学意义，意味着这种差异不太可能是随机、偶然的，而很大可能是教学方法不同带来的。相反，如果两个组的分数均值差别很小，那么就难以推测两个组之间的分数均值差异的原因是什么。Mills（2011）强调必须理解"统计显著"和**"真实显著"**之间的根本区别。"统计显著"是某种统计方法确定的显著性，而"真实显著"是由"人"做出的判断。两个均值之间的差异具有"统计显著性"，并不意味着这个差异一定是"真实显著"的。举个例子，两组测试得分均值分别是 B +、B，存在统计学意义上的差异，但 B +、B 之间并没有真实显著的差异。

那么，如何判断一个差异是否具有"统计显著性"，也就是有统计学意义呢？一个判断指标是 p 值。p 值表示计算两个分组均值差异发生的可能性，也就是概率的大小。我们需要将 p **值与 a 显著性水平**进行比较，通常 a 取值为 0.05，用 $a = 0.05$ 表示，意思是：计算两个分组均值差异发生的概率为 5%，显然一个事件出现概率为 5% 时，属于小概率、比较罕见的事件。因此从统计学意义上，可以认为正常情况下，该情况基本上不会发生。将计算得到的 p 值与 a 值进行比较：

如果 $p < a$，计算得到的差异有统计学意义。
如果 $p > a$，计算得到的差异没有统计学意义。

独立样本 t 检验比较的是两个不同群体的差异，而**重复样本 t 检验**比较同一个人两次测量得到的结果的差异。重复样本 t 检验适合以下情况，例如一组学生进行事前测试，然后教师对这组学生采用了某种处理（比如换了新的教学方法），接着教师对该组学生进行事后测试，也就是说，这一组学生进行了两次测试。然后教师比较该组学生事前测试、事后测试成绩均值的差异。**方差分析**（ANOVA）是独立样本 t 检验的推广，方差分析适合两组以上的研究设计（例如有三组学生，每个组分别测量一次，比较三组均值）。图 6.9 对独立样本 t 检验、重复样本 t 检验和方差分析进行了比较。

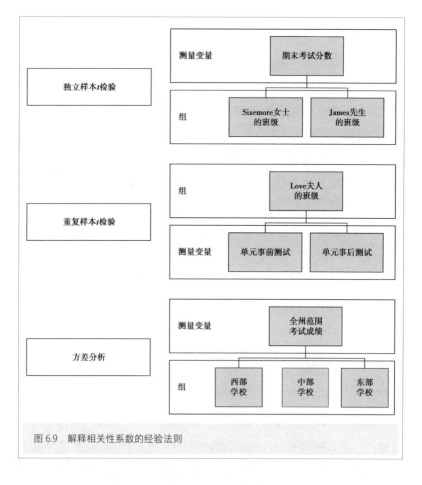

图 6.9　解释相关性系数的经验法则

当你收集的数据是计数数据时（例如，在一种课堂测试复习方法的选择上，女生选择该方法的人数、男生选择该方法的人数），这一类数据和测试分数不是一类数据，所以前面介绍的三种数据分析方法都不再适用，此时应选择**卡方检验**。

上面只是一个对推断统计的非常粗略的初步介绍。虽然这些推断统计方法都可以借助计算器进行计算，但本章没有列出具体的计算公式，因为使用统计软件越来越方便，手算已经没有必要。本章后文会有更详细的说明。

关于"分析"标准化测试数据的一个注记

第 5 章我提到了使用标准化考试成绩作为行动研究一个数据来源的想法。虽然"分析"标准化考试成绩的说法不是很准确，但标准化测试成绩确实存在一个"正确解释"的问题。因为标准化测试的结果报告通常会反馈给学校，而这些报告实际上已经对测试分数进行了前文所说的描述统计或推断统计分析，因此研究者面临的真正问题不是去"分析"，而是如何理解、看待、解释这些标准化测试分数，将其用于改善教学、调整课程等。

标准化程度最高的标准化测试报告会提供**"常模参照考测试"**结果，也就是说教师、学校可以了解到自己的学生和其他教师、学校的学生相比，处于何种水平；此外也提供**"目标参照测试"**结果，比如某个学生回答了多少问题、正确率多高等，也就是学生对测试内容的掌握程度，不和其他学生进行比较。语言技能的目标参照测试，包括拼写、大小写、标点符号和单词用法等测试题目，而数学测试内容会包括概念理解、问题解决、数据解释和计算。有时还会给出课程内容模块的对应测试题目，比如数学课程测验，下面又分为代数、几何、测量、估算等内容模块。典型的标准化测试分数报告也可能包括以下内容：

> •标准分（SS）：通过特定的数学变换，将不同的测试分数转换

为可以在同一个标准上直接比较的分数[1]。

• 年级等值分（GE）：该分数根据年级和学年月份来定义，比如某校 5 年级学生在该学年第七个月参加了一次测试，该校 5 年级学生的年级等值分是 5.7 分。如果一个学生在学校的 GE 分数远高于他或她实际在读年级——比如一个 5 年级学生的阅读单元 GE 分数为 9.1——这个分数并不是说这个 5 年级学生阅读能力达到 9 年级水平，而是代表着让入读 9 年级 1 个月的学生来完成 5 年级阅读考试，这些 9 年级学生能够在 5 年级阅读测试中取得的平均分。

• 全国百分位（NPR）：某个测试中达到或者低于全国范围某个水平的学生所占百分比。使用者真正需要关注的是比较的范围。一些测试出版商会提供各种比较范围的常模，比如全国大城市市区范围内学区的常模、天主教学校的常模等，也提供从全国范围抽取样本参加测试确定的常模。

• 正态等效曲线分数（NCE）：其计算公式为 $50 + 21.06 * Z$，Z 代表原始分数偏离均值的标准差个数[2]。NCE 分数的优点是：一是分数范围在 0~99，符合认知习惯；二是可构成近似成立的等距量表；三是可以横向反映出不同时间点上不同学生成绩提升、下降的幅度变化。NCE 分数由 RMC 研究公司在 1976 年为美国联邦政府教育部开发，目的是评估美国联邦政府教育部 I 类项目的成效。

• 标准九分制（NS）：标准九分制是正态分布的另一种标准化方法，最初在美国空军心理测验中广泛使用。标准九分制将正态分布曲线分为 9 段，评分由最低的 1 到最高的 9，均值为 5，标准差为 2。第 1 级到第 9 级所占比例依次分别是 4%、7%、12%、17%、20%、17%、12%、7% 和 4%。百分位和标准九分制类似，但百分位提供的信息更精确，如靠近中间位置的百分位（比方说 45 到 55）大致相当

---

[1] 译者注：比如有一个班级分别测试两门课程 A、B，课程 A 很难、课程 B 比较容易，学生甲课程 A 得分为 80 分、学生乙课程 B 得分也为 80 分，但两个"80"分的含金量是完全不同的。如果把难度不同的课程原始分直接相加，比较不同学生成绩，显然不太合理。标准分就是通过特定数学变换解决这一问题，实现不同难度测试、课程分数的直接比较。

[2] 译者注：如果原始分数服从正态分布，在该计算公式下，原始分数百分位为 99，那么对应的 NCE 分数也是 99，原始分数百分位为 50，那么对应的 NCE 分数也是 50，原始分数百分位为 1，那么对应的 NCE 分数也是 1，其他原始分数该对应关系只是近似成立。如果原始分数不服从正态分布，则上述对应关系未必成立。

于标准九分制中的 5 分。班级测试报告往往同时通过图形方式提供每个子项测试分数的置信区间。教师通过班级测试报告可以快速了解班级测试在各子项测试的基本情况，因为子项测试分数的置信区间之间如果没有交叉重叠，就表示子项测试分数之间存在统计学意义上的显著差异。例如一个班级的学生在"词汇"子项测试中的成绩可能明显比"阅读理解"子项测试中的更差。

教师应学会使用数据帮助自己做出教学决策。为了避免被大量数据淹没，特别是测试报告提供的很多信息都大同小异，教师可以从少数关键数据入手，比如全国百分位以及相关的置信区间信息，只关注少数关键数据——真正理解这些关键数据究竟意味着什么——这一策略会使教师更高效地使用标准化测试数据（Mertler，2002）。希望了解更多解读标准化测试数据的读者可以关注《解读标准化测试分数：数据驱动的教学策略决策》（Mertler，2007）一文。

使用计算机软件协助统计分析

正如我在前文中多次提到的那样，使用统计软件协助研究者进行量化数据分析的条件已经非常成熟。不少统计软件——比如社会科学统计软件包（SPSS）和 SYSTAT——的官网都提供免费下载的试用版本。如果你在某个教育机构工作，那么这些统计软件往往在价格上都会有一些折扣，但可能仍然不便宜。另外，这些统计软件使用可能比较复杂，因为这些统计软件的早期使用者基本上是有经验的研究人员，可能不是最适合中小学一线教师的选择。教师可以通过使用试用版，有更多了解后，再决定是否继续学习这些软件。

尽管统计软件操作已经非常方便，但不菲的价格仍然大大阻碍了中小学教师使用统计软件，从而限制了中小学教师使用量化方法和相关统计分析技术来开展行动研究。这里我推荐一个价格低廉，只收取一点点费用，任何人都可以在线使用的统计分析程序 StatCrunch（以前叫 WebStat）。该软件由南卡罗来纳大学统计学系开发。该软件的使用方法和其他统计软件相似，你需要在网站上订阅该软件，创建一个登录名和密码，储存、访问 StatCrunch 软件的服务器上保存的数据分析结果。一旦登录后，使用者只需点击"打开 StatCrunch"即可启动程序。随机出现的程序窗口—— 一个交互式的 Java 窗口——如图 6.10 所示。在该窗口输入数据，就可以在 StatCrunch 软件中运行分析了。和大部分的统计分析软件一样，列表示变量，而行表示变量取值。通过单击列标题，你可以对变量进行命名。

图 6.10　StatCrunch 软件的数据输入窗口

　　让我们看一个简单的例子。假设从三所学校的学生中随机抽取一个样本，比较这些学生的成绩。三个变量分别叫：school1、school2、school3，把三个变量的数据录入 StatCrunch 数据窗口（图 6.11）。

图 6.11　在 StatCrunch 软件窗口中创建的示例数据文件

数据输入后，使用者就可以进行描述分析和推断分析，软件还可以输出各种图表。首先，在这个例子中，如果想进行描述分析，得到每所学校因变量的均值和标准差，可以点击：

Stat ⟶ Summary Stats ⟶ Columns

按照弹出的对话框提示（图 6.12），可以得到图 6.13 所示的结果。读者可以注意到，除每个学校的均值和标准差（软件缩写为"Std. Dev"）外，软件还提供了其他描述统计指标的值。

图 6.12　StatCrunch 软件运行描述分析

图 6.13　StatCrunch 软件输出的描述分析结果

也可以通过直方图显示每个学校的分数分布，通过点击（图 6.14）：

打开一个新窗口，显示 school 1 的直方图（图 6.15）。通过点击 "Next →" 按钮，可以分别查看 school 1、school 2、school 3 的直方图。

图 6.14　在 StatCrunch 中获得一个直方图的程序界面

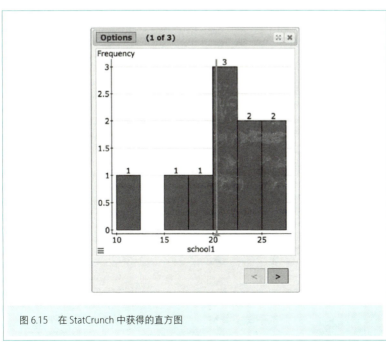

图 6.15　在 StatCrunch 中获得的直方图

最后，还可以进行推断分析。假设想比较这三所学校的学生成绩平均分是否存在统计学意义上的差异，首先依次点击下面的选项（图6.16）：

Stat ⟶ ANOVA ⟶ One Way

按住电脑键盘上的 Shift 键不放，然后依次点击每个变量，这样就同时选中多个变量，将选中变量拉到右边的分析框中（图6.17）。接着单击"Calculate"按钮。

软件弹出一个新窗口，如图6.18所示。不要关注表中的其他信息，记住最重要的是，我们想要比较 p 值和预定的显著水平（前文提到一般是0.05）之间的大小关系，才能做出三所学校学生平均分是否存在差异的判断。在这里，p 值等于0.0456，小于0.05，表明三所学校的学生平均分之间存在显著不同。

尽管 StatCrunch 软件的功能不如商业统计软件多，但完全可以满

图6.16　StatCrunch 程序运行的方差分析

足绝大部分中小学教师主持的行动研究项目量化分析所需。另外，软件价格非常低廉，可通过互联网获得。读者不妨一试！

图 6.17 在 StatCrunch 中进行方差分析的变量选择窗口

图 6.18 在 StatCrunch 中获得的方差分析结果

关于混合方法数据分析的一个注记

　　混合方法数据分析与本章前文介绍的数据分析方法并没有实质性区别，也没有更加复杂。混合方法数据的分析只是要求研究者把质性和量化的数据分析方法结合起来使用。例如，如果一个混合方法设计是先收集量化数据，然后收集质性数据；那么，分析混合数据只用简单地遵循先采用量化数据分析方法，再采用质性数据分析方法的顺序即可。真正需要注意的是，运用质性数据分析结果的出发点是对量化分析结果加以深化、拓展，进一步阐明或更深入地解释量化分析结果。

　　在前面介绍的第二种混合方法设计中，数据收集和分析模式同样类似，但量化和质性数据收集、分析顺序发生了颠倒。在一个探索性混合方法设计中，质性数据的收集和分析的作用是对研究主题进行初步探索。质性数据分析会得到某些主题和模式，然后使用这些主题、模式开发某个测试工具，再使用测试工具在更多参与者中收集量化数据，进行量化分析。

　　在第三种混合方法设计的三角验证方法中，质性、量化两种类型数据的重要性是一样的。两类数据的收集、分析大约在同一时间进行，也会同时进行数据解释（而不是按顺序解释）。然后进行汇聚、总结——实际上也就是非正式地"对比"——以检验两类数据的各自结果是否一致，从而对研究主题有更全面的理解。

报告数据分析结果

　　虽然第 8 章会介绍撰写行动研究报告的一些技巧，但这里要做专门讨论，原因是撰写数据分析结果往往是一线教师撰写行动研究报告时遇到的棘手任务之一，有必要特别关注。

质性数据分析结果的报告准则

　　不同类型的研究者在撰写研究报告时经常遇到的困难之一 ——这

个困难甚至可能影响研究者的写作进度——就是如何高效地呈现数据分析结果。数据分析结果部分可能占了一份行动研究报告的主要篇幅。当报告质性数据分析的结果时，研究者需要充分意识到报告的目的是让读者清楚地了解到你发现了什么（Johnson，2008）。你必须充分利用收集到的一切资料，如现场笔记、访谈记录、日记等，将这些资料的内容转换表述成读者容易消化、理解的东西（Johnson，2008）。要记住：不要事无巨细地把你的研究结果的细节都摆在读者眼前，这只会让你的读者感到困惑、无所适从。你的目标是突出你的结果中最有价值的部分。

第9章给出了写作研究的几条建议，也适用于撰写质性分析结果。这些建议包括：（1）猜测性语句、肯质性语句要区别使用；（2）用清晰、一致的方式进行写作；（3）使用简单明了的词句；（4）采用主流的写作体例规范，以及恰到好处地使用标题。除了这些建议，Johnson（2008）对报告质性数据分析结果也给出了几条建议。以下五条建议可以帮助研究者撰写更清晰、更有效的行动研究报告。

1.写作中尽量保持不偏不倚的客观心态。研究者要充分意识到人性本质，任何人都不可能做到完全公正和客观，但是在行动研究中也要尽最大努力做到公平、准确、客观。Johnson（2008）强调作者要试着避开"给编辑写信综合征"（p.198）[1]。你的研究报告要避免出现有个人色彩的语句，否则很容易引起读者的反感。诸如下面这样的语句应该尽量避免："很显然，由于和这项研究相关的教师们有意识地选择了不参与该项目，因此，不论从哪个方面来看，这些教师都没有珍惜这次职业发展的机会。"这个句子可以换个更好的写法："对教师的观察表明他们没有参与到这次专业发展机会中，也许是因为他们没有看到这次机会的价值。"

2.撰写你自己的研究报告时，使用第一人称代词——如"我"和"我

---

[1]译者注：也就是作者在稿件投出去后，又觉得有一些地方需要修改，于是反复去信给编辑，补充修改稿件。

的"——是完全可以的。例如下面的写法是合适的：

在此研究中，我通过观察和采访 14 名学生来收集数据。

既然你在研究中发挥了积极的作用，那么在报告中使用诸如"研究员"或"作者"之类的词，而很少使用第一人称代词，对读者来说反而显得不自然。不过，在研究报告中，也要注意避免过多地出现"我"，毕竟你是在写一份科学研究报告，而不是写个人日志或日记。

3. 带着你的读者走遍你研究的每个角落。让他们通过你的眼睛了解你的研究。不要漏掉细节，不要忘记说明你做某件事的原因。一个典型的行动研究报告写作提纲如下：

引言
文献回顾
本研究的创新点
数据收集
数据分析和解释
结论
反思和行动计划

你可以不使用这些具体标题，但是你的研究中需要包括这些具体标题涵盖的内容。基本上，如果读者在读了你的研究报告后，能够重复你所做的（比如你的研究过程），你的研究报告写作就可以算得上比较成功了。

4. 列出具体代表性的例子，可以提高你的展示质量。采用展示学生完成的各类样品、逐字逐句引用具体的场景对话、从你自己的研究日志中做一些摘录等做法，会让读者对你的数据、资料产生更鲜活、生动的认识（Johnson，2008）。你的数据及数据分析、解释也会变得更有吸引力。因为这些具体例子让读者有身临其境之感，好像他们真的在你描述的场景中观察学生学习，听学生在访谈中发表意见。以下是我前文介绍的正强化项目的研究报告中讨论部分的一段文字：

最初，Carol 说正强化意味着不要对孩子吼叫，要以积极的方式与孩子们交谈。Carol 说她自己始终相信要给孩子选择。不要轻易惩罚孩子（比如让违纪的小孩坐到教室角落里面壁思过）。Carol 努力将消极行为转换为积极行为。Carol 举例时提到 Ethan："（Ethan）喜欢往别人身上丢玩具。我没有让 Ethan 面壁思过，也没有叫 Ethan 一个人捡玩具。我设计了一个游戏，叫'捡一捡、数一数'，就是我和 Ethan 一边捡玩具放好，一边数我们捡了多少个玩具。这么做，Ethan 自己也需要捡玩具，也就是他仍然要为自己乱丢玩具负责。但是，纠错是在做游戏过程中进行的，而不是'Ethan，你乱丢玩具是不对的，坐到角落去'。"

读者不难感受到，读 Carol 自己说的话，比我用自己的语言总结 Carol 的话要生动得多。

5. 在合适的情况下，可以在附录中加入一些不是很重要，但是比较有趣的信息。有时候你会遇到一些对读者来说有趣的信息，但如果写入报告中却会影响报告行文的流畅度，而读者也可能会受到这种有趣但并非很重要的信息的干扰。例如，读者普遍对访谈或现场观察笔记中截取的真实记录更有兴趣，但是此类信息往往篇幅较长，不宜放在研究报告正文中。如果你确信读者很有兴趣的话，完全可以将这类信息放到报告结尾部分的附录里，当研究者在所属学校、学区或者在专业会议上做报告时，这种做法尤其合适。此类信息不太适合放入期刊稿件中，因为放入后稿件势必太长而难以在期刊上完整刊登。例如，我关于正强化的研究项目，最终的研究报告有 88 页——36 页报告正文和 52 页附录。

量化数据分析结果的报告准则

量化数据分析结果可以采用叙事或可视化的图形形式进行展示。质性数据分析报告的许多写作建议同样适用于量化分析报告的撰写。Johnson（2008）在质性数据报告写作准则的基础上，特别为量化数据分析报告的撰写给出了建议。下面的六条建议有助于使量化数据分析结果的展示更清晰且更容易理解[1]。

1. 使用数字表示量化资料。《APA 格式》建议以下情况应该使用数字来表示：

- 任何大于或等于 10 的值（例如，共进行了 24 次访谈）
- 具体日期、年龄或时间（例如，这项研究始于 2004 年 9 月 10 日，持续了 12 周）
- 报告一项研究的参与者人数（例如，有 57 名学生参加了该计划）
- 等级（例如，大多数孩子在小学 1 年级、2 年级都学过如何阅读）
- 报告分数或评级（例如，Thomas 在满分为 35 分的测试中取得 25 分）

2. 使用文字表达量化资料。《APA 格式》建议以下情况中的数值型数据应该用文字表达：

- 小于 10 的值（例如，为收集数据，进行了六次观察和三次访谈）
- 句子开头的数字（例如，五十七个学生参加了该项目）。我认为，任何句子都应尽量避免以数字开头。

3. 量化数据在报告中应按降序排序（从最大到最小），这种排序对大多数人来说更容易阅读和理解。比如下面的例子：

当被要求选择他们最喜欢的课程时，35 名学生首选语言艺术，19 名学生首选数学，65 名学生首选科学，28 名学生首选社会研究。

改成：

当被要求选择他们最喜欢的课程时，65 名学生首选科学，35 名学生首选语言艺术，28 名学生首选社会研究，19 名学生首选数学。

后面的写法看上去似乎更容易理解。

4. 报告子类数据之前，先报告所有子类的总和数字。以第 3 点建议中的例子为例，按照第 4 点建议，第 3 点建议的例子应该改成：

---

[1] 译者注：以下建议主要适用于英文语境。具体可参见重庆大学出版社出版的《APA 格式：国际社会科学学术写作规范手册》第 4 章和第 5 章。

学生被要求选择他们最喜欢的课程。147 人给出了回答，其中 65 名学生喜欢科学，35 名学生首选语言艺术，28 名学生首选社会研究，19 名学生首选数学。

5. 使用表格来组织、表达数据。表格以一种简洁凝练的方式将大量数字组织起来。表格往往是把报告文字包含的信息予以转述，或者说表格是对报告文字段落的一种补充，但表格也可以独立存在。在专业会议上做正式发言时，研究者往往需要向听众演示表格，以便对研究结果进行讨论。请看下面的一段话，并参考我最近写的一篇论文中的表格：

使用 ALI 修订版量表进行预测试的第二阶段在 2004 年春进行，有 250 名岗前实习教师参加。两个机构被试人员的平均分、标准差和信度系数都高度接近，两个机构被试人员的 ALI 测试得分也非常接近（表 6.3）。剔除标准化分（即 Z 分数）超过 ±3.00 后的异常值（只有 1 例，250 人参加测试，但表中只提到 249 人）后，使用双侧 t 检验方法比较 ALI 成绩总平均分 23.90 与第一所机构 （$M = 24.50$，$SD = 4.92$）和第二所机构 （$M = 22.98$，$SD = 4.05$）的均值之间是否存在显著差异，检验结果为：无差异，t（247）= 2.558，$p > 0.01$，小于 $a = 0.05$。

表 6.3　描述统计两个机构研究的 ALI 总得分

机构	人数	平均数	标准差	可靠性系数
机构 1	150	24.5	4.92	0.78
机构 2	99	22.98	4.05	0.62
总分	249	23.90	4.64	0.74

请注意文字与表格之间是如何互补的，文字表达的信息和表格表达的信息并不重复。此外，我意识到表格可作为一种数据可视化表达的辅助工具，可以在我演示研究项目时向听众展示相关数据，以方便听众和我讨论我的研究结果。

表格在行文中往往以“顺带说一下”的方式进行引用——如“（表 1）”这样的方式。此外，注意表格的体例细节，比如“Table”

一字之所以要大写，是因为它是标题。表的标题需要换行。表的标题放在表格正上方。标题应简洁、清楚地描述表的内容。

6. 图形也可以用来组织和表达数据，可视化、直观化地展示数据分析结果。图形的体例与表格有所不同。"Figure"一词和"Table"一样需要大写，但是"Figure"还要求是斜体，图形的标题放在图形的正下方，这和表格不同。数字标题和数字编号显示在同一行。下面的直方图把上一个示例中的表格用图形方式来做了呈现：

本阶段进行的量表条目分析结果的信度和第一阶段的量表信度都是 $rKr20 = 0.74$。ALI 测试量表的 35 个条目难度值在最低 0.212 到最高 0.992 之间波动，条目难度平均值等于 0.681，35 个条目难度值的分布见图 6.19。

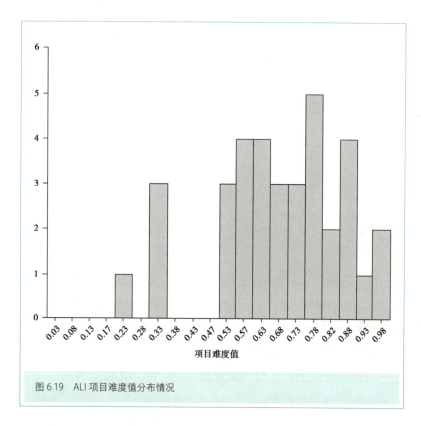

图 6.19　ALI 项目难度值分布情况

由于图和表不是一个类型，因此图、表是分别、独立地按顺序编号。假设你的研究报告中有表和图按下面的顺序出现在你的报告里：表 — 表 — 图 — 表 — 图。那么，表和图的顺序将以下列方式编号：表 1— 表 2 — 图 1 — 表 3 — 图 2。

行动研究写作：数据分析

使用持续比较法对阶段 1 和阶段 2 中通过焦点小组收集的数据进行分析（Glaser & Strauss，1967），也就是对新出现的范畴进行编码、分类和总结，由范畴生成主题。4 人研究小组定期开会，设计访谈问题，通报焦点小组访谈情况，讨论研究中新出现的问题，初步形成范畴。在这些过程中，研究小组始终使用公认的质性数据分析方法来确定新出现的主题（Bogdan & Biklen，1992；Tesch，1990）。

> 分析质性数据的方法

一名研究生助理负责将质性数据进行转录。首先对转录资料进行第一轮阅读，初步提出一个范畴列表。接下来，4 位研究者独立阅读转录资料，进行编码。研究小组开会评议所有的编码、范畴并提炼想法，展开讨论，就范畴提取达成一致意见。如果出现分歧，研究小组则再次对转录资料与调查资料进行阅读分析，达成提取范畴、识别主题的共识。最后再重读所有的转录资料，确保没有遗漏数据，以及检查是否有解释需要进一步明晰。

> 质性数据分析程序包括转录、多名研究者分别独立进行编码、研究者共同审查编码的合理性

为确保数据收集和解释都准确地反映了参与者的经验，以及保障研究结果的可信度，本研究采用了以下检验程序（Creswell，1998；Guba，1981）。

三角验证。通过多名研究者采用多个方法（焦点小组和调查问卷）来加深研究者对小学校长面临问题的理解。研究者拥有早教、儿童特殊教育、教育政策设计、美国联邦政府卫生部"head start"项目[1]的相关背景，也具有早期儿童特殊教育（有一名研究者有两个被纳入 ECE 项目的残疾小孩）、当地学区中小学管理者培训方面的实际经验，以及在早期儿童特殊教育期间提供包容性方案和培训当地学区学校管理员的经验背景。

> 确保研究可信度的方法：三角验证、同行评议、参与者检查

[1]译者注：美国政府卫生部 1965 年启动的面向低收入家庭儿童教育、营养、健康方面的资助项目。

同行评议。同行评议让不同研究者充分表达个人看法，这一点对数据的理解和解释是极其重要的。研究小组定期举行会议，以寻求小学校长的帮助、制订数据收集计划、讨论数据收集中遇到的问题、评议焦点小组的访谈结果、讨论资料中新出现的主题、对数据形成一个研究小组达成共识的解释与理解。研究小组对研究提出的解释进行评议，确保数据支持解释。

参与者检查。为进一步保证研究小组提出的解释真正体现了校长们的看法与经验，该研究项目中的 6 位小学校长用了一天时间集中在一起，讨论研究数据和研究结果的准确性和清晰性。6 位校长肯定了数据的准确性，另外建议研究项目关注学生家庭因素，对下一步研究行动也给出了一些建议。还有两位校长阅读了研究报告初稿，对其表示认同，认为研究结果"确实值得校长们思考"。

调查问卷。为进一步加深对通过焦点小组访谈收集的质性数据的理解，研究小组还使用问卷来收集数据。这篇文章因为篇幅原因，不能详细介绍细节，调查问卷结果支持焦点小组访谈资料显示出的 6 个主题。本次调查问卷采用了 Dillman（1978）的做法，先邮寄问卷，然后对未回复者再去函提醒。对回收的问卷进行编号，录入到计算机数据库中。研究小组对问卷所有条目都进行了检查以确保准确性。一共发出了 916 份调查问卷，问卷发放对象是爱荷华州所有小学校长，共回收了 693 份问卷，回收率 75.6%，在回收的 693 份问卷中，有 655（71.5%）份可用，对可用的问卷进行了编码。计算了问卷 37 个条目回答的平均值和标准差，平均值介于 2.59 到 4.54 之间，标准差介于 0.59 到 1.23 之间，由此加深对第一轮焦点小组资料确定的 6 个主题的理解。

> 使用量化数据支持之前的质性研究结果

资料来源：Brotherson, Sheriff, Milburn, and Schertz, 2001。

研究者在 1997—1998 年、1998—1999 年和 1999—2000 年为 8 年级讲授数学课，并收集了参加了这些课程的学生的 SAT 考试分数。在教材采用方面，第一年研究采用 Houghton-Mifflin 系列教材，第二年采用 Cord 应用数学教材，第三年同时使用这两套教材。对学生的 SAT 分数进行方差分析，显著性水平 α 确定为常见的 0.05。

> 量化数据分析方法采用了方差分析

资料来源：Alsup and Sprigler, 2003。

分析数据

5 月份最后一次考试结束后，Kathleen 收集了数据，准备进行量化数据分析。通过思考，Kathleen 决定使用重复样本 t 检验来分析她收集的数据，因为在她的研究设计中，同一名学生要进行事前测试（前测）、事后测试（后测）两次测量。Kathleen 的统计分析结果如下：

重复样本测试统计

		人数	平均成绩	标准差
1 组	9 月测试	25	35.76	7.897
	5 月测试	25	39.04	8.825

配对 t 检验

		配对平均分数差异	标准差	t 值	自由度	P 值
1 组	重测 9—5 月	−3.28	7.220	−2.272	24	0.032

从表格中能看出，Kathleen 的 25 个学生在 5 月份测试的平均分数（39.04）明显高于 9 月份测试的平均得分（35.76）。因此，Kathleen 总结出她的学生进步了，那么这个进步在统计学意义上显著吗？

Kathleen 进一步注意到 t 检验的 p 值等于 0.032，明显小于 0.05。因此，Kathleen 提出的第一个研究问题的结论是：采用新教学方法，学生整个学年课程的阅读理解能力确实有显著的提高。

为了回答第二个研究问题，Kathleen 参考了她在研究期间所做的现场笔记以及她定期与学生进行的访谈的记录。首次访谈学生时，Kathleen 注意到学生对"阅读理解"的含义有不同看法。一个学生认为阅读理解就是学习如何阅读。其他几个学生表示，还需要能够回答别人问你"你读了什么"之类的问题。还有一些学生认为阅读理解"需要就所读内容向自己提出问题"。大多数学生表示在阅读中遇到过挫折，主要原因有：学生不能理解书中的一些比较晦涩难懂的词语段落，读得太快以至于不能从整体上读懂，也不能说清楚一个故事的内容。

该学年里，Kathleen 多次要求学生总结可以帮助他们提高阅读能力的具体做法。年初，学生只能总结出几个具体办法，比如读完书后回头重读、做一些阅读练习训练、使用图片提示。随着时间推移，学生能列出更多做法，比如放慢阅读速度、倾听你正在阅读的内容、标出重要部分、重读故事章节、进行可视化、绘制图片、复述或改写读过的故事。

那么，Kathleen 的学生已经知道了哪些具体做法可以提高他们的阅读能力，他们实际上有没有运用这些方法？

Kathleen 进行了正式观察，现场观察笔记呈现了一些有趣的发现，Kathleen 的现场观察笔记明白无误地指出，随着时间的推移，学生的阅读能力有显著提高。Kathleen 的现场观察和她在学年初期做的访谈数据非常吻合，学生了解的阅读策略很有限，也不实际运用这些策略。然而，随着时间的推移，Kathleen 观察到她的学生确确实实在思考，并实际运用不同的阅读策略，而以前学生只是在口头上说说。有趣的是，该学年后半期有几个学生注意到 Kathleen 进行的口头与书面提问是非常有用的方法，可以帮助学生记住读过的内容。作为她的行动研究项目中的点睛之笔，Kathleen 在该学年开始和快结束时，对每个学生都问了下面这个问题：你喜欢阅读吗？年初，大约一半学生表示自己其实并不怎么喜欢阅读，只是按照学校要求做。然而，年底，除了一个学生，其他学生都表示自己确实很喜欢阅读。

行动研究项目 2：
有丝分裂和减数分裂概念的理解

分析数据

该行动研究项目旨在加深学生对有丝分裂和减数分裂过程的理解。

Sarah 和 Tom 在 1 月和 2 月讲授有丝分裂和减数分裂单元，2 月中旬进行单元测试。把所有数据输入电子表格后，两个人着手进行独立样本 t 检验，比较分别采用两种不同教学方法（即旧方法——使用传统教学方法；新方法——使用传统教学，再加上在线模拟和在线互动）的两组学生考试成绩是否存在统计学差异。统计分析结果如下：

采用新教学方法的学生平均成绩比采用旧教学方法的学生高了近 4.5 分（即 87−82.59=4.41 分）。t 检验 p 值等于 0.004，远低于 $a=0.05$，两组学生成绩差异有统计学意义。因此，基于量化数据，Sarah 和 Tom 可以回答他们提出的第一个研究问题，即基于单元测试分数成绩，新旧教学方法在学生对有丝分裂和减数分裂的概念理解方面存在明显差异。

两名教师知道要回答第二个研究问题，需要做更多分析工作。两名教师从学生

教学小组	人数	平均值	标准差	平均值差异	t 值	自由度	P 值
旧教学方法	69	82.59	8.418	4.406	2.937	127	0.004
新教学方法	60	87.00	8.592				

的口语考试、学生在学习博客上的发言中整理得到大量叙事类型数据。

Sarah 和 Tom 整理上述质性数据时，注意到了一些问题：

第一，有学生留言表示自己对有丝分裂和减数分裂这两个过程的差异仍有不清楚的地方。很多学生认为有丝分裂和减数分裂是同样的过程，一些学生则把两种过程弄颠倒了。Sarah 意识到在今后这一部分知识的讲授中，需要进行有针对性的强调与讲解。

第二，这一点也许更重要，就是博客中发布的各种评论对帮助学生学习很有益处。例如，接受旧教学方法的一个学生 James，对"为什么有丝分裂和减数分裂是重要的？"问题是这么评论的：

•这两个过程重要的原因是没有它们，生命体不能长大(比如更多皮肤、更多骨头、更多肌肉等)。

Julie 是接受新教学方法的学生，她对詹姆斯上面一番话的评论是：

•你的说法部分正确。有丝分裂确实负责繁殖细胞和制造更多的皮肤、骨骼和肌肉，细胞不断复制它自己。但是，减数分裂不一样，减数分裂是一个二倍体细胞(比如人有 46 条染色体)分裂两次后变成四个单倍体细胞(每个有 23 条染色体)。这些细胞被称为"配子"，是有性繁殖的必要条件。两个单倍体细胞合在一起，又重新形成一个新的二倍体细胞（即 23 + 23 = 46）。

Sarah 和 Tom 希望学生能够像 Julie 这样学习和思考。此外，两名教师认为学生之间彼此倾听、理解其他学生的想法对学习很有帮助。旧教学方法中，学生之间的倾听、交流不多。Sarah 和 Tom 开始意识到，除在线活动和模拟外，一部分学习优秀的学生给其他同学做的解释也能帮助学生学习。因此，Sarah 和 Tom 都坚信课外阅读材料、课程学习博客在有丝分裂和减数分裂单元的教学中非常重要。

行动研究清单 6

分析行动研究数据

☐ 重新审视你的研究问题，以及最初关于收集质性、量化或混合数据的决定。

☐ 制订一项数据分析计划（见下文）。

☐ 如果你收集的是质性数据，思考如何分析你的质性数据：

　○ 是否会人工编码、组织和分析你的数据？

　○ 具体怎么做（卡片、便笺等）？

　○ 是否使用某种软件编码、组织和分析你的数据？

☐ 如果你收集的是量化数据，思考如何分析你的量化数据：

　○ 你准备采用描述统计还是推断统计？描述统计如频率、均值、中位数、图片等，推断统计如 t 检验、方差分析、卡方检验等。

　○ 你准备通过使用计算器分析你的数据吗？

　○ 是否准备使用某种统计软件来分析你的数据？

☐ 计划如何展示你的数据分析结果：

　○ 用叙事方式展示结果吗？

　○ 使用图、表吗？

☐ 制订数据分析进度表。

相关网站

　　这里相关网站为你分析数据资料给出了一般性指导和手把手的操作性具体说明，同时给出了数据分析软件的资源。你可以访问这些网站取得软件的免费版或试用版。

　◆ 网站名："分析你的数据"指南（Guidelines for Analyzing Your Data）

　　该网站除给出一些数据收集的建议外，威斯康星州麦迪逊大都会学区的"课堂行为研究"网站也给出了一些关于数据分析的具体建议。

◆ 网站名：手把手教你分析数据（A Process for Analyzing Your Data）

此链接也来自威斯康星州麦迪逊大都会学区的"课堂行为研究"网站，介绍了质性数据分析的分步过程。

质性数据的分析软件

以下是对几种质性分析软件的简单介绍。下载软件程序前，务必检查该软件对计算机的系统要求（包括操作系统、硬件等要求）。

• 软件名：ANSWR

ANSWR 软件由美国联邦政府卫生部疾病控制和预防中心（CDC）下属的艾滋病毒 / 艾滋病预防署研发。

• 软件名：EZ-text

EZ-text 软件也由 CDC 中心研发，可用于创建、管理和分析半结构化的质性数据，特别是通过开放式调查问卷收集的数据。EZ-text 软件和用户文档都可以从该网站免费下载。

• 软件名：Qualrus

Qualrus 由 Idea Works 开发，被其称为"智能质性分析程序"。

• 软件名：NVivo

该软件由 QSR 国际公司开发，被广泛使用（已有官方汉化版）。

• 软件名：HyperRESEARCH

该软件是我目前所知道的唯一一个能在苹果电脑上运行的质性分析软件。HyperRESEARCH 由 ResearChWare 公司开发，使用者可以同时处理文本、图形、音频和视频。HyperRESEARCH 目前售价 499 美元。

量化数据的分析软件

• 软件名：SPSS（Statistical Package for the Social Sciences）

SPSS 有 Windows 和 Mac 版本，两者都可通过 SPSS 官网购买。两个版本目前零售价都超过 1100 美元，但对学生来说，可以购买 12 个月的版本，Windows 版本的免费下载试用版可使用 14 天。

• 软件名：SYSTAT

该软件从属于一个更大的软件工具包。SYSTAT13.1 零售价 1439 美元，教师价 739 美元，只能在 Windows 操作系统上运行。试用版有效期 30 天。SYSTAT 有一个微型版本称为 MYSTAT，对学生免费。

以下介绍几种可以在线、交互使用的统计计算器。

• Daniel Soper's Statistics Calculator

该网站的在线计算器有 21 种统计分析方法。

• GraphPad QuiCkCalCs

该网站提供一些描述统计的快速计算功能。另外，可以执行 t 检验。

• Statistical Applets

该网站提供了简单快捷的 t 检验和方差分析计算功能。

• Online Stats Calculators

该网站提供了描述统计、绘图、t 检验、卡方检验和方差分析等功能。

• VassarStats

该网站左侧导航栏提供了多种统计模块。

混合数据的分析软件

• 软件名：dedoose

dedoose 软件有多方面优势。第一，它可以在线运行使用（类似于 StatCrunch），不需要购买或下载软件安装在你自己的电脑上。第二，可以免费试用一个月。第三，试用期结束后需要购买，但价格相对便宜（一个用户每月费用是 12.95 美元，学生 10.95 美元）。你可以根据你的使用时间来灵活付费。第四，可以在一个网站上同时完成质性和量化分析。

本章小结

1. 质性数据分析是一个归纳过程，不断压缩数据，从数据中提取出主题和模式。

研究者通常提出一套编码方案，再使用编码方案对质性数据进行归类，从而实现压缩。

对质性数据进行编码通常需要反复阅读研究者收集到的原始数据资料。

一旦完成所有叙事型数据的编码，那么每个范畴的主要特征也就确定了下来。

数据编码完毕，范畴提炼结束后，质性数据分析的最后一步是对范畴进行解释。

不断反思归纳过程有助于在数据分析过程中保持客观、开放的态度，能够更好地理解你的数据。

有许多软件可以帮助研究者组织叙事型数据，进行范畴提炼。

2. 量化数据分析是一个演绎过程，使用描述统计或推断统计。

3. 描述统计是相对简单的数学方法，可以简化、整理和组织大量数值型数据。

描述统计的三大类指标包括数据的集中趋势指标、数据的分散程度指标、相关性指标。

描述一组数据的集中趋势指标有三个：均值、中位数和众数。

描述一组数据的分散程度指标有两个：极差、标准差。

相关系数用来描述两个变量之间的关联程度。

可以使用频数分布表、直方图、柱状图和饼状图等直观地描述数据。

4. 推断统计的作用是根据一个样本的特征推测总体的对应特征。

最常见的推断统计方法是独立样本 t 检验、重复样本 t 检验、方差分析和卡方检验。

对于两个分组在同一个变量上的比较，应该采用独立样本 t 检验。

同一个分组进行两次测量（例如事前测试、事后测试），需要采用重复样本 t 检验。

方差分析（ANOVA）用于多于两组的情况。

卡方分析适用于多个类别上的频数差异比较。

推断统计帮助研究者确定比较的分组之间是否存在统计学意义上的显著差异，而不是偶然性因素导致的差异。

通过比较计算得到 p 值和预设的 a 显著性水平（教育研究中通常取 $a=0.05$）的大小关系，来确定假设或者结果是否有统计学意义。

当 p 值小于 a 显著性水平时，有统计学意义，反之则没有。

有许多软件可以帮助研究者处理量化数据。

问题与思考

1. 质性数据分析的主要步骤有哪些？总结质性数据分析的过程。

2. 从目的、结论等方面对描述统计和推断统计进行比较。

3. 分析质性数据需要一些练习。读者可以先确定一个感兴趣的教育研究主题，进行一两次较短时间的观察，观察时做现场笔记。此外，就同一研究主题简短地访谈一两个人。最后，对你收集到的叙事型数据进行编码，提取范畴。

4. 量化数据分析也需要练习。使用 StatCrunch 软件，选择 StatCrunch 软件配套的"homerun"数据文件分析每个运动员的本垒打次数之间是否有显著差异。

5. 执行下面的操作，打开"homeruNS"数据：

Data ⟶ Load data ⟶ Sample data ⟶ Home Runs

对 homeruNS 数据进行描述统计分析：

Stat ⟶ SummaryStats ⟶ Columns

进行方差分析：

Stat ⟶ ANOVA ⟶ One Way

软件运行结果如下：

Source	df	SS	MS	F-Stat	p-value
Treatments	3	2313.296	771.09863	3.531202	0.02777
Error	42	2313.296	218.36717		
Total	45	11484.718			

由于 P 值 0.02777 明显小于 0.05，所以每个运动员的本垒打次数之间有显著差异。

关键术语

显著性水平	独立样本 t 检验	常模参照测试
方差分析	归纳分析	饼图
柱状图	均值	真实显著
卡方检验	集中趋势测度	P 值
编码方案	分散趋势测度	极差
目标参照测试	中位数	重复测试 t 检验
频数分布表	众数	样本
直方图	标准差	

第IV部分
我已经获得了结果，接下来做什么？

　　本书第IV部分讨论行动研究项目中的"结论"部分。在第7章你将学习如何制订一份行动计划——这些行动计划可能是在个体层面，也可能是在团队层面或学校层面上进行，反思也是该步骤的重要内容之一。在第8章，如果你有兴趣正式发表或以其他方式撰写你的研究成果，那你将会了解学术写作规范和实践指南。在第9章你将了解更多分享你的行动研究项目成果的正规方法，专业反思再次成为该过程的关键部分。

第7章 下一个步骤和行动研究周期：制订一个行动计划

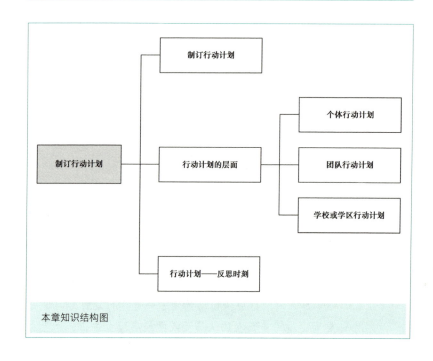

本章知识结构图

本章重点是行动研究过程的**实施阶段**，这一阶段主要包括你的数据分析结果、你对这些结果的解释、从这些解释得出的最终结论以及据此制订一个行动计划，该行动计划包括实施你的研究成果的策略、教学方法的改进，以及其他需要考虑的内容，还可能包括针对将来新一轮行动研究周期的研究设计或建议，或者两者兼而有之。

制订行动计划

行动研究的一个基本假设是：实际落地的行动源于你的行动研究项目（Johnson 2008）。这些**行动计划**可能是非正式的，也可能是正式的（Creswell，2005），这通常取决于你行动研究计划的特征和目的（Johnson，2008）。行动计划可能包括新教学实践的简单说明、对处理问题的替代方法的反思，也可能包括和其他教师、管理者、学校董事会、其他学区和学校的同行分享你的研究成果的计划，还可能包括你设想的"下一个步骤"（Creswell，2005；Johnson，2008）。行动计划的形式可以很正式，比如像一份公开演说的报告大纲，或者像你提交给专业期刊的正式投稿（Creswell，2005）。正如 Creswell（2005）、Fraenkel 和 Wallen（2003）所说，制订一个行动计划的重点在于，作为行动研究的研究者 - 实践者，中小学一线教师需要思考怎么样把一项行动研究项目的研究成果付诸实践。

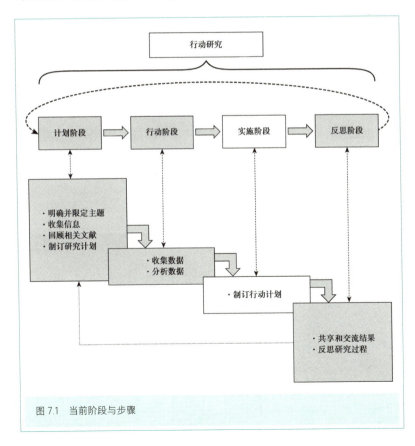

图 7.1　当前阶段与步骤

也许有些啰唆但需要再次指出的是，制订和实施一项行动计划正是"行动研究"之所以强调"行动"的原因。多数情况下，制订行动计划意味着你将会做一些和现在不同的事情，当然行动研究项目的研究结果可能会告诉行动研究者目前做的每件事都很完美，无需改变，但这种情况比较罕见（Johnson，2008）。Johnson（2008，pp. 136–137）概述了行动研究结果最常见的五种情形：

- 研究结果让作为行动研究者的教师对研究场景、具体研究的中小学学生或者中小学学生的一般情况有更好的理解。
- 发现新的问题。
- 发现一个计划、一门课程或一种教学方法是有效的。
- 发现一个计划、一门课程或一种教学方法需要改进。
- 发现一个计划、一门课程或一种教学方法是无效的。

在实施阶段，行动研究者通常要回答以下问题：根据从我的行动研究项目中学到的东西，我现在该采取什么行动（Mills 2011）？很多人认为本章阶段是行动研究项目中最重要的部分（Johnson，2008），专业反思也再一次地成为其中的关键步骤。制订一个行动计划需要时间进行思考，从而回顾整个行动研究项目，从最初开展该项目的主题出发，经过研究设计的策略制订、数据收集和数据分析等阶段，最终落脚于整个行动研究项目的研究发现。Mills（2011）对一个行动计划应包括的主要内容做了简洁的总结：

- 你从研究中学到了什么？
- 与具体研究问题相关的行动建议。
- 谁负责推动、落实这些行动？
- 下一步采取实际行动将你的行动研究项目成果付诸行动时，可能需要咨询、通知哪些人？或者需要得到哪些人的许可？
- 谁来监测或收集下一步的实际行动中产生的数据资料？
- 实际行动的时间表。
- 实际行动需要哪些资源？

一个简单的实例见表 7.1，该图改编自 Mills（2011）。

你可能注意到表 7.1 第一行的标题似乎与行动研究的主要阶段颇为相似，都是从研究问题开始，再收集数据，接着分析数据，换言之表 7.1 列出的步骤实际上就是勾画了下一个行动研究循环（Mills，2011）。这正好说明了行动研究不会在真正意义上结束，中小学教师在他们的职业生涯中，需要不停地寻找、探究改善教育和教学的更佳方法。

表 7.1　行动计划表的建议步骤

你从研究中学到了什么？	与具体研究问题相关的行动建议	谁负责推动、落实这些行动？	需要咨询、通知哪些人？或者需要得到哪些人的许可？等等	谁来监测或收集下一步的实际行动中产生的数据资料？	实际行动的时间表	实际行动需要哪些资源？

注：改编自 Mills（2011）。

行动计划的层面

行动计划可以在个体、团队和学校或学区层面上制订（Mills，2011）。在哪个层面上制订行动计划主要取决于研究者在行动研究项目启动之初确定的研究范围。此外，研究者需要认识到，在一个行动研究项目中，行动研究和行动计划可能不只涉及一个层面，比如研究者确定了一个学区范围的研究主题，但是这个研究主题也可能对教师个体层面的教学有实质性影响。行动计划有三个层面：个体、团队和学校/学区。

个　体

个体层面的行动计划通常来自作为行动研究研究者 - 实践者的中小学一线教师，他们已经主持过一次行动研究，可能是为了完成研究生课程要求，也可能是为了完成某个基金资助项目，当然也有一部分教师自发地把行动研究作为自身课堂教学实践的一个组成部分。此时行动研究和行动计划的主要受众是作为个体的课堂教师，教师不仅进行行动研究，还是行动计划的目标对象。当然，这并不意味着其他教育工作者对个体层面开展的行动研究结果不感兴趣，恰恰相反，把你的行动研究成果分享给其他感兴趣的教育工作者始终是非常重要的一件事情，下一章会讨论这一点。

团　队

与个体层面的行动计划类似，行动研究项目可能由教师团队进行指导，并由他们规划后续的行动计划。就像个体制订行动计划一样，**团队层面的行动计划**也可能来自教师的工作网络，也就是一群对教学工作改进有共同目标的教师（往往是从事同年级或同样课程教学的中小学教师）。团队层面的行动计划也可能来自在基金资助项目中合作开展研究的同事。为了顺利开展研究，同一个团队的教师会保持相似或者共同的关注点。由于任务可以在团队成员中分配，团队层面开展的行动计划可能进展更快，但是，团队的这一优势有时可能变成绊脚石。因为越来越多教育专业人员和其他人——可能是教师、管理者、顾问或家长——参与到行动计划中来，团队任务反而可能越难完成，比如人越多，协调成员会面时间的难度自然就会增加。此外，研究主持人可能不得不四处奔波，因为一些团队成员没能承担起他或她的职责，没有按时完成自己的任务——这自然会影响行动研究项目的推进。因此，团队的工作计划要有一定的弹性，不能过于僵化，否则一旦出现某种预料之外的变化，就会导致行动计划的推迟延期。此外，每个团队成员对行动计划应做出自己的承诺，保证投入足够的时间精力。

学校或学区层面

比团队层面更广的层面是学校或学区层面，学校或学区层面的行动研究和行动计划通常包含了整个学区范围内不同层面的所有人员的共同努力。Mills（2011）介绍了一个在小学学校层面开展的行动研究实例，该行动研究项目旨在改进学生的阅读、书写或数学技能。另一个例子是在中学学校层面开展的行动研究项目，该项目旨在研究在一门课程中教师对学生写作能力培养的效果。在学校或学区层面的行动研究中重要且独特的一点是：整个学区——不论是学校还是整个学区——都为改进特定区域的教育而形成共识。不难想象，通力合作是完成学校、学区层面开展的行动研究项目所必需的条件。

在学校、学区层面实施行动计划的另一个可能的好处是能够推动较大范围的教育工作者的专业化发展。参加行动计划的所有成员参与的不仅是一个共同的专业发展项目，还是一个以研究为基础的项目，因为所有的教师——甚至可能是所有的学校职员——都能够参与到行动研究项目里，进而增进他们的实践经验和专业积累。

行动计划：反思时刻

正如我在本章前面所提到的，行动计划对于中小学教师进行专业反思来说是极其恰当的时机，它提供了一个机会，让你反思你开展的行动研究项目把你带到了何处，以及反思你从行动研究项目中学到的东西。这种反思有助于你明确你自身（以及团队成员）专业发展的需求。反思过程涉及把你的研究结果与你阅读过的文献进行比较，通过这种比较，你不仅可以看到你的研究如何从现有文献中获得养分，还能看到你的研究对现有文献有何贡献。把你的研究结果与现有文献进行比较往往会使你的兴趣点更加清晰，从而为你的下一个行动研究周期提供更强大的知识基础。Mills（2011）认为，在把你的研究结果与你阅读过的文献进行比较时，需要考虑以下问题：

- 你的行动的预期和非预期的后果是什么？
- 通过该行动研究项目，你对自己的教学实践有何认识？由此注意到了何种新的教育问题？

这些问题需要你花时间从一个新的、更有启发性的视角回顾你的课堂教学实践。这种新的视角是对你的教学工作进行系统研究的自然结果。

行动计划也是对你之前开展的行动研究项目本身进行反思的恰当时机，没有什么研究——无论是谁做的——是完美的，任何研究总有改进的余地。俗话说，"事后诸葛亮，永远不出错"。完成你的行动研究项目，得出研究结论和建议后，再次回顾你的整个研究项目，这对研究者来说大有裨益。在这种回顾中，作为研究者-实践者的中小学教师需要对行动研究项目的各个方面进行反思，特别是要注意下次可能采取不同做法的方面。比如，你可以回顾你最初提出的研究问题，并回答以下问题：

- 我的的确确提出了我想问的研究问题吗？
- 我是否充分地回答了我的研究问题？
- 是否有必要为下一轮行动研究周期改变研究问题？

接下来，针对你的行动研究项目方法论提出以下问题：

- 我的研究设计是否适用于我的研究问题？
- 假如不适用，有没有其他更好的研究设计？

- 我收集的数据是否恰当地回答了我的研究问题？
- 假如是，还有没有什么其他的数据可以在下一次行动研究中使用？
- 假如不是，可以用什么数据来替代？
- 是否有必要换一种数据分析方法？

记住，没有完美的研究，但是可以不断改进、完善你的研究，以便今后更好地将你的行动研究成果落地实施，让你的数据更可靠，让你的研究结论更有价值、更有说服力。

行动研究写作：撰写行动计划

本研究结果显示：在中学科学课程中使用计算机和多媒体软件可以提升学生的学习热情。将相关技术引入教学是我在课堂教学中的长期做法，这种做法让我的学生学习热情高涨，并且这种学习热情具有示范性，因为我其他四个班的学生和家长已经在咨询我，他们何时有机会使用计算机。全校教师都对在他们自己的课堂教学中引入计算机、多媒体技术很感兴趣。在同事们的支持下，我已经对 21 位教师和助教进行了 hyperstudio 软件培训，这些老师来自不同领域，诸如特殊教育、多媒体中心等。参加了我的行动研究项目的学生中有 17 个学生自愿协助我进行了这些培训。

> 总结行动研究成果
> 下一步实施相关的行动计划

我相信多媒体计算机技术可以提高所有核心课程的教学效果。在英语课中，多媒体技术可以用来展示创意性写作，社会研究课程可以使用多媒体演示地理或历史事件。我的一个学生还使用 hyperstudio 软件开发了一个数学课程教学小项目，并因此获奖。使用计算机技术在激发学习热情、提高教学效果上有很大空间，唯一的限制就是学校需要投入硬件设备、软件和教师培训的经费预算。在课堂教学中使用多媒体技术，设备可用性是关键。

> 关于下一轮行动研究周期的设想

同事合作使我这项行动研究项目成为可能。通过从隔壁教室借用计算机，才得以保证在整个研究中，每个参与研究的学生都能有一台独立使用的计算机。最理想的状态是，通过学校的多媒体中心，学生和教师在家、在学校都一样能使用计算机和软件。最后，学生的收获远远超出了在计算机等设备方面遇到的困难。

这项行动研究项目不仅激发了学生学习科学课程的兴趣，还激发了我对教学工作的热情。在研究项目启动之前，我很担心项目的可行性，但在我开始投入到这项研究中之后，我发现自己被 11 组参加研究的学生使用声音、动画和图形等进行多媒体计算机演示的热情所感染，我自己也备受鼓舞。

> 反思行动研究的过程

（来源：Hollis，1995。）

从一名 8 年级任课教师的角度来看，行动研究的结果与教师以及学区为数学课程教学改革而投入的成本和时间是不相称的。改革后的数学课程教学方式成本高昂，需要培训教师、追加购买设备。在这位 8 年级教师看来，不菲的投入意义令人怀疑，因为改革了的数学课程并没有提高学生数学成绩。这位教师如此这般总结了他的行动研究结果："几十年来，教育工作者不断尝试开发更有效的数学课程教学法，尽管大多数教师都认为中小学学生的数学成绩需要提高，但是目前的改革似乎不能做到这一点。而且，新的数学教学改革似乎不利于过程性知识的传授。"

> 创新效果似乎不显著
> 就目前来说还是（当然可能是暂时的）回到传统为好

（来源：Alsup and Sprigler，2003。）

行动研究项目 1：
联邦政府教育部 I 类项目中的阅读理解能力提高计划

将行动研究成果落地实践的行动计划以及下一轮行动研究周期

该行动研究项目 1 旨在提高联邦政府教育部 I 类项目的学生的阅读理解能力。

Kathleen 试图全面提高参加教育部 I 类项目的学生的阅读理解能力的努力似乎已经取得成效，她的学生在伍德科克阅读测试中的成绩在整个学年里有显著提高。此外，从观察和访谈收集到的质性数据也证明了这一点：Kathleen 观察到学生开始使用——而且是持续使用——她教给他们的阅读理解技巧。

下一步，Kathleen 决定在下一个学年对一部分参加了该研究项目的返校学生和新学生继续采用同样的教学方法，继续收集同类数据——诊断式测试成绩——并对学生进行观察和访谈。在反思她的这项行动研究时，Kathleen 关注了自己在研究中可能存在的认知偏差——特别是她既是教师又是数据收集者——是否会影响她的某些研究结果。

　　Kathleen 担心的是自己只看到了自己希望看到的事情，因此她决定下一年给她的数据做点补充。首先，她将邀请至少两位同样也参加了联邦政府教育部 I 类项目阅读理解能力提升的教师到她的课堂，让他们采用自己的观察方法去观察她的学生，并要求他们把观察重点放在学生阅读书籍后回答口头和书面问题的能力上。其次，她还决定访谈一部分学生家长，她担心学生可能只是在她的课堂上采用了这些阅读理解策略，而在家里阅读——布置的家庭作业或者休闲阅读——的时候就没有采用。Kathleen 相信家长对孩子在家里阅读行为的观察会丰富数据，能够让她了解到学生是否把在课堂上学到的阅读理解技能带到了教室之外。

> **行动研究项目 2：**
> **有丝分裂和减数分裂概念的理解**

将行动研究成果落地实践的行动计划以及下一轮行动研究周期

　　该项目旨在改善学生对有丝分裂和减数分裂过程的理解。

　　Sarah 和 Tom 旨在提高学生对有丝分裂和减数分裂概念理解的行动研究项目显示出可喜的成果。使用了辅助性学习材料的学生和没有使用辅助性学习材料的学生的单元测试成绩大约有 5 分的差距，尽管两位教师希望看到更大的差别，但是 5 分左右的差距，已经具有统计显著性，也具有真实显著性意义。此外，两位老师从学生那里收集到的质性数据显示出学生确实对有丝分裂和减数分裂过程有了更好的理解，能够向其他学生和教师解释、说明有丝分裂和减数分裂过程。

　　Tom 对于在线模拟和互动对学生产生的积极学习效果印象深刻。在下一个行动研究周期，两位教师决定花更多时间收集有丝分裂和减数分裂主题相关的在线模拟与互动的学习材料。将新收集到的学习材料和今年他们已经采取的活动结合起来，应该会更有效地帮助学生学习有丝分裂和减数分裂知识。

　　对于 Sarah 来说，她更惊讶的是学生对在线博客的使用。在这个行动研究项目开始之初，Sarah 很不确定学生会怎样回应她建议的这种新学习技术。通过分析学生在博客上的评论，Sarah 对学生在博客帖子里展示出来的概念理解深度感到非常惊讶。但让 Sarah 真正感到有趣的是学生把博客当成了回答其他学生问题和帮助彼此更好地理解知识点的论坛。作为这项行动研究的第二个主要步骤，Sarah 和 Tom 都决定在整个学年里把博客整合入二人各自的教学中。本次行动研究项目没有纳入其他课程单元知识，两位教师计划使用博客，在全年收集学生对整个课程的多个概念理解水平的相关数据，除此之外，博客也给两位教师提供了持续观察学生学习、理解过程的平台。

行动研究清单 7

将行动研究成果落地实践的行动计划以及下一轮行动研究周期

☐再次回顾你的研究问题。

☐基于你的数据分析结果，给每个研究问题草拟一个答案。

☐花一些时间反思你的行动研究全过程。

　○关于你的研究主题，你学到了什么在你开始之前不知道的东西？

　○体验到任何出乎你意料之外的结果吗？

　○这项研究有没有让你不得不重新评估你在此之前对自己的教学、学生或整个教育环境所持的任何预想？

☐列出几种你在这项行动研究中产生的教学改进建议或想法。

☐为你将来的行动研究周期列几条可行的建议或想法。

相关网站

◆网站名：Action Research: A Strategy for Instructional Improvement

　　Carol Recd 给出了几个在教室、学校或学区发生的行动研究场景，列出了很多行动计划的实例，帮助读者理解研究问题、数据收集和行动计划之间的联系。

本章小结

1. 行动计划是行动研究的"行动"部分。

　　行动计划可以是非正式的（例如，简单说明一下如何反思或分享在本次行动研究项目中学到的东西，或者准备采取一个什么具体行动来落地实践行动研究的某个发现），也可以是正式的（比如一份公开演示大纲或者一份完整的研究报告）。

行动研究有五种"典型"结果：(a)对某个教育场景有了更深入的理解；(b)发现新的问题；(c)找到有效的教学方法；(d)找到需要修改的教学方法；(e)发现无效的教学方法。

你可以采用"行动计划进度表"来组织、管理你的行动计划各步骤。

行动计划可以在教师个人、团队、学校或学区层面上实施。

2. 进行专业反思是行动计划阶段的重要组成部分。

作为研究者-实践者的中小学一线教师为了规划自己今后的专业发展，需要对行动研究项目所产生的预料之中、意料之外的结果进行反思。

作为研究者-实践者的中小学一线教师还应该反思行动研究项目本身，主要是反思采用的方法论与研究设计是否匹配，以及如何改进。

问题与思考

1. 描述作为行动研究过程一个必需步骤的行动计划的主要目的。

2. 为什么专业反思是行动计划的一个关键部分？简述中小学教师作为研究者-实践者进行专业反思的两种主要方式。

3. 根据第6章介绍的两个行动研究项目资料摘录，撰写一份简要的行动计划。

关键术语

行动计划	实施阶段	学区层面的行动计划
学校层面的行动计划	团队层面的行动计划	个人层面的行动计划

第8章 撰写一份行动研究报告

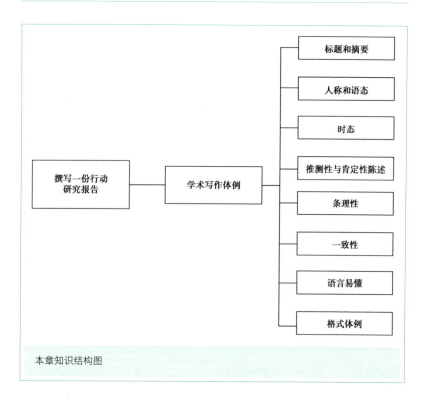

本章知识结构图

完成了一项行动研究项目后，一部分中小学教师可能会认为"发表对我来说并不是那么重要，没必要去撰写一份行动研究报告"。Mills（2011）则认为写一份行动研究报告很有必要（我也非常认同），作为一个专业的教育工作者群体，中小学教师要打破一种成见，即写研究报告只是大学里的专业学者才做的事情。Mills 指出，撰写行动研究项目的最终研究报告要求作为研究者 - 实践者的中小学教师仔细措辞，全面、完整地描述研究中经历的事情，并反思这些经验。通过这一过程，研究者将继续从自己的研究主题、学生、学生的学习行为、自己的教学工作中学到更多东西——而这些很可能是你之前没有去思考或意识到的东西。此外，正式撰写一份行动研究报告能使你更加诚实、准确和全面，从而为你的行动研究项目画上更圆满的句号（Mills, 2011）。

除此之外，Mills 还列出了撰写一份行动研究报告的其他几个好处，比如：评论者和读者的反馈意见可以为你教育工作者的职业身份、你的专业活动提供某种支持。持续反思你的教学实践能继续帮助你更好地教育你的学生。撰写一份研究报告将让你收获实在成就感。当同事们读到你的研究报告并认可你的工作时，既会让你产生欣慰的情绪，又会激励你进一步完善自己的研究。

学术写作与一般写作不同，技术性和科学性更强，对每个人来说都不是一项轻松的任务。本章的目的就是帮助你更好地理解学术写作过程，以及告诉读者学术写作的一些体例与规范。

学术写作体例

当你撰写行动研究项目的正式报告时，你需要遵循一种体例，假如你把报告提交给一份学术刊物，你需要按照这本学术刊物要求的写作体例进行写作。写作体例即**文体指南**，是一份指导手册，它在内容上提出一系列文体要求，包括但不限于标点符号、语法、缩写、参考文献格式、标题、引用、统计符号和图表的说明等。目前美国学术写作文体最常见的指南是《APA 格式》（*Publication Manual of the American Psychological Association*）。假如你需要写一篇研究生课程论文，你很可能需要熟悉 APA 的体例要求；不需要写论文，也可以将《APA 格式》作为参考，《APA 格式》一册大约 30 美元。

多数期刊会在作者指南中说明其采用的写作体例，有些期刊——特别是电子期刊——对写作体例要求相对少一些，比如下面一段文字摘自电子期刊网站"教与学：自然探索与反思性实践"（Teaching & Learning: The Journal of Natural Inquiry & Reflective Practice），这本电子期刊的投稿指南明确指出：

本刊关注下列主题：教育方法中的缜密观察方法、作为一种理解途径的描述方法、知识来源之一的生活体验价值。本刊正在向在线出版方式转型。

我们欢迎以下投稿：立足于真实场景观察的论文、随笔和批判性评论、反思教育教学的日志、教与学实践情境的描述、行动取向的研究、民族志研究、符号学分析、教学评价研究，我们还关注教学相关主题的原创作品。

本刊对"教"与"学"做广义界定，并不局限于中小学的教学，我们欢迎作者拓展传统教育内涵。我们热忱邀请教育工作者、批判性理论家、学术研究者、社会科学家、社会工作者、历史学家、哲学家、行政人员、学生、家长和艺术家向本刊投稿。

由于本刊具有跨学科特征，投稿建议以便于跨领域沟通的方式来写作，我们鼓励机智、风趣、富有学识的写作风格。请遵循 APA 写作体例，设置两倍行间隔、页边距。稿件应附上作者简历。稿件使用电子邮件附件发送，最好是 Word4.0 及以上版本，稿件以 RTF 格式保存。

学术写作体例是一组约定俗成的规则，可以在一定程度上提高研究报告的可读性、可信性（Mertler & Charles，2011）。研究报告可以发表在学术期刊或者其他载体上，学术期刊读者群对研究报告的格式和文体都有一定的预期。主持行动研究的中小学教师需要遵循这些学术写作规范，不这么做，虽然其研究成果本身价值不会被贬低，但研究成果的可读性、可信度可能会由于采用学术期刊读者群不熟悉的非主流体例而受到负面影响。设想一名教师发给学生的试卷充满了拼写和语法错误，这位教师的可信度会受到什么影响？行动研究项目主持者不遵循主流的学术写作体例同样会面临这位与教师类似的命运。常规学术写作体例要素包含如下：

- 标题和摘要
- 人称和语态
- 时态

- 推测性与肯质性陈述
- 条理性
- 一致性
- 语言易懂

除此之外，本章还会介绍研究报告主体部分的通用格式、研究报告长度的通用原则。

标题和摘要

对于读者来说，任何书面作品的标题——至少在一开始——都是读者最关注的部分。任何读者在面对一份研究的书面报告时，要决定是否继续读下去，首先会看标题怎么样，标题此时就成了一种筛选机制。相似地，除非你熟悉一位小说作者的其他作品，否则小说的标题通常就是抓住你注意力或者让你转身走开的关键所在。研究报告的标题和小说标题的作用类似，标题应该指明研究和报告的内容，研究者有时倾向于拟订一个看似机智，但是内容含义不够直接清晰的标题。我认为，中小学一线教师普遍时间有限，不大可能关注或仔细阅读此类"脑筋急转弯"风格题目的文章。设置一个机智的标题并没有错，但这个标题应该恰如其分地概括文章的主题与内容（Mertler & Charles, 2011）。

我拟订的论文标题往往直接具体，比如我最近发表了一篇题为《课堂教学经验在职前和在职教师评价能力中的作用》（*The Role of Classroom Experience in Preservice and Inservice Teachers' Assessment Literacy*）的期刊论文，这个标题包含了自变量（课堂经验）、因变量（教师评价能力）和研究对象（职前和在职教师）。按照 APA 格式，一份研究报告的标题应该是对研究主题的简洁表述，并可以体现出变量或主要理论问题以及它们之间的关系（参见《APA 格式》第 2 章）。

我不倾向于起那种虽然看似机智，但内容不够清晰具体的文章标题。不过，有时我会尝试起一些比较有趣的标题，下面是两篇我最近指导研究的文章的标题，一篇在专业会议上发布，另一篇在期刊上发表：

题目 1：《什么……还要再进行一次调查？教师对传统调查和在线调查的响应和无响应模式》（What... Another Survey??? Patterns of Response and Web Surveys）

题目 2：《鼠标还是笔？网络调查和传统调查方法的心理学测量比较》（The Mouse or the Pencil? A Psychometric Comparison of Web-Based and Traditional Survey Methodologies）

尽管我尝试在此类标题中的疑问部分要点小聪明，但问号后面的部分始终在清楚描述研究主题和研究内容。当你在撰写行动研究报告时，我给你的基本建议就是：把矫揉造作的成分从标题中剔除，努力思考出一个说清楚核心内容的简短标题，如此才能吸引读者的注意力！

摘要是对整个研究报告内容所做的简短但又全面的总结概括（《APA 格式》）。摘要把报告内容的核心提炼出来，让你的读者快速了解报告内容。摘要通常 150 到 250 个词，由以下信息构成：

- 简要陈述你的研究问题或者实践问题
- 描述研究场景和参与者
- 总结研究过程，包括你在研究中采用的处理方法、改进措施与具体实施效果，以及简明描述你的数据及收集方法
- 总结研究的基本发现或结果
- 简明描述结论和下一步计划

下面是几年前我发表的一篇论文的摘要：

由于 NCLB[1]内涵丰富，有人认为 NCLB 几乎涵盖了教学过程的所有主题，包括课堂评估，使得教师压力大大增加。本研究的目的是描述教师对 NCLB 及其对课堂实践的影响的看法。此外，本研究探讨了若干人口变量对教师看法的影响。本研究采用了一种新型资料收集方法，收集到 1534 个回答。研究显示教师普遍认为 NCLB 对教学有负面影响，包括与提高学生成绩相关的更高的压力水平。此外，

---

[1]译者注：指美国国会 2001 年通过的《不让一个孩子落后》法律。

在学生考试准备和教师指导方面，本研究还发现存在明显的群体差异。

　　写摘要时，必须在有限的空间里提供相当多的信息，写摘要实际上比很多人想象中难。研究者必须以高度精练的方式概括自己的研究内容与研究结果。

人称和语态

　　学术写作——特别是更传统的研究形式，如实验研究——和其他写作形式的不同之处之一就是要尽可能客观地写作（Johnson，2008）。学术写作很少使用第一人称代词，一般来说，作者不会自称"我"或"我们"。作者提及自己时往往使用第三人称，如"作者"或"笔者"。个人观察、结论和建议会放在一个专门部分，通常在报告末尾。记住，实验研究的目的是尽可能消除研究者的偏见和主观性，只用数据向读者传递信息。

　　下面的段落摘自几年前我在某学术期刊上发表的一篇论文：

　　研究者开发了新的调查工具——俄亥俄州教师评估实践调查。该调查问卷主要通过现有文献设计，包括47个题目，包括封闭式和开放式题目。研究者要求教师回答课堂评估有效性和可靠性方面的问题，特别要求提供教师在进行课堂评估时采用的步骤的信息。

　　虽然实际上是我自己专门为这个研究项目开发了新调查工具，但是在这一段的两个地方我都没有提到"我"，而是称为"研究者"。

　　行动研究的写作风格比较主观，这一点和质性研究方法颇为相似。一个行动研究项目的中心是作为"实践者-研究者"的一线教师。因此，要完全消除行动研究主持者的想法、看法，不可能也不必要。但是，这并不意味着在你的行动研究报告里可以表达出你的个人看法或者一些不便公开的内容（Johnson, 2008）。关键是你的行动研究报告所进行的描述、解释和结论要尽量做到公正、精确、诚实和可信，这样才会被认为是专业的。以下段落是我写的一份行动研究报告，我曾在这本书的其他几个地方提到过。

　　一个男孩粗心地把颜料混在了一起，并不小心弄到了衣服上，

Marilyn 很快注意到了，对他说："好吧，我们会清理的。"她态度平和，没有表现出一点此时此刻很多教师会产生的消极情绪。我一直观察 Marilyn 和孩子们说话的情况，Marilyn 给出的意见都具有积极性、建设性，而不是唠叨个没完。在观察这些意见对孩子们的影响时，我将这些互动归类为正强化形式。

注意我在上一段话里不仅以第一人称称呼我自己，还把我对这些观察的意见和感知直接写进了讨论中。

对于语态，一般的研究报告和行动研究报告做法不一。一般研究报告多使用被动语态（Mertler & Charles, 2011），诸如："以下结论被证实……""如此结论被研究者总结出来……"与此不同的是，主动语态更适用于行动研究报告，主动语态的特点是采用这些句式："研究者得出以下……""我很快发现……"。

主动语态对于读者来说更为友好，主动语态、被动语态之间的主要区别可以在以下同一表述的两种版本中看到：

积极行为被赞扬,消极行为被处理是研究者所期望的。（被动语态）
我只是期望在处理消极行为的同时，积极行为也能被赞扬。（主动语态）

《APA 格式》规定研究报告应该采用主动语态而不是被动语态。就中小学教师撰写行动研究报告而言，我完全同意《APA 格式》的这一要求。

时　态

研究报告通常以过去时态写作（Mertler & Charles, 2011）。这样做的主要原因是，研究已经开展，在有些情况下甚至已经完成，相关文献回顾几乎都是用过去时态写作，因为你总结的是已经发生、已经发表或已经广泛传播的研究。方法论、结果、结论以及反思部分也是以过去时态写作，同样是因为它们已经发生。但是，有些部分可能用现在时态写作，报告的引言部分——介绍主题、研究问题以及提出的研究假设——通常用现在时态写作。这是因为研究者正在描述当前的情况、问题或相关事项，由于正在进行中（而且很可能还没有得到解决，尚未成为最终的研究结果），也就是说仍然是当下发生的事情，所以应该以现在时态来描述。此外，对将来的建议以及行动计划，都以现在时或将来时写作为宜。

《APA 格式》建议过去时应该用于表达已经发生的动作或状况，以及在过去某个时间段已经发生的事情，比如报告另一个研究者的成果（如："琼斯得出了类似结果。"）。但是，当说明没有明确时间段的过去行动或状况时，应该采用现在完成时（如："2000 年以来，几位研究者已经得出类似的结论。"）。

推测性与肯质性陈述

撰写行动研究报告时，你必须小心，要避免过于自信或过于肯定的陈述。即使研究报告的某些部分可以使用肯定性陈述，在其他部分仍需保持一定程度的推测性（Mertler & Charles, 2011）。具体来说，当描述你的方法论时（研究设计、数据收集），你的陈述应是肯定的，因为你正努力为读者描述一份你的研究如何进行的清晰图景。当报告描述性统计分析的结果时，你的陈述也可以是肯定的，比方说研究涉及的学生数量、测试分值的平均值和标准差，或者喜欢你当前课程进度的学生百分比，都可以给出肯定的、非常具体的数字，如果需要甚至可以精确到小数。因为平均值、标准差和百分比有公认的计算方法，不是你个人的解释，所以肯质性陈述没有问题。换句话说，不同的人采用同样的数据分别计算平均值时，不可能会得到不同的值。因此，以下的肯质性陈述是没问题的：

- 平均值等于 29.11，标准差等于 2.45。
- 68% 的学生表明他们喜欢目前的课程安排。
- 相关系数等于 0.54。

但是，当报告你的结论和任何可能的影响时，使用肯质性陈述不符合研究伦理，这时候就必须用推测性陈述。因为和描述性统计分析不同，你的推论性分析（以量化数据为例）或归纳分析（以质性数据为例）天然包含主观性解释的成分，这些结果、结论、解释或内涵因人而异。你可以使用下面的方式来表述你的结论：

- 在学龄前教育中采用正强化方法，似乎需要考虑不同的场景与具体情况。
- 正如这些结果所表明的一样，由对 K12 年级教学法了如指掌的专家来开设该主题的相关课程可能是至关重要的。

在这两个表述中，注意都有"似乎……"和"可能……"之类的表述，没有给出绝对的看法。

条理性

研究报告的条理性对读者来说也是重要的，研究报告应该足够清晰，以便其他人能够比较容易地阅读和复制你采用的方法步骤。增强条理性的一个技巧是使用尽可能少的专业性词汇，可以让你的报告变得更好读。Johnson（2008）认为，可以用"教师模式"来增强研究报告的条理性。所谓"教师模式"就是假设读者对你的研究主题、研究设计一无所知，你必须给他们解释清楚一切——而且是以尽可能简单的方式去解释。最后，以符合逻辑的格式组织研究报告也可以改善研究报告的条理性和可读性。

采用大标题和小标题可以让读者清楚你撰写研究报告时所采用的写作大纲，这也会使你的研究报告更为流畅。关于研究报告格式之类的信息会在后文介绍。

一致性

努力保持你写作风格的一致性也可以增强你的研究报告的条理性，包括你的文体选择、措辞、意义、特殊符号、缩写和略缩词在报告的不同地方都应该尽可能保持一致（Mertler & Charles，2011）。比如，你在报告之初使用了斜体大写的"*M*"代表某个意思，那么报告的其余部分也应该这么做。类似地，格式如缩进、引文、行间距和标题等都应该一致，只要你开始使用一种格式，那么在研究报告中就应该始终使用这种格式。你还应该在你的研究报告里以前后一致的方式安排段落、表格、图表、图片和参考文献。所有这些努力能让读者更容易、更清楚地理解报告。

《APA 格式》同样强调一致性在学术写作中的重要性。

语言易懂

我在给研究生讲授研究方法课程时总是提醒学生，当他们写研究报告时，要意识到自己不是在撰写畅销书排行榜上的小说，研究报告应该以直截了当和质朴（而不是花哨和华丽）的语言来撰写（Mertler & Charles，2011）。《APA 格式》称之为"表达上的节约"，采用较短的句子，删除冗长的句子，避免采用过分详细甚至啰唆的描述。

你要做的就是开门见山、直截了当，不要采用文学化的文体风格，避免过多使用形容词和副词，过度使用这些描述性词语只会使你的研究报告难以阅读。读者（特别是其他中小学一线教师）读你的研究报告不是为了娱乐（如果是为了娱乐，他们会去读一本小说），而是为了更好地了解你对他们感兴趣的主题所做的研究。不要试图给读者留下你精通词典或者同义词的印象，你需要足够清楚地解释你的研究过程、研究结果和研究结论。不仅要使读者理解它们，还要呈现得简单、清楚。毕竟读者的时间有限，作为研究者，你也不希望看到读者因为觉得阅读困难而放弃阅读报告的局面出现。

格式体例

不论何种类型的研究，研究报告都需要遵循一定的结构安排。大多数传统研究报告分为 4 到 6 个部分（Mertler & Charles，2011），报告一般都会包括以下部分：绪论、方法描述、呈现发现、结论。传统的量化研究报告通常采用下面的写作组织大纲（Mertler，2016）：

摘要
绪论
　　问题的提出
　　研究目的
　　研究问题或假设
　　内在与外在限制
相关文献回顾
方法论
　　参与者
　　数据收集过程
　　数据分析过程
结果
结论和建议
参考文献

注意以粗体标出的6个主要部分（如果把摘要算进来，就是7个主要部分，但摘要并非必要）是所有研究报告都要有的标准部分。事实上，假如你决定采用量化研究方法写一份研究报告或学位论文，那么前面5个部分（除了摘要和参考文献）通常就对应了最终报告或者学位论文的5个主要章节。小标题可以添加在任何合适的地方，如在文献回顾部分添加小标题——在一篇论文中可能有30到100页——以使文献回顾部分更易读。

行动研究的主要阶段并不完全像上面列出的结构那样标准，但是行动研究报告的组织格式也需要体现出行动研究过程的主要步骤（第2章图2.1对行动研究过程的主要步骤进行了讨论说明）。每个行动研究项目都是独特的，但是行动研究报告一般要遵循以下格式（Mills，2011）：

摘要
绪论

　　　重点范围

　　　界定变量

　　　研究问题

相关文献回顾

研究设计

数据收集方式

数据分析和解释

结论

反思和行动计划

　　上面的各部分与某些行动研究报告并非完全对应（即采用的正式的标题），但是相关内容会出现在报告的其他地方。总而言之，上述信息出现在报告里的原因是它们有助于读者全面、准确地理解你的研究，毕竟你不能强迫你的读者去推测你的研究中的某些内容——读者的推测很可能与实际情况完全偏离。因此，作为研究者，你需要向读者提供所有帮助理解你的研究主题、过程、结果、结论和行动计划的所有信息。

　　在本书里，我多次参考了我主持的一项研究主题为学前实施正强化的研究项目，我为这项研究撰写的最终研究报告大约有 30 页。下面是我在该研究报告中使用的大标题和小标题：

绪论

　　　中心问题——本项研究的文献背景描述

　　　地点描述

　　　学校职员描述

方法论

　　　讨论

Gail 的故事

　　　正强化对我意味着什么

　　　正强化对儿童意味着什么

　　　正强化的使用

Carol 的故事

　　　正强化对我意味着什么

正强化对儿童意味着什么

正强化的使用

Marilyn 的故事

正强化对我意味着什么

正强化对儿童意味着什么

正强化的使用

Eric 的故事

总结和结论

参考文献

不难注意到，我没有完全参照我之前列出的格式，但是重要内容都已经被涵盖——绪论（对研究主题、研究场景的描述以及文献回顾）、方法过程描述（包括数据收集和分析）、结果讨论，以及总结和结论。读者可以看看本书给出的两个研究报告，它们都包含了关键的组成部分，但是并没有完全照搬，两个研究报告的作者根据自己的需要做了取舍。

最后是关于研究报告的长度问题。我的研究生经常问我这个问题：我们的研究报告应该多长？简单回答就是：只要全面、清楚地把你的研究说明白，需要多长就多长。自然，研究生们通常不喜欢这个听上去很模糊的回答，但这又是我能给出的最恰当的答案。当然，对于研究报告的长度也确实有一些具体的指导原则，主要视研究报告的目的而定。假如你把你的研究介绍给你同一个学区的教师同事和管理者，我会建议你把报告篇幅控制得很短，可能两到三页，你可以简单地从你的主要标题[1]开始。主要标题能以大纲的形式为你的研究报告提供清楚的结构，然后在每级标题下面写一个简短的段落总结。另一种做法也是从主要标题开始，但每一级标题下面只列出若干要点。不过，当你做口头报告时，需要填补标题式大纲中的所有空白。

如果你要在一个专业会议上提交你的论文，你需要把更多研究内容与细节写出来。我在专业会议上提交的大多数论文长度在 20 到 30

---

[1]译者注：通常包括一级、二级标题。

页（双倍行距）——尽管此类会议报告通常不会有长度限制。说到最后，你自己才能最好地评估你的研究报告长度，因为只有你才能判断报告是否已经包含了让你的听众清楚理解你研究的所有信息（Mills，2011）。此外，假如你向学术期刊投稿，专业期刊通常会对论文长度有要求，一般是 20 到 25 页（双倍行距）。期刊投稿指南往往会给出论文总字数的限制说明，看到投稿指南里面的字数要求，不少人会认为这是一项艰巨的任务。我有一个经验公式给读者参考——注意是经验公式，不是精确公式——双倍行间距的两页半字数大约等于期刊最终发表的一页字数。当然，电子期刊基本上对文章长度没有限制，而纸张期刊通常会明确限制文章长度，比如 *Networks* 期刊编辑偏好 2000 到 3500 字的文章，而 *Reflective Practice* 期刊的投稿指南要求文章不超过 6000 字。

你还需要知道的是，如果你的论文被期刊录用发表，那么期刊将对其进行再排版，以满足他们自己的格式要求。这通常意味着你的报告将以不同的字体样式和字号大小重新排版，也可能变成单倍行距。比如，我最近发表在一份期刊上的文章，我发给编辑的版本是 28 页（双倍行距），但最终在期刊上发表时，论文只占了 16 页。

撰写研究报告中的研究伦理问题

到本章此处，我们已经讨论了关于学术写作的很多惯例与做法，但是坦率地说，虽然有些惯例得到了很多专业团体的认可，影响更广泛，但实际上学术写作惯例并没有严格意义上的对错。但是，研究报告中涉及研究伦理的方面始终无可置疑地有对错之分，《APA 格式》认为学术写作应该始终坚持保护研究参与者的权利和福祉。

所有进行研究的人，包括研究报告的作者，都应该努力确保研究成果的准确性，并保护研究参与者的权利。这一点可以通过多种方式达成，包括但不限于以下方式：

- 确保数据和成果不被篡改，或以任何方式、任何理由进行伪造。
- 保护参与者隐私：
  - 不能过于详细地描述研究参与者的信息
  - 删除对于研究来说并非必需的研究参与者的特征说明
  - 对个人与组织机构使用化名

此外，《APA 格式》提供了几个减少遣词造句中常见偏见的具体要求，进一步保护了研究参与者的相关权利。

- 使用恰当、具体的用语描述研究参与者（如描述研究参与者性别时，gender 与 sex 两个词在中立度、客观度上有所不同）。
- 避免用泛化的称谓（如同性恋、老人）来描述研究参与者，多使用形容词（如男同性恋者、年纪较长者）。
- 在表述上突出人，而不是突出条件。如 students with learning differences 更强调参与者本身，而 learning-disabled students 这种表述可能会伤害到参与者。这项要求主要适用于英文语境，中文中此类问题较少见。
- 尽一切努力减少在表述性别、性取向、人种、种族、残疾、年龄方面时可能存在的潜在偏见、史实或解释误差。

学术写作中涉及保护研究参与者权利和减少偏见的更多内容，建议读者参考《APA 格式》。

学术写作的实用指南

写作，有人喜爱，有人讨厌。不论你喜欢还是讨厌，重要的是要认识到写作几乎是任何职业都需要的技能。职业从业者之间的交流，特别是研究过程和研究结果的交流，允许该职业的从业者了解新观念、创新点和机会。通过写作，我们能学习某个主题的更多东西，与他人分享我们对某个主题的知识与看法，写作还能让我们尝试职业领域中的新事物，收集新观念与新信息。此外，专业交流能为拓展一个人的职业社交网络提供特别机会，我已经在全国甚至全世界范围内联系并实际接触了某些人，和他们分享共同的专业兴趣。正是通过我自己的写作，以及阅读其他人的作品，我才能够拓展我的职业社交网络。

假如你几年前预言到我职业生涯的今天，会撰写大量研究文章和教科书，那时候的我很可能会对你的预言付之一笑。几年前的我从来没有想过会撰写本专业的论文或者编写教科书，但是现在的我已经在几年中完成了好几个研究项目，完全是乐在其中的状态。我一直按照自己摸索出的几个窍门来进行写作。请读者记住，在形成你自己的写作套路或者说写作策略之前，你必须先找到一些对你最有效的写作技巧。对此，我有以下建议：

1. 建立起你自己的写作习惯。写作很耗时间，不要想当然地认为写作是那种一挥而就的、很快就可以完成的事情。一个最佳选择就是让写作成为你职业生涯的一部分，没有时间也要找时间，甚至挤时间进行写作。这一点和教学工作没什么不同——我们都需要为课程设计、评分、设计单元测验题等工作挤出时间。而写作是中小学教师职业活动中的一部分。此外，找个舒适的地方写作——可能是用你家电脑，或者在你家厨房桌子上用纸笔进行写作，总之找到一个适合你写作的地方，并让这个地方成为你写作习惯的一部分。

2. 每天尝试在同一时间写作。随着写作习惯的养成，试着在你的日常计划表里设定写作时间。这段时间可以是半小时或者一小时，但不论多少，令其固定，比如去学校之前的30分钟，或是放学后甚至晚餐后的某个时段。

3. 写作要像与朋友交谈一样，记住你正试图尽可能清楚地向别人说明你的研究主题和研究成果。当你写作时，想象你正在向一位朋友介绍你的研究，这位朋友对你的研究主题一无所知，你必须用容易理解的、简洁清楚的词句来表述你的研究。

4. 从提纲开始组织你的构思。我写作时会在一开始就构思一个总体提纲，接下来再逐渐填满提纲中的空白。提纲的好处是让你不会偏离整个研究主题以及重点内容，此外提纲也可以作为你完成写作后，对作品进行检查、完善的依据。

5. 开始不要担心拼写、语法和行文问题。在你撰写研究报告初稿时，不要过多地关注你的研究报告读起来会怎么样。我相信很多学术写作新手会是这种担心的受害者——他们试图使他们的研究报告第一次读起来就很完美。在初稿阶段，你应该只关心在论文里呈现你的想法、观点和相关信息，而不要关注措辞与拼写。Mills（2011）建议中小学教师要追求不断的进步，而不是一步到位的完美（P.181）。初稿完成后，接下来再不断进行完善。

6. 完成初稿只是写作过程的第一步。当你开始写作时，一定要意识到你是在写初稿，你还有大把的机会修改完善，每一次修改都能使你进一步完善和澄清你的想法和观念，报告的流畅感也会得到不断改善。

7. 最后，在我看来也是最重要的的一点，制订一个可行的写作进度计划表。假如你在缺乏进度感的情况下开始写作，很容易拖拖拉拉，以至于迟迟不能完成。因此设计一份实际、可行的写作进度计划表应该是你在开始写作前应该做的第一件事。

一份写作进度计划表和一份写作提纲能够为你完成研究报告提供基本框架。这里举一个例子，是我为一次学术会议撰写研究报告时所采用的时间进度表（图8.1）。这个时间表有点类似于写作提纲，该表设置了打勾选项，以便监控我的写作进度。

这些建议，特别是第7点，已经帮助我完成了多个研究计划。越是按照我的写作进度计划表进行，我的写作计划就越成功。此外，在写作进度表上打勾能给你带来成就感，鼓励你不断往前推进。只要找到适合你的写作方式，并且坚持下去，就可以看到隧道尽头的光明！

写作进度计划表（从 2008 年 7 月 5 日开始）

课堂教学经验对职前和在职教师评价能力的作用

写作事项	计划完成时间	是否按期完成
背景 什么是"教师评估能力"？ "评价教师评估能力的标准"是什么 关于评价能力和标准的现有研究 研究目的和研究问题	2008 年 8 月 2 日	√
方法 研究参与者 测量工具 数据收集步骤 分析	2008 年 8 月 4 日 2008 年 8 月 13 日	√
结果 职前教师的描述性结果 在职教师的描述性结果 比较结果：两组教师	2008 年 8 月 25 日	√
讨论	2008 年 9 月 3 日	√
建议	2008 年 9 月 10 日	√
参考文献	正在进行	√

图 8.1 撰写一篇研究论文的写作进度计划表

行动研究项目 1：
联邦政府教育部 I 类项目中的阅读理解能力提高计划

撰写行动研究报告

该行动研究项目属于联邦政府教育部资助的 I 类项目，旨在提高学生阅读理解能力。

Kathleen 对她的行动研究项目成果感到很兴奋，她计划向她的同事展示她的研究成果，就和几位同事做了交流。同事们认为 Kathleen 可以考虑公开发表报告。Kathleen 一开始有点犹豫，但是同事们主动向她提供支持，甚至要帮助修改她已经开始撰写的研究报告初稿。同事们集思广益后，认为 Kathleen 应该将其研究成果发表到一份颇受读者欢迎的期刊 *The Reading Teacher* 上，这是国际阅读协会（International Reading Association）的一份出版物——同事们认为这本期刊很适合 Kathleen 发表研究成果。*The Reading Teacher* 每一期都有一个专门栏目，教师和其他研究人员可以在该栏目中以短文形式发表研究成果。希望向该刊投稿的作者可以在互联网上搜索该刊官网，找到投稿指南，主要包括以下信息：一般投稿后会在三个月内得到审稿意见，评价论文的主要标准是看论文对本领域的贡献、对中小学一线教师或者研究人员的价值、时效性、研究设计的创新度、写作的清晰度和连贯度。

Kathleen 对可以公开发表自己的行动研究成果感到很兴奋，尽管觉得把握不大，她还是努力写了一份看上去不错的稿件，稿件特别提及了她的研究成果以及她对自己研究过程的反思。

行动研究项目 2：有丝分裂和减数分裂概念的理解

撰写行动研究报告

该行动研究项目旨在改善学生对有丝分裂和减数分裂过程的理解。

完成行动研究后，Sarah 和 Tom 决定把研究成果浓缩为一系列要点，控制在两页纸长度。他们列出了 Sarah 对学生及学生学习困难的初步关注、两人提炼设计的课程内容教学安排以及改善学生理解有丝分裂和减数分裂的详细计划。Sarah 加入了一些她发现的学习资源的基本情况，还概述了她如何将这些资源整合入教学，以及她如何评估学生对两个细胞分裂过程的掌握情况。Sarah 和 Tom 决定以此为大纲，将其进一步扩展为完整的研究报告。

两位教师下一步准备请教当地大学的某教授，征求期刊发表的相关建议。教授推荐了两本期刊：*The Science Teacher* 和 *American Biology Teacher*。两位教师对比了两本期刊，最后决定向 *The Science Teacher* 投稿，因为该刊更关注高中层次的教育教学。

行动研究清单 8

撰写一份行动研究报告

☐ 制订写作计划。

　○ 确定你研究报告的读者（如其他教育工作者、管理者、学校董事会成员等）。

　○ 确定你研究报告的展示渠道（如期刊、通讯等）。

　○ 确定你研究报告的一级标题和二级标题。

☐ 形成你自己的写作习惯，每天尽量留出固定的时间写作。

　○ 一旦开始每天留出固定时间写作，就需要制订一个写作时间进度表，以促使你全神贯注地完成你的行动研究报告。

☐ 记住写作时应带有一定程度的会话风格，就像你在和朋友或同事交谈。

☐ 写作时，注意填补你的写作大纲空白。

☐ 找一些能真实地向你反馈你的研究报告的修改意见的人当编辑或校对员。

☐ 反复修改你的研究报告。

☐ 尽可能投稿发表！

相关网站

下列网站为你撰写行动研究报告提供建议，并给出几个课堂教学研究报告实例。

◆ 网站名：课堂行动研究——撰写研究报告的创意（Classroom Action Research: Ideas for Your Final Write-up）

前几章我一直引用威斯康星州麦迪逊大都会学区的行动研究网站上的几个页面。这里的页面就你撰写行动研究报告中的注意事项提供了一系列建议，其中最后两条特别值得注意：

写作不应该千篇一律。

记住，你正在讲述一个故事，你可以按主题、数据来源（如学生、家长、教职员工等）或其他方式来组织你故事的讲法。一切由你定。

这两点是需要牢牢记住的好建议。

◆**网站名：普渡大学的在线写作实验室**（Purdue University's Online Writing Lab）

普渡大学在线写作实验室 (OWL) 是一个参考价值很高的写作网站，提供超过 200 个写作相关的免费资源。

OWL exercises 提供了很多互动练习，帮助使用者提高语法、标点符号、拼写、句子结构和风格、改写以及写作中涉及数字的相关规则等方面的能力。

APA 风格和规范指南（**APA Style and Formatting Guide**）是美国心理学会提供的在线写作指南。你在这个网站上可以找到一个可检索的数据库，该数据库收集了 APA 体例、参考文献和其他格式方面的常见问题。此外，普渡大学在线写作实验室还提供对 APA 格式的概述和总结，包括文中插注、参考文献格式、报告标题层级、图表格式。

Avoiding Plagiarism 专门有一节用来说明构成抄袭的各种情况，还有一些互动练习用来帮助你避免抄袭。

更多行动研究报告实例

◆**网站名：MMSD 课堂行动研究**（MMSD Classroom Action Research）

该网址是一个可检索的在线数据库，包括 1990 年到最近学年麦迪逊大都市学区中小学一线教师主持完成的 710 多项课堂行动研究项目的摘要，很多项目还提供下载行动研究报告全文的链接。该数据库可以按照年级、数据收集方法或关键词进行检索。

◆**网站名：海兰帕克高中行动研究实验室**（Highland Park High School's Action Research Laboratory）

类似于上述网站，该网站也提供了超过 25 份在海兰帕克高中完成的行动研究报告。

本章小结

1. 正式撰写一份行动研究报告能推动研究者进一步详细地说明行动研究项目的很多重要内容，能给研究者提供有价值的反馈，进一步使研究者——也就是中小学一线教师——改善他们的教学实践，还能使研究者获得巨大的成就感。

2. 学术写作遵循某些约定俗成的规则，其中大多数都可以在学术写作体例指南中找到，例如美国心理学会的《APA 格式》。

最常见的学术写作要素包括人称和语态、条理性、一致性、推测性和肯质性陈述，以及简洁的语言。

要记住你的研究报告题目是读者最常用的筛选机制，题目应该是简短的，能够准确描述研究主题和研究内容。

大多数研究项目的报告使用第三人称，但是当撰写一份行动研究报告时，用第一人称来写更合适。

相较于被动语态，主动语态更适合行动研究报告。

一般来说，研究报告的引言部分用现在时撰写，相关文献回顾、方法论和结果用过去时撰写，任何建议和行动计划通常用将来时撰写。

在讨论你的研究结论和可能影响时，最好使用谨慎的推测性陈述。

任何成文的研究报告都应该尽可能清晰和一致。

不要试图给你的读者留下辞藻华丽的印象，你的行动研究报告应该采用简单、直截了当的语言。

3. 尽管研究报告格式没有统一的组织结构，但大多数研究报告都有以下部分：

摘要
导言
相关文献回顾
干预或创新描述
数据收集和处理
数据分析和解释
结论
反思和行动计划

最终研究报告的长度取决于报告的目的。

当报告质性数据分析结果时，要尽可能客观、彻底、全面说明你的研究的各个方面。只有在能够增强你的研究结果展示效果时，才列出你收集数据的代表性样本。在你报告最后的附录列出那些有趣但并非必要或不适宜在报告正文中出现的内容。

在报告量化数据分析结果时，要遵循一些惯例，比如按降序排列数据；报告类别之前，先报告研究参与者总量；使用恰当的图表提高你的量化成果的呈现效果。

4. 准备撰写研究报告时，作为研究者 - 实践者的中小学一线教师应该形成自己的写作习惯，比如试着在每天的同一个时间写作；像和朋友谈话一样写作；以构思大纲作为写作起点；不要去担心报告初稿里的拼写和语法，而应该集中于报告的内容；制订一个实际可行的写作进度表。

问题与思考

1. 基于本章给出的指南和建议(即文体、格式以及呈现分析结果的相关指南)，选择一篇已经公开发表的、你对其研究主题有兴趣的论文或研究报告，针对该论文或者研究报告写一份简短评论，要突出写得好的和需要改进的部分。

2. 点评一份你感兴趣的质性研究报告。你注意到了哪些写作风格？作者遵循了本章给出的什么建议？漏掉了什么建议？

3. 点评一份你感兴趣的量化研究报告。你注意到了哪些写作风格？作者遵循了本章给出的什么建议？漏掉了什么建议？

4. 进行一项针对至少 20 人的快速调查，要求被调查者说明自己喜欢的颜色。收集好数据后，分别采用质性和量化技术进行数据分析。首先采用归纳分析确定群体内的分组和数量，以叙事风格报告你的成果; 其次，对你的数据进行量化分析，用三种方式（即文字叙述、表格、图形）报告你的结果。

关键术语

摘要　　　　　　　　学术写作体例　　　　　文体指南

第 9 章　分享与反思

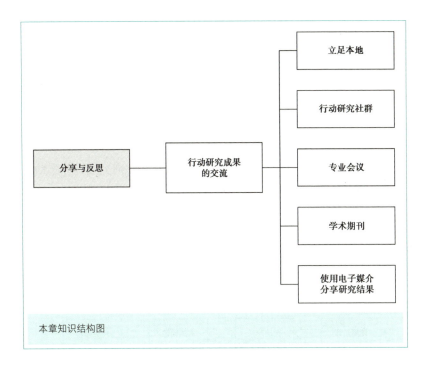

本章知识结构图

　　我在第 1 章提到大学教授或其他专业研究人员进行的研究和中小学一线教师的需要存在相当程度的脱节。在消除这种脱节的各种努力中，对作为研究者 - 实践者的中小学一线教师来说，分享他们自己进行的行动研究项目成果是非常必要的。分享可以立足本地，也可以在全国专业会议和学术期刊上大范围地公开发表，此外，还有很多交流、分享行动研究成果的电子媒介（如电子期刊、互联网网站、博客等）。第 8 章和第 9 章讨论了发表、传播行动研究成果的传统方式（即向学术期刊投稿、撰写研究报告）。第 8 章更多是技术性内容，重点在于如何撰写你的行动研究报告，而本章重点是如何和人互动，通过人与人之间的网络来传播你的行动研究成果。另外，本章再次强调了专业反思的重要性。

行动研究成果的交流

　　长期以来，教育理论研究者和教育实务工作者之间一直存在着一道鸿沟。第 1 章对这一鸿沟做了如下描述：教育研究通常在高等院校的象牙塔里进行，而教育实践实际却发生在中小学的学校和课堂中。中小学学校和课堂的实际情况无法与教学实践和学生学习相关的研究成果相对应（Johnson，2008）。

　　大学的教育研究人员所撰写的研究论文经常是高度技术性的，没有充分考虑中小学一线教师每天的日常活动，很多研究设计并不贴合中小学教师的实际情况。大学的教育研究人员倾向于采用严格意义上

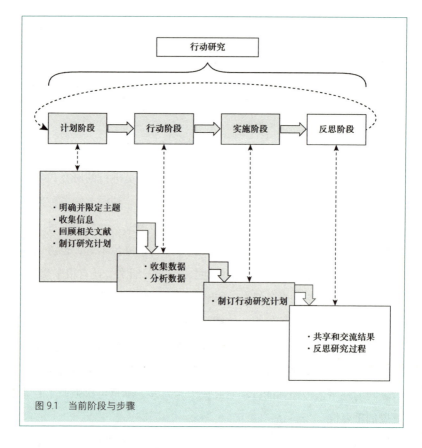

图 9.1　当前阶段与步骤

的实验设计，研究参与者完全服从随机分配，数据与资料收集耗费大量人力和时间，中小学教师很难满足这样的研究条件。此外，大学研究人员通常不会直接研究中小学教师每天在课堂上面对的、需要解决的诸多实际问题。本书多次提及，在某种程度上，作为研究者‐实践者的中小学教师通过开展行动研究，能够填补理论研究者和实际教育工作者之间长期存在的鸿沟。

但是，仅仅完成一项行动研究项目不会让这种鸿沟自动消失，分享研究成果——无论正式还是非正式的——才能够在理论与实践之间搭建沟通的桥梁，真正帮助消除理论和实践之间的鸿沟。与其他人交流你的研究成果有助于提高其他人对你提出的各种教学改进措施的信任度。因为他们会意外发现，研究并非远离课堂、高高在上，它不再是一种与教学活动脱节的事物，它能与每天进行的教学活动融合在一起，并直接解决中小学教师每天遇到的具体问题。研究设计、数据收集等研究要素也能和中小学教师的工作环境对接融合。再加上教师了解教学过程、熟悉日常课程进度，研究所需要的一些设备的可获得性也大大提高，时间限制的问题也能得到处理。除此之外，可能更重要的一点是，通过分享、交流，其他教育工作者也看到了上述优势。

和专业研究人员分享中小学一线教师主导的行动研究的成果，不仅有助于缩小理论和实践之间的鸿沟，还给行动研究主持者提供了一个了解他人对自己的研究项目有何看法的机会（Mills，2011）。每个人在选定行动研究项目时，如果能够确信自己选择的研究主题是重要的，值得研究，十有八九其他中小学教师、管理者、顾问也会有类似感受。分享行动研究成果，得到其他人的肯定和认可，是一种令人满意和有益的专业体验。不少中小学教师不愿意公开展示或发表他们的研究成果，甚至到完全抵触的地步。一个常见原因是，他们认为没人喜欢自己的观点、看法，他们的研究工作很可能被其他人猛烈批评。但是我认为，在和其他人交流时，不管对方是做出令人不快的还是积极的反应，你最终都会有所收获，取得专业成长经验。

此外，通过分享和传播你的行动研究成果，你能够推动其他人在他们的课堂上确确实实地应用你的研究成果。我和很多中小学教师一起工作过，他们谈到他们不知道怎么样或没有时间在自己的课堂上应用一些行动研究成果。若他们看到同事在课堂上应用行动研究成果，效仿意愿自然会大大增强。让教师之间互相感染、互相促进！

立足本地

可能有几类听众对你的研究成果感兴趣，但最感兴趣的人应该是你的同事（Johnson，2008）。更重要的是，你的展示会促进教师、学校顾问、校长间的专业讨论，而此类讨论对于促进中小学教学的专业反思和专业成长来说是必需的。不必担心要进行完整、全面的展示，这并不是必要的。你的展示可以是正式的，如开会时，同事集中到一起来听你展示，或者在教职工会议上做简短发言；也可以是非正式的，如教师间的日常交流。Johnson（2008）建议，不论正式还是非正式展示，你都要尽量保持言简意赅并全力投入，特别是集中展示那些其他教师会觉得在他们的课堂上有帮助的东西，只要做到这一点，你的同事听众自然会对你的展示感兴趣。

我强烈建议读者使用辅助设备展示研究。大多数学生（不论年龄和年级）都不会喜欢从头到尾听课，而是希望有一些视频展示。在这一点上，你的同事也一样。辅助设备包括研究报告大纲的幻灯片，标注出你主要观点和研究结果的讲义，采用 PowerPoint 或 Keynote 等软件进行演示等。一项展示主要包括以下内容：

1. 背景信息。简要总结你的文献回顾，不要试图展示你读过的每份文献，把重点放在与你的研究最相关的三四篇文献上。

2. 研究目的。告诉你的听众你为什么选择这个研究主题，是什么样的个人经验与体会促使你选择了这个研究主题？你试图从你的研究中发现什么？

3. 方法论。简要描述你采用的方法论，说明你收集数据的基本情况和数据收集方式。

4. 结果。4、5、6 三个部分是你展示的主体，也是你的同事最感兴趣的方面。使用恰当的表格、图形，加上其他视觉辅助手段，告诉你的听众你发现了什么。

5. 结论。告诉你的同事你认为你的研究结果意味着什么，特别是在改进中小学教师的教学实践方面有什么具体作用。研究结果是否支持了你当初的研究目的？

6. 行动计划。立足于你的结果和结论，描述你计划如何把你的研究成果落地实施，转换为具体的教学改进措施。你的同事可能会为你的行动计划提供额外信息。

7. 提问和回答。展示的最后总是要留出几分钟用于提问和回答，这是另一个进行专业讨论和反思的机会。

还有一类听众是你所在学区管理部门的听众，包括学校董事会成员、学监、助理学监、课程与教学督导、特殊教育服务督导以及高级管理人员（校长、副校长、教务长等）。通常，学区管理层做教学方面的决策时，往往会考虑相关的研究成果。Johnson（2008）认为恰恰是这一点在很大程度上导致了一些糟糕的教育实践，甚至可以说是教学失误[1]。对此，行动研究的结果能让你所在学校或学区管理层做出更好的决策，因为这些决策以行动研究在学校、学区范围内实际收集的本地数据为基础，而不是基于"预感"或仅仅是"看上去不错"之类的直觉。

行动研究社群

沿着与立足本地类似的思路，行动研究者还可以在行动研究社群范围内进行分享、传播。一个**行动研究社群**可以被界定为一个由专业教育工作者组成的学习群体，由实践反思教学的共同目标驱动，可以成为改进课堂教学实践或其他教学工作的一种途径。总的来说，**专业学习社群**（PLCs）由致力于一起合作、共同反思和探究、开展行动研

---

[1] 译者注：占据主流的大学教师主导的教育研究往往与中小学教师的实际需要脱节，而学区管理层做决策时，又倾向于参考大学教师主导的教育研究结果，于是容易出现很多问题。

究的教育工作者组成，旨在为学生提供更好的教学（DuFour & Eaker，2008）。专业学习社区的一个基本共识是，改进学生学习的关键是教育工作者自身在教学工作中坚持"干中学"。这种共识类似于 James、Milenkiewicz 和 Bucknam（2008）所说的"实践社群"（COPs）。

专业学习社群指一系列数量繁多、内涵有交叉的活动，以至于在教育界中仍然没有统一的明确界定。它可以被用来描述年级教师工作小组、学校委员会、课外主题阅读指导委员会、整个学校甚至整个学区（Baccellieri，2010）。我认为，只要达到了几个重要标准，专业学习社群的规模、层次就不再是问题。DuFour 和 Eaker（2008）描述了PLCs 的 6 个最基本的必要关键特征：

- 聚焦于促进学生学习的共同使命、愿景和目标
- 倡导合作
- 集体探究中小学教学的现状与最佳实践
- 行动导向或"干中学"
- 持续改进
- 客观结果导向而不是主观意图导向

注意第四个关键特征——行动导向——实际上就指出了行动研究应被纳入专业教育工作者合作团体的文化中。PLCs 的另一个关键特征是 PLCs 的成员不是把教学创新和实验作为一种外部强加的任务或项目而被动地完成，而是将这种创新与实验视为一种日常教学活动（DuFour & Eaker，2008）。在发起和持续推动学校教学改革方面，PLCs 已成为最有价值的途径之一（Baccellieri，2010）。

行动研究社群可以在单个学校或学区里建立，也可以在多个学校甚至是多个学区里建立，不过它们需要同时位于一个相对较小的地理区域内。这些专业社群作为专业发展组织具有多方面价值，既可以方便教师分享行动研究成果，又可以在行动研究过程中随时为教师提供鼓励和支持，另外还能在老教师指导新教师的过程中发挥重要作用。此类正式的学习社群能够向参加社区的教师成员提供有力的专业支持，

可以为正式和非正式分享以及课堂教学实践反思提供机会。学习社群可以正式地开展活动，比如定期举行月度会议，也可以开展非正式的活动。对非正式的情况来说，会议并非定期举行，而是根据"需要"不定期举行。"一线基层自发组织的专业发展"概念对很多教育工作者来说，可以说是认识观念上的一次根本转变。长期以来，学区管理者的做法是按照管理者认为的一线教师应该接受什么样的培训与专业发展训练，从而做出决策，且基本上采取"一刀切"模式，如一所学校所有教师都进行一样的培训。我认为，这种做法效果极差，只会让一线教师对此类培训缺乏兴趣，应付交差（Mertler，2010）。

与此相反，植根于个性化反思的专业发展对教育工作者自身更有意义。换句话说，当中小学教师——不论是个人还是群体——反思他们的教学专业实践，并找到那些他们自己感到确实需要培训的主题时，教师自然会感受到接受培训给自己带来的好处，对培训自然更加感兴趣，更加投入。可能更重要的一点是，在这个过程中，教师会有"自己安排、自己决定"的良好感受。我认为，这种做法才是教师定制化专业发展的有效思路。

推动专业学习社群的形成能够把行动研究整合进教师定制化专业发展过程中，带来多方面的积极影响。其中一个积极影响是以群体合作、理论联系实际的方式系统改进教育实践，这一点可以大大地赋予不同层次教育工作者自主决定权。教师们由此能够提高自己的能力，为自己的教学实践做出明智的决定，进而实现教师个人的职业发展（Mertler，2000）。反思自己教学实践的过程本身就是对教学实践相关问题的一种回答，这一事实可以帮助教师定制其自身的职业发展。当然，基本前提是教师能够感受到自身的专业成长，特别是在其感兴趣的教育研究与实践的主题中的专业成长。

说了这么多，无非是想指出，把专业学习社群和行动研究整合起来是有优点的，但同样也有其局限性。首先，它要求一种思维方式甚至认识哲学上的转变，因为这种整合是教师本人主导的，与长期以来自上而下、管理者主导的模式完全不同（Mertler， 2009）。换个说法就是，校长办公室不再是控制中心，教师们能为自己的教学实践发声，做出更多自主决定。然而，很多教育工作者——从课堂教师到学区学监——在这种模式转变中会经历不少困难。此外，对于那些渴望这种转变的人来说，还必须给他们提供时间和资源。

无论如何，当你和你的同事决定构建属于你们自己的一个行动研究专业学习社群时，我会毫不犹豫地表示赞成。因为我相信，你很快会认识到它构成了一名教师专业发展中的一个重要部分。

专业会议

小范围的本地展示对于分享你的行动研究成果来说，当然是一个可接受的渠道，从某个角度来看，也对行动研究者大有好处。不过，在更大范围的教育工作者社群里分享你的研究成果，可以有更多进行专业对话、反思和头脑风暴的机会。专业会议很适合交流研究结果、分享下一个行动研究周期的想法，以及和其他有类似研究兴趣的教育工作者互动，从而形成人际交流网络。专业会议通常由地区性或全国性机构举办，一般每年举办一次，主办方在会议之前 4 到 10 个月会发出会议通知，说明投稿注意事项。投稿通常包括 3 到 4 页的研究摘要，一旦向主办方投稿，主办方会将你的投稿交给其他专业人士进行盲审，就是说评阅你论文的人不知道作者是谁。

盲审专家根据预先设定的标准来评审你的稿件，并就会议是否接受你的投稿给出建议。假如主办方接受了你的投稿，你会提前几个月收到通知，以便有时间准备你的研究报告和展示材料。之前章节里给出的一项展示应该包含的七个主要部分也可以用于会议展示。根据会议的性质和规模，你可能会有 15 到 75 分钟时间来向听众解释你的研究。假如你不太了解你感兴趣的领域有哪些专业会议，可以在互联网上进行搜索，很多机构的官网都会发布专业会议信息。我非常支持在专业会议上展示研究成果，这样能带来很多新的机会和想法。

一想到在专业会议上展示自己的研究，就望而却步，对于第一次登台展示的新手来说特为尤甚。有三种常见的会议展示类型：

论文演示

研讨会或小组演示

墙报演示

顾名思义，论文演示意味着你要写一篇完整的研究报告（第8章讨论过），随后用某种演示软件（如 PowerPoint、Keynote 或 Prezi）做一份演示文档，演示一般需要大约 10 分钟，或者 30 到 40 分钟，具体取决于会议安排。有些会议采用一种更新型的演示，称为 PechaKucha 20x20。PechaKucha（日语意思是聊天）是一种简单的演示模式，你在其中展示 20 幅图，每幅图停留 20 秒，这样你的整个演示总共就会持续 6 分 40 秒。当你顺着图片报告时，图片自动播放。这种模式让你的说明简明扼要，在一段较短的时间内放映较多数量的图片，还要很好地构思设计你的演示内容，突出你最重要的观点与信息。还有要注意幻灯片最吸引人的不是文本与符号，而是图片与视频。

研讨会或小组演示一般是由几个人（可能 5 到 7 人）从不同的视角就同一主题进行演示。小组演示往往持续 60 到 120 分钟，这取决于相关安排。研讨会或小组演示需要事先进行组织，尽量呈现出多种视角。毕竟听 5 个人讨论同一件事情，又缺乏多样的角度，对于听众来说显然没有什么好处。我最近在一所高中参加了一场关于学术剽窃的小组演示，小组有 5 个人，每个人分别展示以下主题：（1）剽窃的法律问题；（2）高中的学术剽窃；（3）大学的学术剽窃；（4）剽窃对工作／职业前景的影响；（5）避免剽窃的方法。

最后一种的常见演示类型是墙报演示，这对于新手来说可能最有吸引力。演示者通常在一个有桌子的大房间里用一块平板或三折展板展示，如图 9.2 所示。与会者在房间里走动，阅读不同的墙报，以一问一答的形式与研究者互动。墙报演示压力较小，因为不太正式。

图 9.2　一个学术会议上的墙报演示

学区层次的行动研究会议

类似于更大规模的专业会议——但相对来说不会那么让人紧张，也更有实际意义——的会议是学区层次的行动研究会议。假如你所在学区为了形成教师职业文化，积极推动学校层次或学区层次的行动研究（这意味着很多教师会参与其中），那么学区会提供一个论坛，供本学区的教育工作者分享发现和经验。该论坛是推动教师专业分享和反思以及开展行动计划的一个有效机制，也有助于教师的专业发展。此类会议中，演示者的压力会小一些，因为所有的展示者都来自同一个学校或学区，而且，同一学校或学区的演示者和听众都十分熟悉这些行动研究的主题（如教育计划、违纪干预、课程设计），会议就更有实际意义，这些展示也更"个人化"，也就是说与会者实际应用这些展示的研究成果的可能性更大。全美的一些学区，另外还有一些大学和教育学院会经常举办此类会议。

学术期刊

学术期刊的阅读人数比专业会议的与会人数更多，因此你可能更想把研究成果发表在本专业领域的期刊上。类似于会议，**学术期刊**也有**评审**，任何稿件都会接受至少两位评审者的评阅，由评审者给出评审意见。通常，评审者的意见是积极和建设性的，好的评审者会对研究中做得好的方面给出肯质性反馈，当然也会就稿件修改提出建议，最终意见通常是建议发表或者不建议发表。一般有三种类型的推荐建议：

1. 直接接受。假如你的论文收到这种意见，则不必修改，可以直接发表。这种意见不多见。

2. 接受，但需修订。这是最常见的审稿意见，几乎每一篇被学术期刊最终发表的论文都会被要求修改甚至修改多次。

3. 直接拒稿。假如你的研究有较大的研究设计缺陷，或是论文写得很差、不清楚，或是没有严格遵循学术写作体例，你都可能收到拒稿意见。如果遇到拒稿，不必气馁，几乎所有投过稿件的人都会遇到拒稿。正确做法是：仔细看看评审意见，修改你的论文，投给另一家期刊。有时当一份稿件被拒绝时，编辑会建议你修改和再投稿。当论文写得很差，可能需要完全返工时，就会出现这种情况。不过，这说明该期刊的读者对你论文的研究主题可能很感兴趣。

一个例子见图 9.3，该例是一个期刊编辑给我的信件副本，这名编辑的意见是有条件接受我的稿件。读者可能会注意到，在我稿件的最终版本里面，我标出了编辑来信中提到的每个需要修改的地方。尽管第一次收到此类反馈和大量具体的修改意见有点令人气馁，甚至可能引发焦虑，但换个角度看，有条件接受未尝不是一个提高你写作能力的好机会（Johnson，2008）。

对于向期刊投稿，Mills（2011）给出了一些建议，其中一些你在

博林格林州立大学
教育与人类发展学院
教育基础与研究部
领导与政策研究学院
博林格林，OH43403
回复：《中学教师的评估能力：课堂经验有用吗？》

亲爱的 Mertler 博士：

我很高兴代表编辑部告知，您的稿件被《美国中学教育》有条件接受发表。评审人认为该文关注了一个"在文献中尚未得到足够重视的"适时的主题，而且进行了专业的创作。不过，为准备发表，请处理以下的问题：

1. 这篇文章可以通过加强对受众的关注来完善。尽管评估显然是一个大家普遍感兴趣的主题，但文章更应该提及与中学教育工作者相关的主题，因为这是本刊的关注点。同样，讨论部分应该对阅读本刊的中学教师和管理者有一定启示，并对研究者提出某些建议。

2. 一位评审人认为结论应该包括讨论为什么职前教师和在职教师的得分不同。另一位评审人认为，应该提及 NCLB 中的测试重点。你认为需要更多的职前课程，还是应该把重点转到"在职"学习——以促进持续的专业发展？

3. 评审人还就研究设计和报告提出了一些问题：

· 澄清参与者的特征。

· 根据项目，或者至少根据标准化的汇总项目增加一个频数表。

· 描述"正确"在量表中的意义（与标准相一致？）。

· 处理在职教师的低信度问题，这是研究的一个局限，思考在未来的研究中能否继续使用。

· 强调你的调整工具的心理测量特征，毕竟它与最初的不一样。

· 引用一些证据支持"趋势正在改变"这种说法，不再强调教师预习中的标准化测试（p.17）。

· 第 17 页提及"35 项中的第 5 项"的结果部分相当混淆，读者不可能明白这些内容在说什么，这一发现与研究问题的相关性不清楚。上面的建议 2 可能会有帮助，或者你也可以忽略它。

4. 论文的组织可以更有条理，以减少冗余。

· 删除第 2 页的介绍，这一节的观点可以在文献综述中提出。这一节引用的 Rogers 的文章可能过于陈旧，不能作为说明目前存在问题的依据。

· 用评估能力的定义和 7 个标准的解释替代开头。

· 省略表 1 和表 2，因为它们中的大多数信息已经包含在表 3 里。这三个表似乎可以合并为一个表。

5. 请注意，APA 格式要求在文献回顾里一律使用过去时。此外，尽量减少使用被动语态（例如："Stiggins 提供了类似的描述"，而不是"类似的描述被 Stiggins 提供"）。

你可以寄回你修改后的 Word 格式稿件。另外，请填写并交回所附的版权转让表格。除非《美国中学教育》拥有该文的独家版权，否则不会发表你的文章。

感谢您考虑《美国中学教育》杂志。

真诚的 James A. Rycik
编辑

图 9.3　期刊编辑的来信示例：有条件接受发表的稿件

资料来源：经《美国中学教育》（*American Secondary Education*）杂志授权许可。

第8章读到过。首先，仔细阅读你准备投稿的期刊刊登的论文，你必须意识到你正在读的文章代表着哪些文章容易被这本期刊接受。仔细分析你的目标期刊发表的文章的写作风格、结构安排及格式。当然，这不是要你完全照搬，而是将目标期刊的文章作为范文参考。其次，使用清晰、易于阅读、直截了当的语言写作，不要给你的读者留下辞藻华丽、华而不实的印象，特别是在没有必要的时候。用你的数据和你对这些数据的解释来说服你的读者，努力使你的论文易读易懂，不管读者对你的研究主题是否了解。文章要让读者对你的研究地点、环境、参与者、研究项目持续时间以及你的调查重点有清晰的了解。对你在研究中实际做的事情予以简明扼要的描述，重点在于解释你的研究设计、数据收集、数据分析和你对数据分析结果进行的解释。不要忘记数据的信度、效度和关于研究参与者的伦理要求。最后，尽一切努力吸引读者的注意力。诚然，学术期刊论文不可能像写畅销书那么轻松，但这并不意味着学术论文不能写得吸引人，让人愿意读下去。愉快和引人入胜的阅读和学术写作之间并不矛盾，当然学术写作的作者需要为此付出努力。

有几本期刊比较适合中小学教师行动研究项目，如下所示：

- *Action Research*
- *Action Research International*
- *Educational Action Research*
- *Networks: An Online Journal for Teacher Research*
- *Reflective Practice*
- *Teaching & Learning: The Journal of Natural Inquiry & Reflective Practice*
- *The Journal of Scholarship of Teaching and Learning*
- *The Ontario Action Researcher*

这些期刊的更多信息请见本章相关网站部分，当然读者也可以直接搜索。

使用电子媒介分享研究结果

教师们用电子媒介分享研究的机会越来越多。我认为需要注意的是，在其他方式不可用的情况下，互联网是寻找信息和材料的好地方，但必须谨慎对待你在互联网上搜索到的信息和研究结果，不能照单全收。有一种常见的认识误区是，假如某样东西公开发表了（以印刷的形式面世），那么它肯定就是重要的有意义的和高质量的。读者需要注意，某些东西即使出版——经过了盲审——也并不必然意味着它一定是高质量的。对于你在网上读到的任何东西，都必须进行批判性的分析，再决定是否接受。

通过互联网分享研究让世界变小了很多，教师几乎可以在地球的任何角落发表自己的看法，得到其他人的反馈。在线资源通常分三类：网站、电子期刊、电子邮件列表。这里简单做个介绍，本章相关网站部分有更多介绍。

互联网上有不少行动研究主题的网站，主要由澳大利亚、加拿大、英国和美国的机构、个人赞助和主办。大多数网站都提供了多种功能，包括电子期刊、BBS论坛、印刷版和电子版的行动研究资源，以及其他行动研究网站的友情链接。本章末介绍的网站有：

Action Research at Queen's University
Action Research Resources
Educating as Inquiry: A Teacher/Action Research Site
EmTech's Action Research Page
Teacher Research

除了世界各地的网站，美国很多中小学学区也在自己的网站上发布行动研究方面的内容，方便本学区的中小学教师分享行动研究结果。尽管互联网扩散不受范围限制，但是此类网站的影响主要还是在本学区范围内。这里我给出两个例子：

第一个是威斯康星州麦迪逊大都市学区的行动研究网站，本书多处（好几章附录的相关网站部分）都提到了这个网站。威斯康星州麦迪逊大都市学区的行动研究网站几乎包含进行课堂行动研究所有有用的信息，特别是威斯康星州麦迪逊大都市学区教师 1990—2009 年开展的行动研究项目摘要。一些项目还包括了研究报告全文的链接。对于希望了解或者已经开始进行某项行动研究的中小学教师来说，该网站是一个出色的非常有价值的资源。假如你的学区目前还没有建立起类似于威斯康星州麦迪逊大都市学区的行动研究网站，花一些时间向学区管理者提出建议，做一番游说工作，对你所在学区全体教师的利益来说是值得的。

第二个例子是伊利诺伊州的海兰帕克高中的行动研究实验室网站。该网站保存了海兰帕克高中的教师和管理者撰写的超过 25 份完整的行动研究报告和演示文稿。

电子邮件列表就是通过电子邮件进行交流的在线论坛，通常位于一个大学主办的计算机网络里（Mills，2011）。电子邮件列表讨论某个领域（如行动研究）的很多主题，为来自世界各地的参与者提供讨论、分享和交流的机会。在上面列出的网站里有一些电子邮件列表的信息。假如你订阅了电子邮件列表，很可能每天都会收到几封关于一个或更多讨论主题的邮件。尽管阅读其他人发的帖子已经很有趣，可以学到不少，但对于向其他人发布你的问题或想法不要犹豫不决。这些年我和一些趣味相投的人建立起了专业关系，没有电子邮件列表，我可能永远不会认识这些人。

最后，互联网让出版者使整个期刊在线化。越来越多同行评议电子期刊的全文可通过在线方式获得。本章前面列出的几种期刊都是在线电子期刊，包括《国际行动研究》（*Action Research International*）《教育行动研究》（*Educational Action Research*）《安大略行动研究者》（*The Ontario Action Researcher*）等期刊。向电子期刊投稿的过程相对简单，稿件通常通过电子邮件以附件形式来提交，而且由于使用了互联网技术，和传统的纸质期刊相比，稿件发表周期要短几个月。电子期刊的另一个好处是更容易获得论文，你不需要跑到当地大学图书馆去复印，以前要获得期刊的全文，不得不这么做。论文通常是 HTML 或 PDF 格式，便于保存和打印。事实上，几乎所有在线的行动研究期刊都是在最近几年出现的，这一事实表明教师主持、实施的行动研究业已发展成为一个独立的研究领域。而且，这一研究领域正处于快速发展阶段，为教育研究的广泛领域添砖加瓦。

分享行动研究结果时的研究伦理

第 8 章讨论了行动研究中的研究伦理问题，这里我想再次简短重申研究伦理的重要性。回想一下，作为一名研究者，研究伦理要求你不伪造、篡改任何数据或结果；保护你的研究参与者（不论是孩子还是成人）的相关信息和身份；在展示你的行动研究项目成果时，对个人或环境的描述不能过于详细；此外，避免提及研究参与者或研究场景的名称（即特定的学校、学区、其他教育机构），可以考虑使用化名，当然进一步的做法是告知你的听众你使用的名字是化名。

行动研究写作：研究反思

认识到自己的教学理念和教学实践之间存在不一致，这是第一步。我现在希望探究一些有助于我在课堂上促成更好的教师 - 学生互动交流的具体做法，比如：给出书面指导，以便学生查阅；给学生一个覆盖授课要点的学习大纲；向学生提问，特别是那种和学生经历有关的问题，促使其思考，鼓励学生在群体中畅所欲言。

> 通过专业反思发现教学中的问题
> 基于行动研究与反思确定行动计划

开展这项行动研究项目让我对我的课堂有了深入了解。我感到现在学生来上课时，是带着一种探究感而来的。学生准备在学习中探索和发现答案。学生对科学课的学习感到兴奋，乐意和他人分享想法和看法。我的工作是后退一步，信任学生。通过不独占课堂、把时间让一部分给学生，我感到现在我能给学生提供更多机会，让学生在比以前更深入的层次上探究中学科学课的世界。

> 学习到的重要经验

（资料来源：Graham，1995。）

在开展行动研究项目，安排学生的学习小组时，我特别注重保持学习小组成员在学习成绩、文化背景方面的多样性。另外，在小组中分配角色或任务时，让每个成员都能发挥作用，觉得自己在小组中有自己的价值，而不是可有可无。这样，学习小组成员之间依靠程度很高，而较少依赖教师。不过，根据 Kathy 的调查，92% 的学生表示，他们都愿意改变自己的角色和任务分工。教师分配工作时，要积极引导学生发挥优势、改善弱势，比如，当我观察到一个学生态度消极、不苟言笑时，我就给这个学生分配调查主持工作，引导该生表现出更自信的行为。分配给所有学生的角色都有类似考虑。下一次让学生直接参与决策可能是个好主意。

> 预料之外的研究结果
> 反思研究结果和项目经验，有助于设计下一轮行动研究周期安排

合作小组学习当然不仅是给学生分组，然后给小组分配任务去完成。在这个行动研究项目中，我给学生设定了比以前更高的期望。收集到的项目研究数据清楚地表明学生的概念学习和创造性解决问题的能力有了提高。课程中关于火箭的教学单元对所有学生来说都是一个挑战，特别是在数学方面。该教学单元的其他部分同样具有挑战性，整个教学单元的学习都要求学生进行分享，通过小组齐心协力，合作解决问题。在该教学单元的学习中，学生的学习热情之高是我从未见过的。事实上，有个学生对火箭问题十分感兴趣，甚至在 1995 年全州科学博览会上获得第三名以及唯一的"最佳表现奖"。如果其他教师都能从我开发的中学教学模式中获益，我当然会倍感欣慰，但是目前该模式还只是适用于我和我教的学生，未来几年里，我会持续改进这个模式。

> 行动研究成果的落地应用

行动研究项目 1：
联邦政府教育部 I 类项目中的阅读理解能力提高计划

分享行动研究成果

该行动研究项目属于联邦政府 I 类项目，旨在提高学生阅读理解能力。Kathleen 对她的行动研究项目成果和研究过程本身感到很兴奋，她相信学区其他

学校的同事也会有此感受。于是她找到学区的联邦政府 I 类项目主管，要求在学区办公室的月度会议上给她一些时间做展示，主管同意了。于是 Kathleen 制作了一个简短的演示文稿，重点是研究设计、方法论和研究结果。在演示结束时，她向听众探讨了在全学区范围内创建一个阅读教师行动研究专业社群的前景，感兴趣的人数超出了 Kathleen 的预期。

行动研究项目 2：
有丝分裂和减数分裂概念的理解

分享行动研究结果

该项目旨在提高学生对有丝分裂和减数分裂过程的理解。

在完成正式研究报告之后，Sarah 和 Tom 询问了他们的部门主任 Paul 在下一次部门会议上能否有 15 到 20 分钟时间和其他科学课程教师分享他们的发现。Paul 同意了。Sarah 和 Tom 简短的演示也备受好评。

部门会议后，Paul 建议 Sarah 和 Tom 联系校长，问是否可以在下一次全校教师会议上给他们提供一些分享时间。Sarah 说："我不觉得其他科目的教师会对我如何帮助生物学课学生理解有丝分裂有兴趣。"Paul 说："也许你是对的，但是我认为他们会有兴趣听听你如何使用博客来帮助学生学习，以及信息技术如何促使你的学生互相学习，你的研究的这个方面令人印象深刻。"

于是 Sarah 和 Tom 完善了演示文档，进一步突出课堂博客的使用和影响，并在下一周的全体教师会议上进行演示。其他教师很感兴趣，于是 Sarah 向 Tom 建议组成一个基于学校的行动研究社群，以进一步研究覆盖高中其他课程领域的学习博客运用，Tom 表示赞成，并开始操作此事。

一开始，有四位同事加入行动研究社群，两个人行动研究项目下一个周期的第一步是制订一个调查学校中博客使用情况的计划，另外六位教师每个人都准备制订一个研究计划，研究如何在自己的授课中使用博客，以及对学生学习有何影响。

行动研究清单 9

分享和传播行动研究结果

☐制订分享和传播行动研究结果的计划。

　○你将在本地化层面分享结果吗？

○你将在更广的层面上分享它们吗？
□准备本地化演示。
　○确定你的演示时间长度、场景和文体排版格式。
　○制订列举要点的展示大纲。
　○用 PPT 等软件认真制作演示文档。
　○事先进行排练，确保你在规定时间内完成展示，不拖延。
□准备更广范围（如专业会议）的演示。
　○选择你有兴趣进行展示的会议。
　○按照会议指南制作你的演示稿并投稿，等待会议组织者的决定。
□一旦投稿被正式接受，要求做演示，制订一个演示大纲。
　○用演示软件（如 PowerPoint、Keynote、Prezi 等）认真制作演示文档。
　○事先进行排练，确保你在规定时间内完成展示，不拖延。
□对自己的研究要充满信心，祝你一切顺利！

反思行动研究过程

也许有一些啰唆，但是在这里我要再次强调，专业反思是行动研究过程的关键组成部分，在行动研究过程的每个步骤中都应该进行反思。分享、传播和交流你的行动研究结果则为你提供了另外的反思机会。回顾你进行研究时完成的一切——将其书面化并提交你的最终研究报告，或者为展示你的研究制订一个展示大纲，都是你自省式地检查自己教学实践的另一种方法。对于你的专业成长和发展来说，重要的是要抓住每一个机会——在你的行动研究项目之前、之中以及之后——进行反思。

反思对象通常是你自己的教学实践，另外还有一些反思对象，比如在你的行动研究项目过程中，涉及了哪些人，当初是什么原因让你去细究你的教学实践中的某个方面，为什么你会做那些已经做过的事情，何时何地适合把你的研究成果落地实施，等等。花一些时间全面深入地思考这些问题有助于你更深入、更有意义地反思你的教学实践，同时进一步增加你在工作中的自主程度。

从事这些专业活动（如开展行动研究、传播分享你的研究结果、反思你的研究过程）是值得你庆贺的事情，绝对不要浪费！通过这些专业活动，你能够对自己的专业工作更有掌控力。不要守株待兔式地等待别人的研究成果，或者听由教育管理部门的安排，你要主动出击，想方设法把你自己的工作做得更好、更有效率。花时间、找方法、多合作，然后庆祝你取得的专业成绩。

我对教育行动研究者最真诚的建议：

分享……传播……祝贺！

相关网站

这里提供了几个行动研究组织、电子期刊、电子邮件列表的信息。

行动研究网站

◆网站名：**女王大学的行动研究**（Action Research at Queen's University）

该网站由位于加拿大多伦多金斯顿的女王大学建立，包括了行动研究报告、几篇反思教学实践的论文、大量由该校本科生和研究生撰写的行动研究报告。

◆网站名：**行动研究资源**（Action Research Resources）

该网站由位于澳大利亚新南威尔士州里斯摩尔的南十字星大学赞助，包括了《国际行动研究》（*Action Research International*，一份在线期刊）、一门为期14周的行动研究和评估在线课程、大量文档、5个不同的电子邮件列表以及几份行动研究论文和学位论文的摘要。

◆网站名：**教育探究**（Educating as Inquiry: A Teacher/Action Research Site）

由加拿大圣文森特山大学 Judith 博士建立，该网站主题包括由进行过行动研究的教师撰写的论文，以及一线教师的在线讨论，还有一些相关网站的链接。

◆网站名：**EmTech 咨询公司的行动研究**（EmTech's Action Research）

罗列了很多行动研究主题的网站。

◆网站名：教师研究（Teacher Research）

由弗吉尼亚州费尔法克斯县公立学校的 Diane Painter 博士和乔治·梅森大学教育研究院的 Leo Rigsby 博士共同建立，讨论很多行动研究方面的话题，还列出了大量链接。

行动研究电子期刊

◆教育行动研究（*Educational Action Research*）

该期刊由著名出版集团 Taylor & Francis 下属的 Routledge 出版社创办，和其他期刊类似，该期刊网址也有作者指南，点击"eJournal: online contents"按钮，你可以浏览 EAR 样刊，还可以回溯到其 1993 年的第一期内容。

◆ 网络：一份教师研究的在线期刊（*Networks: An Online Journal for Teacher Research*）

《网络：一份教师研究的在线期刊》由威斯康星麦迪逊大学主办，是教师行动研究领域的第一份专业期刊。该刊旨在提供"分享行动研究报告的平台，从幼儿园到研究生各个层次的教师都可以在这里反思自己的课堂教学实践，还为其他讨论方式提供空间，教师们可以单独或合作进行反思，最终改进工作效率"。期刊编辑鼓励教师与全世界的同行分享研究。点击"current"或"archives"按钮，读者可以阅读和打印该刊自 1998 年创刊以来发表的所有论文全文。

◆反思性实践（*Reflective Practice*）

Taylor & Francis 集团出版发行，该刊发表"专注于反思、知识生产、实践和政策之间联系的论文"，关注专业反思的价值与意义。

◆ 教与学：探究和反思性实践（*Teaching & Learning: The Journal of Natural Inquiry & Reflective Practice*）

北达科他大学教育与人文发展学院主办，该刊关注"观察作为一种教育研究方法的价值"，站点上所有可下载的论文都是全文（HTML 或者 PDF 格式），论文主题集中于教育场景中的探究与反思。

◆教与学（*The Journal of Scholarship of Teaching and Learning*）

印第安纳大学主办，鼓励教育工作者分享知识和经验，编辑特别提到"欢迎内容为调查结果的反思性评论的投稿"，所有论文都可以在浏览器中预览，也可以下载（PDF 格式）。

◆加拿大行动研究（*The Canadian Journal of Action Research*）

该网站由于位于加拿大安大略省北湾市的尼皮辛大学主办，我推测很可能是大伊利学区学校董事会、安大略省小学教师联合会以及尼皮辛大学合作维护。网站目标是努力填补理论研究者和实践者之间的鸿沟，期刊致力于：

·发表教育学和跨专业领域的行动研究项目报告，为有效的行动研究提供参考典范，推广行动研究成果用于实践，让教育工作者分享他们的经验。

·通过发表方法论和认识论方面的文章，展示实践和理论之间的联系。

·传播、分享行动研究主题的书籍、网站和成果的评论方面的信息。

·为安大略省范围内的行动研究项目研究者之间的对话、交流提供论坛。

所有文章都可以免费在线浏览和下载。

本章小结

1. 分享中小学一线教师进行的行动研究项目成果有利于填补长期存在于教育领域的理论研究和实际应用之间的鸿沟。

分享行动研究成果给一线教师提供了从另外一个角度评价、思考其行动研究过程和研究成果的宝贵机会。

分享行动研究成果非常有利于教师的专业成长，教师也可以有更多自主权来改进教学。

教师行动研究的成果可以在所在学校与同事、学生以及学区管理者共享。

本地的小范围演示一定要简短、抓住重点，突出以下内容：背景信息、研究目的、方法论、结果、结论和将研究成果落地实施的行动计划。记住最后要留下问答时间。

行动研究社群可以作为分享行动研究结果的渠道，为的是鼓励和支持教师，并指导其他新手教师。

2. 教师的行动研究成果也可以在专业会议和学术期刊上发表。

大多数专业会议和期刊都要采用同行盲审来决定是否接受投稿。

给期刊写稿时，记住用清晰易读的风格进行写作。

3. 随着互联网的流行，行动研究项目成果可以在行动研究网站、电子邮件列表和电子期刊上进行分享。

4. 和同事、管理层等其他人交流你的行动研究结果可以给你提供另一个反思你的研究主题、研究过程的机会。

问题与思考

1. 列出一些在展示或者发表你的行动研究成果时有助于推动教师职业反思性实践的具体做法。

2. 列出一个清单，内容是本章没有讨论过的分享行动研究成果的具体做法，这些具体做法可能是对专业交流途径的某种稍加变化的调整。

3. 在网上搜索分享行动研究成果的其他渠道，可以锁定在某个你关注的教育领域分支，比如数学教育、特殊教育、早期儿童教育、优才教育等。描述你是怎么进行搜索的，以及介绍你发现的东西。

4. 订阅一个本章给出的电子邮件列表，在几天或几周里观察和参与该列表的在线讨论。你参与了什么讨论？学到了什么？有何看法与反馈？

5. 访问本章介绍的某一本电子期刊，总结、写出在该期刊上发表论文的过程与步骤。

关键术语

学术期刊   行动研究社群   电子期刊   电子邮件列表   专业学习社群
同行评议

附录 A　行动研究报告范本 1

积极的女性榜样和指导机会对女生在科学课程学习中的自我效能感有何影响？

Teri J. Wanamaker　弗吉尼亚州海滩城公立中学

引　言

鼓励年轻女生学习科学课程在现在如此重要。诸多全球问题正依赖数学、科学和技术予以解决，相关工作的市场需求正在增长，有很强科学背景的学生在多种教育和职业选择中更具优势。

但是研究表明，女生更容易丧失对科学的兴趣，使她们的科学能力低于男性同行（Herbert & Stipeck，2005）。一种普遍的现象是：中学女生放弃科学课程的学习，更热衷于加入某个学校、班级的小团体、小圈子，或者热衷于在男生群体中被关注。问题的根源可以追溯到女性在数学和科学课程学习中的自我效能感上。

作为林克霍恩帕克数理高中的一名教师，我希望 5 年级女生能够重拾她们在科学才能上的自信心。此外，我还想帮助我的女学生形成从事科学职业的强烈意愿。每年我会关注学生从小学生到初中生的转变，看到她们开始对异性产生兴趣，形成各种小团体、小圈子。会听到诸如此类的话："……不要去 Kemps Landing[1]，只有搞技术的科学怪人才去那里"或者"在 VB[2] 待着更舒服"。不幸的是，在 5 年级结束、面临选择时，很多学生选择继续待在自己熟悉的朋友圈里，随大流选择学校，而不是选择一所更有挑战性的学校，特别是女生。虽然我极力鼓励我校的所有学生，但是选择去数理高中的女生还是不多。

---

[1] 译者注：美国一所学习压力大、竞争激烈的著名中学。

[2] 译者注：一所中学名称的缩写。

文献回顾

假如缺乏自我效能感，人就难以有效地做事，即使他们知道做什么。（Bandura，1986，p.425）

研究表明，女生和男生之间在数学和科学领域上的巨大鸿沟不是"男人在数学和科学领域比女人更优秀"这么简单一句话就可以解释的。到 4 年级时，女生和男生都同样表示喜欢数学和科学，8 年级时对科学和工程职业抱有兴趣的男生数量却是女生的两倍，到高中阶段即使是在数学和科学课程表现优秀的女生，她们中也极少有人会选择科学职业（Sally Ride Science，2006）。斯坦福大学教育学院进行的一项纵向研究发现，从 3 年级开始，女生就认为自己的数学能力低于男生，而实际上在女生的数学成绩和教师对女生数学能力的评估上并没有表现出性别上的差异（Herbert & Stipeck，2005）。

已经有很多文章分析出现这些现象的根本原因了，目前的主流观点是认为女生数学与科学课程学习的自我效能感较低。自我效能感一般被界定为个体对自己能成功完成某件事的主观信念。一般自我效能感指一个人能够处理不特定事件、解决一般问题的主观信念，专门的自我效能感指一个人能够解决某个具体问题、处理某个具体事件的主观信念（如驾驶、公开演讲、研究等）（Neill，2005）

"很多女生不想把自己想象为未来的科学家或工程师。她们觉得女性不应该从事此类职业，因为她们很少了解女性科学家的真实生活或媒体形象。"（Sally Ride Science，2006，p.3）根据美国教育部发布的题为《鼓励女生进入数学和科学领域》（*Encouraging Girls in Math and Sciensce*）指南，女性占了美国劳动力市场近一半的工作，但科学与工程职业中女性只占 26%（Halpern，Aronson，Reimer，Simpkins，Star，& Wentzel，2007）。报告认为，鼓励女生选择科学职业的一个重要战略就是增强她们在科学能力上的自我效能感。报告提出了 5 个具体做法，将 5 个做法的有效性分为低、中、高三个等级。

第一个做法是告诉学生学术能力是"可提升与改进的（有效性：中）"。第二个做法是向学生提供定期的有针对性的学术能力改进信息的反馈（有效性：中）。第三个做法是一方面鼓励女生的数学和科学自我效能感，另一方面强化她们对女性参与科学职业的了解与认识（有效性：低）。第四种做法是让女生参与用到数学和科学知识与能力的职业活动，培育女生对科学的长期兴趣（有效性：中）。最后一个做法是教师为学生提供专门的机会培养空间能力（有效性：低）（Halpern，et al. 2007，pp.6–8）。

在解释科学职业中男女性别差异的问题上，大量研究都认为科学领域中的女性榜样的作用很重要，"帮助年轻女性接受科学教育，最终选择科学职业，最有效的策略就是加强指导"（National Science Foundation，2007, p.3）。

科学研究需要对科学领域有强烈自我效能感的女性加入，采用女性榜样构建指导计划是达成该目标的一个明确途径。

行动研究问题

我一直在林克霍恩帕克数理高中以多种方式参与数学和科学教学工作。在 7 年时间里，我曾担任过课程项目协调员、资优教师和 5 年级教师。作为课程项目协调员，我曾筹划开发出满足一部分聪明好学的学生需要的数学和科学课程项目。

从 2003 年首个实验班开始，我们已经努力吸引女生加入。2004 年我们开始全面实施改革，但是女生数量还是很少，大约只有一个班，我们不得不面对清一色都是男生的大量班级。当时我是该数理高中的协调员和资优教师，我们用各种办法来宣传，吸引女生加入。无疑这些做法只能是无奈的权宜之计，因为根本问题并没有解决。

四个高中老师、校长和我开始探寻为什么数理高中对男孩来说很有吸引力，而女生申请率始终很低。我们找了很多讨论数学和自然科学领域中有关女性自我效能感、性别差异的刻板印象问题的文献。令我们感到棘手的是，这些文献的更多证据表明，女生对数学、科学领域普遍不感兴趣的问题到了中学阶段后非但没有缓解，反而在加剧。

我就是在这种情况下开始关注该数理高中 5 年级的数学与科学，也就是从这时候起，我开始形成了——在我认识到其实际价值很长一段时间之前——我的行动研究问题：**积极女性的榜样和指导对女生在科学课程学习与科学职业选择上的自我效能感有何影响？**

方法论

考虑到研究涉及学习科学的女生、自我效能感和教师指导三个方面，我决定对 5 年级女生实施一个指导项目。女生们在 10 周时间里参加多个科学与工程方面的任务。我邀请了几名女性科学工作者担任这些女生们的导师，导师通过电子邮件、视频电话会议和面对面方式与女生们互动。学生们和导师对职业选择、科学动态和实验设计等话题进行交流，另外在秋季学期的科学实验课中学生们还会受到指导。

我的行动研究项目的目标是希望培养这个班的女生从事科学职业的信心，帮助选择科学职业的女生回击那种科学职业中的性别差异偏见。

"青年时期的选择塑造了个体的人生，选择决定了学生们会培养自己潜能的哪个方面，也决定了学生们在哪些方面不能得到充分发展。"（Pajares & Urdan, 2006）尽管行动研究项目在学期结束时告终，但对女生们的指导项目将持续到 2008—2009 学年，我相信女生群体中持续上涨的科学自我效能感会让参加我的行动研究项目的所有女生都去申请 Plaza 中学和 Kemps Landing 中学的科学课程。

学生自我效能感水平是否提升，要通过科学自我效能感量表、访谈和日记来进行测量。假如女生们在项目结束后，每个人的科学能力测试得分超过测试常模的 70% 或更高，或者从评估前到评估后的得分增长了 10% 或更高，就可以认为指导项目是成功的。访谈者对全体参与测试人员评价非常积极，日记表明有 70% 的参与学生态度积极。

读了阿尔伯特·班杜拉的著作《青少年的自我效能感》（*Self-Efficacy Beliefs of Adolescents*）之后，我自己编制了科学自我效能量表（SSES）。该工具用于测量学生完成特定科学任务的自我效能感的事前和事后评估。SSES 需要匿名进行，以免我的看法、态度影响学生对自身的科学效能感的自我评估。

访谈可以让我获得关于指导项目对每个学生的影响的质性数据（附件 A-2）。访谈可以让我向学生提问，了解一些量表不能直接提供的信息，也给每个学生发表看法的机会。每个问题都给一个 + 号或 – 号来评估学生积极或消极的整体印象。

整个项目中，在每次组织活动后，都会直接收集日记条目，日记条目提供了对学生自我效能态度的另外一种检验（附件 A-3）。阅读日记的每条记录，用 + 号和 – 号来给学生的积极或消极反应打分。

数据分析

我从参加"聪明女孩俱乐部"的 30 名女生中的 25 名那里收集了数据，25 人都是来自林克霍恩帕克小学的 5 年级女生。研究小组包括数理中学和传统中学 5 年级班级的女生，5 个不属于本次研究被试的学生参加了"聪明女孩俱乐部"，但没有参加本次研究的数据收集。

量化（自我效能评估量表和日记条目中出现积极评估的频次）和质性（访谈）数据都要收集。我用了几种方法分析数据，首先对数理中学的本校女生与传统中学的外校女生进行比较，或者排除传统中学女生，只观察数理中学女生。最后我决定使用所有参加测试学生的数据，主要是考虑到困扰女生科学自我效能感这一问题并非只有数理中学的女生才有。从不同学习背景、学习经历的女生群体中收集数据，数据更加全面，研究结果也不局限于数理中学，具有更大的受众面。

我计算了 9 月和 11 月两次进行的自我效能感调查中每个指标的分数的平均值（图 A-1）。

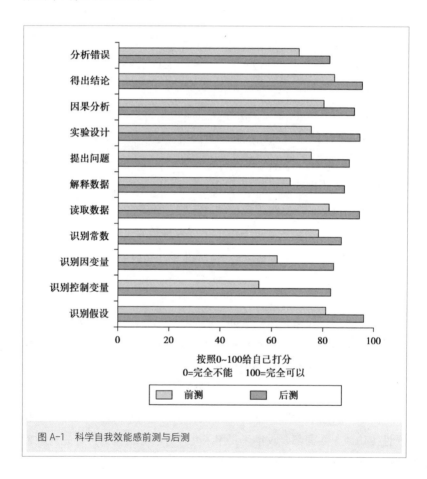

图 A-1　科学自我效能感前测与后测

日记的每个条目都对积极或消极程度进行打分，既不消极也不积极的表述或者与科学无关的表述忽略不计。每个人在每次日记中的积极评价频次都会被统计，散点图显示了个人在每次日记中的积极意见频次（图 A-2）。

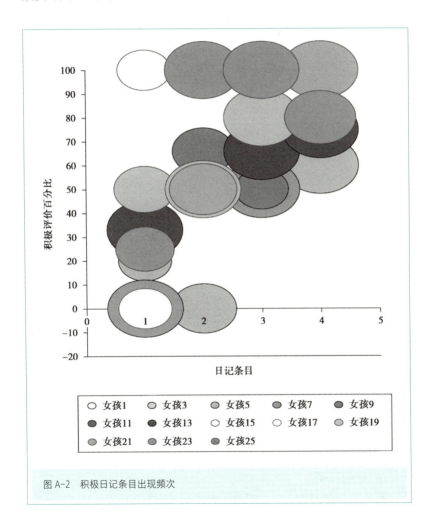

图 A-2　积极日记条目出现频次

柱状图表示研究期间所有 26 份日记积极评价出现频次的平均值（图 A-3）。

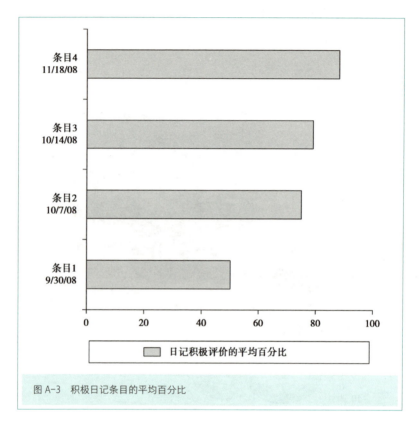

图 A-3 积极日记条目的平均百分比

结 果

我查看了参加研究的全部女生的材料，没有数据表明两个月里女生有明显成长。因为只有少数日记条目可以归入积极的类别，访谈也显示学生最多也只能说是稍有成长。科学自我效能感量表结果和日记条目结果并不一致。

科学自我效能量表的每个指标得分都计算了均值，比较后测和前测得分，结果显示被试的科学自我效能感的主观评价出现稳定增长。在"从数据中得出结论"这个量表指标上被试平均得分最低，为 +11 分。

"在一次实验中确定控制变量"指标上被试平均分最高，为 +28 分。数据显示，参加"聪明女孩俱乐部"的女生科学自我效能感呈上升趋势，这一结论在数理高中女生和传统中学女生中的数据表现都是一致的。

在为期 10 周的"聪明女孩俱乐部"活动过程中，研究者多次收集日记条目，这些资料可以帮助进一步了解参加"聪明女孩俱乐部"活动后每个女生的直接反应。研究者阅读日记，日记中的每句话都按照积极或消极程度来打分，假如既不积极也不消极，也和科学无关，就省略不计。结果显示，被试日记条目中属于积极一类的频次在十周期间持续增加。

访谈收集得到的质性数据的解释难度大一些，一个典型例子是一道测试自我效能感的问题"当你做得好（得到好成绩）的时候你把你的成功归因为什么？"的回答，大多数回答把获得好成绩归因于努力和良好的学习习惯。这个回答与我在春季研究得到的结果完全不同，当时女生经常把获得好成绩归因于外因，而很少把取得好成绩归因于自身努力。我很兴奋地发现参加"聪明女孩俱乐部"的女生们把自己的认真与努力和优秀成绩直接联系起来，她们认识到这一点会受益终身。

参加"聪明俱乐部"女生的科学自我效能感整体上看在不断增长。虽然个别女生的数据无法确定，但整体数据表明这些女生对科学的态度和自我效能感都有稳定上升。

总结与结论

我不是当科学家的料，我的科学课程平均成绩是 B-，我很害怕数学，我需要大量帮助。（2008 年 9 月 23 日的学生日记条目）

在林克霍恩帕克小学进行这项行动研究项目期间，学生的多元化给了我莫大启示。我的这项研究一开始是为了满足我的课堂教学需求。为了让任何学生都不被排除在外，在校长要求下，我邀请所有 5 年级女生都来参加，但我学到的东西比我预期的要多得多。

启示 1：女性榜样非常重要，事实证明，我在课堂外与女生建立的指导关系是非常牢固的，这一部分女生虽然不属于我的任教班级，但是她们经常来找我，寻求帮助、分享成绩、讨论最近的新闻——通常和科学有关。这种指导关系和一般的师生关系不同，非正式的关系使我们相处轻松，双向交流更多。

启示 2：这种指导关系可能出现在你最意想不到的地方。我们的"聪明女孩俱乐部"由一群很多元化的女生组成。最宝贵的指导经验往往不是指导老师给出的，而是由一部分经验更丰富的女生给出的。成人指导者当然重要，而同年龄的指导者在某种意义上更珍贵。

启示 3：很明显，学生的态度受到专心致志努力做事的影响。作为一名教师，我非常关注学习内容、学习策略和学习投入情况。我经常忘记我会影响学生对学习的态度与看法。

我相信在"聪明女孩俱乐部"上的努力和投入能给参加俱乐部的学生带来持久的影响。

我觉得自己像个科学家，因为我的科学成绩拿到了 A。我获得 A 的原因是我正在认真学习细胞，而且我学得不错。（2008 年 11 月 18 日的学生日记条目）

未来的行动和方向

"聪明女孩俱乐部"将在假期后恢复，并持续到学年结束。我收到很多新的希望加入俱乐部的申请，而且一些较低年级的学生也表示出兴趣。参加这个俱乐部对于不少女生来说已经成为一种积极的学习经验。

我将继续收集数据以支持积极榜样在女生的科学自我效能感培养方面的有效作用。文献表明，我的学生到年底可能进入一个情绪波动阶段，因为"到 8 年级时，保持对科学和工程职业兴趣的男生数量是女生的两倍"（Sally Ride Science，2006）。我希望看到我的最终目标——"所有入读该数理中学的女生都会选择数学、科学课程"——能够实现。

未来，我的研究继续下去的潜力很大。我希望研究女生持续增长的自我效能感是否能转化为不断提高的学业表现（我计划用考试成绩、标准化考试、执行任务情况和教师主观感知评价来测量女生的学业表现）。积极的自我效能感是否总是能产生更高的能力？另外，假设一个女生的科学自我效能感增强了，那么会如何影响这位女生周围的人？是否会激起别人的好奇心？这一假设是否能解释女生群体对"聪明女孩俱乐部"不断增长的兴趣？有很多问题值得下一步研究。

反　思

行动研究过程让我把握了解决课堂问题的系统化方法，通过系统研究来解决我面临的问题，而不是靠"猜一猜、看一看"的问题解决方式。

我最初设想的行动计划和实际执行的行动计划之间出现的最大偏差就是指导老师的来源保证。去年春天，在为秋天的行动研究项目做计划时，当时我的设想是一位女科学家指导一位女生。但是，很难找到能够每周都挤出时间对学生进行一对一指导的 30 位女科学家，我只好降低要求。

在这个研究项目中，我做的第一个决定是成立一个俱乐部。在俱乐部里，女生们能从事科学项目，参加视频电话会议，与各种演讲嘉宾互动。我相信这是让大家都在一个安排好的时间段里充分参与的好方法。

当时，约好的第一个演讲者由于突发事件取消演讲，当然对此我完全理解，并给俱乐部的女生们另外安排了一个化学实验。之后，"聪明女孩俱乐部"不断碰到演讲嘉宾时间冲突的问题。几乎每周都遇到"演讲时间现在定不下来，过几天再说"的情况，于是演讲嘉宾设计了一系列 B 计划代替演讲。这些 B 计划包括圆屋顶建造、绝缘体实验、桥梁设计、实验设计项目、工程任务，以及以一些小组任务。

很明显，女生们在科学实验和合作完成的任务中得到的乐趣比听演讲和进行讨论多得多。"聪明女孩俱乐部"的三位成人（从事科学工作的三位女性）每周变成了指导者而不是演讲者。这出乎我的意料，但取得了很好的效果。

我目前正与欧星雷克斯中学合作，开发针对数理中学所有学生的指导项目。它将给学生提供与其他对科学感兴趣、有更多科学知识的人互动交流的机会。我相信指导在女生以及学生的科学自我效能感提升中扮演着重要角色。我希望扩大项目实施的范围，让更多孩子受益。

参考文献

Bandura, A., (1986). *Social foundations of thought and action: A social cognitive theory.* Englewood Cliffs, nJ:Prentice-Hall.

Bonner, S. M., (2008). Trends in international mathematics and science study (TIMMS). *Grolier Multimedia Encyclopedia.* Retrieved March 12, 2008.

Frenkel, K. A., (2008). Mentor programs help girls engineer their futures. *Women's e-News.* Retrieved March 31, 2008.

Halpern, D., Aronson, J., Reimer, n., Simpkins, S., Star, J., & Wentzel, K., (2007). *Encouraging girls in math and science.* Washington D.C.: national Center for Education Research, Institute of Education Sciences, U.S. Department of Education.

Herbert, J., Stipek, D., (2005). The emergence of gender differences in children's perceptions of their academic competence. *Journal of Applied Developmental Psychology. Volume 26,* [276–295]. national Science Foundation. (2007). *Back to school: Five myths about girls and science* [Brochure]. Arlington, VA: nSF.

Neill, J., (2005). Definitions of various self constructs. Retrieved April 20, 2008.

Pajares, F. & Urdan, T., (2006). *Self-efficacy beliefs of adolescents.* Information Age Publishing.

Sally Ride Science, (2006). *Science can take her places! Encouraging your daughter's interests in science, math and technology* [Brochure]. San Diego, CA .

附件 A-1 科学自我效能感量表

请评估你能在多大程度上执行以下科学任务。
（说明：使用 0 到 100 的分值来评估你的自信程度）

0	10	20	30	40	50	60	70	80	90	100
完全不能执行					大概可以执行				完全没问题	

实验设计 　　　　　　　　　　　　　　　　　———————

确定假设 　　　　　　　　　　　　　　　　　———————

确定控制变量 　　　　　　　　　　　　　　　———————

确定因变量 　　　　　　　　　　　　　　　　———————

能阅读科学实验的数据 　　　　　　　　　　　———————

能解释科学实验的数据 　　　　　　　　　　　———————

能针对实验提出一个可测试的问题 　　　　　　———————

能设计一个实验来测试一个问题 　　　　　　　———————

写清楚原因和结果 　　　　　　　　　　　　　———————

撰写基于数据的结论 　　　　　　　　　　　　———————

分析科学实验中的错误 　　　　　　　　　　　———————

附件 A-2　访谈问题

访谈对象：_____

□ IB- 是什么吸引你入读数理中学？

□ A- 你长大了想做什么？

□ A- 你在学校最喜欢的科目是什么？

□ SE- 当你获得好成绩时，你认为是什么原因？

□ SE- 描述你的科学能力？

□ SE- 你对上课学过的科学概念怎么看？

IB= 暖场性质的问题　A= 了解访谈对象态度的问题　SE= 了解访谈对象的自我效能感

附件 A-3　参加行动研究项目的学生写日记的格式

日记录入条目：

日期：

今天我遇到了：

我们讨论了：

我对科学的看法：

附录 B　行动研究报告范本 2

知识文件夹策略和学习技能之间的关系

Clara J. Heyder　弗吉尼亚海滩城公立学校 2008 年 12 月

引　言

过去几年，在我任教的 3 年级班里有些学生在总结性评价中表现不好，而且这些学生似乎并没有明白高质量的课堂作业和家庭作业对于学习的重要性。我最近在一所高中的科学部教 3 年级和 4 年级，这些学生准备读大学甚至攻读更高学位。但是，学生的学习能力并没有提高到能顺利读完大学或胜任工作的程度。我希望让学生明白，他们需要努力学习，掌握一些顺利读完大学，以及胜任今天不断变化的工作的新学习技能。学生对新学习技能的元认知和兴趣对于作为一个教师的我来说是非常重要的。我想让学生在高中毕业后获得成功，向他们传授同样适用于大学和工作场所的技能。我希望学生能够控制自己的行为，有所自律，承担起自己的学习责任。我决定采用一种名叫"知识文件夹"的评估策略，试图改变学生的学习和责任概念。

文献回顾

Simpson、Nwast、Hynd 和 Burrell（1997）认为应该在课堂上学会学习技能，让学习技能成为日常课程的一部分，而不是与学习内容分离、单独设置的课程。"自由写作"的学习技能指学习者收集某个概念各种细节的能力，这一能力是评估学习技能的一个方面。"边写边学"是"把写作当成一种学习手段的理念"。"边写边学"作为一种学习方法可以应用于任何内容，包括科学。"假如写作确实能够促进理解，那么通过写作而更好地理解概念，自我效能感也会有提升。"（Simpson et al., 1997）我希望当学生认识到自己能就一个主题完成写作任务时，自己就能在成绩测试中有好的表现。我希望学生能认识到，自己在学习习惯上能做到自己把控。

Tuckman（2003）把学习技能界定为"能使学生成功的学习和动机策略"。Chadha（2006）认为，对于继续读大学和进入不断变化的工作场所的中学生来说，独立学习的能力不可或缺。1995 年，Weiner 强调"学生负责"的教学方法，即学生需要认识到自己的努力对自己的成绩有直接影响。"学生负责"的行为可能通过培训来养成，S. Graham 在 1997 年展示了这一点，也就是说，教师可以教学生如何对自己的学习负起责任，而不是一味地强调教师在学生学习中的重要性。通过向学生强调学生自己能够对自己的学习负责、进行控制，教师可以改变学生对自身所持的态度和看法。Tuckman在 2003 年指出好成绩对智商的依赖并不大，而更多地依赖于学生有没有认真完成作业，投入多少时间精力学习。也就是说，学生可以学会如何学习（即所谓元认知）。Simpson 等人在 1997 年指出学会如何学习会促进个体对学习技能重要性的认识。拥有成功的学习策略会让学生在新的场景下更积极主动地运用这些成功的策略。元认知和动机可能是"相互支持的"（Simpson et al., 1997）。

行动研究问题

当我刚开始教 3 年级学生时，我发现他们没有掌握学习技能，学业评估表现也欠佳。我想教给学生一些在其他科目同样适用的学习技能与学习策略，能使他们在学习时更有成就感。我在 2006 年的 ASCD 会议上聆听了 Spence Rogers 题为《"以考促学"：将评估用于教学和提高成绩》（Using Assessment to Teach and Increase Achievement）的演讲后，感到找到了一种很可能有效的解决之道。Rogers 认为"评估是对信息的收集，目的是改变我们的行为，实现成绩的提升"（Rogers，2006）。

我计划向学生提供学习策略，改进他们完成任务和学习的方式，最终改变学生的学习行为。我决定把 Rogers 设计的峰值学习系统评估策略"知识墙"修正为"知识文件夹"。学生可以把他们所有的课堂作业和家庭作业都放到"知识文件夹"里，进行阶段性评估时可以使用。我希望知识文件夹能在提高学生自由写作技能、完成高质量的家庭作业和课堂作业方面发挥作用。如果学生对某个概念写得很透彻，在家庭作业和课堂作业里也写得很全面，那么他们自然应该可以清晰地回答阶段性评估时教师的提问。如此做法，可以让学生很清楚地理解他们的作业和阶段性评估中的问题之间的关系。教师有意识地使用这种策略能增强学生的学习动机，提高学生完成课堂作业和家庭作业的质量。

于是我由此提出了自己的行动研究问题：知识文件夹的评估策略和学生改进学习技能（用学生的学习动机和成绩表现来测量）之间有什么关系？

方法论

我决定在评估中实行知识文件夹策略，目的是改善学生的元认知和学习动机。知识文件夹评估策略包括帮助学生学会如何学习。我获得"以考促学"的理念源于 Spence Rogers 2006 年在 ASCD 会议上的展示。Spence Rogers 的知识墙是教室墙上的一块地方，学生可以把他们希望知道的信息贴上去，我把这种策略修正为"知识文件夹策略"——每个学生把家庭作业和课堂作业放进一个文件夹，然后把文件夹放进一个悬挂在教室前面的箱子里，进行阶段性评估时统一取出来。

知识文件夹策略包含了自由写作训练和很多课堂作业和家庭作业的细节。我在时长 45 分钟的学生简答的阶段性评估中使用知识文件夹策略，每个学生都在评估前把他们的作业装进知识文件夹，然后他们把文件夹放到我桌子上的一个箱子里。评估期间，学生们可以离开座位去阅读参考他们文件夹中的材料，但不能直接从文件夹中复制任何东西——评估不是"复制笔记"测试。学生可以当场临时记住自己在文件夹里面查阅到的信息，随后回到座位上，等待老师提问。学生能在任何时候使用自己的知识文件夹，而且在评估期间，只要学生需要，就可以反复使用自己的知识文件夹。这样学生就需要进行时间管理，因为学生多次离开座位去查看文件夹，会减少学生的答题时间。

在评估前，我通知学生哪些概念属于考试范围，然后我向学生讲了一下评估中使用的知识文件夹的策略，那就是学生应该参考他们的课堂作业和家庭作业，准备一页纸的概念阐释，然后学生可以把课堂作业、家庭作业、写好的概念阐释页都一起放到知识文件夹里，以便45分钟评估时使用。

在2006—2007年实施知识文件夹策略前后，我采用多项选择的总结性评估收集了量化数据。2008年我对学生做了一次调查，收集学生对自身学习技能的看法（附件B-1）。另外，我进行了非正式观察，也就是询问学生他们如何理解知识文件夹策略，并观察他们2006—2008年的课堂行为（附件B-2和B-3）。此外，我还给家长们写信，希望他们同意学生帮助我开展研究项目（附件B-4）。

请注意数据收集日期的差异。我只收集了2006—2007年实施知

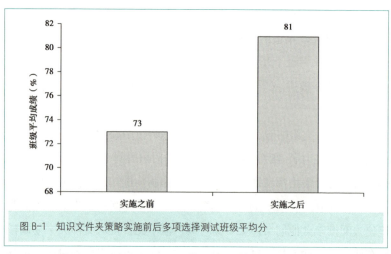

图 B-1　知识文件夹策略实施前后多项选择测试班级平均分

注：可以看到实施知识文件夹策略之后，班级的多项选择测试平均分增长了8个点。

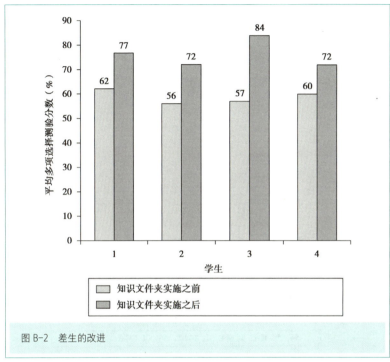

图 B-2 差生的改进

注：没有通过多项选择测试的学生在知识文件夹策略实施之后得分增加幅度最大，有 12 到 27 个点的改进。

识文件夹评估前后的学生的多项选择题测试分数。因为知识文件夹策略成效很好，我不想停止使用该策略，所以在 2006—2007 年后，我没有收集更多的多项选择数据，也没有进行正式的学生调查。直到 2008 年秋季，此时我参加了行动研究班，想让我的观察变得正式，才恢复收集多项选择数据，进行正式的学生调查。

数据分析

我收集了多项选择测试、学生调查以及教师对学生行为的评价三个来源的数据。2006 年，我在三次多项选择测试之后实施知识文件夹策略，对实施知识文件夹策略前后的多项选择测试评分进行分析。图 B-1 展示了知识文件夹策略实施前后的班级测试平均分，图 B-2 展示了 2006—2007 年差生的改进。

　　我对 2008 年秋季的学生调查进行了量化和质性数据分析，这项研究包括的学生调查（附件 B-1）——关于知识文件夹策略实施之后他们的学习习惯——在 2008 年已经进行了两次，图 B-3 展示了学生调查的结果。

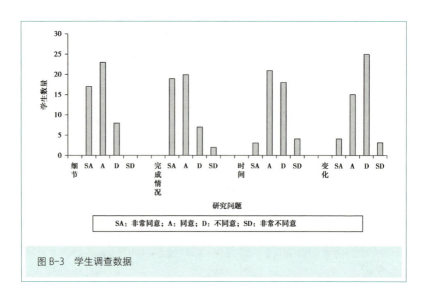

图 B-3　学生调查数据

　　2006—2008 年进行的非正式学生观察包括学生的学习习惯和态度（附件 B-3）。我使用多项选择成绩和学生调查情况进行比较，以探寻学生成绩和行为是否有改变。此外，我还对非正式观察和多项选择测试成绩进行了比较分析。

结　果

　　结果表明实施知识文件夹策略后，学生的多项选择测试得分有明显增加，如图 B-1 所示。其中，成绩最差的学生测试成绩从历史最低分到最高分的增长堪称奇迹（21~42 分），读者可以参见图 B-2。相比之下，在总结性评估中一贯表现优秀的那部分学生的多项选择测试成绩没有明显增长。

学生调查的量化分析（附件 B-1）也显示出积极结果，学生表示知识文件夹能以多种方式帮助他们学习（图 B-3）：知识文件夹让他们掌握了更多的知识细节，帮助他们确保自己完成了学习任务。大多数学生觉得自己花了更多时间学习，也有少部分人觉得自己的学习时间没有变化。第四个调查问题"在实施知识文件夹之后，我的学习方式改变了"收集的数据显示，大多数学生觉得自己的学习方式没有改变，但是，在前面三个调查问题里，多数学生又表示他们自己的某些具体学习习惯已经改变。

学生对知识文件夹策略评价积极，甚至没有任何负面评论（所有评论可以在附件 B-2 里找到）。学生的积极评论和教师的观察都表明多项选择测试成绩和知识文件夹策略实施之间存在正向关系。多项选择测试分数明显提高，学生评论和教师的观察也显示出该策略对学生有积极影响。

在这个行动研究项目中，使用不同学年的学生的数据存在局限性。但是，作为研究对象的学生群体也有很大相似性，他们都是数理中学的低年级学生，都跟着我学过新学习技能，使用同样的教材，参加同样的多项选择测试题。我决定下一年直接实施知识文件夹策略，因为事实证明该策略对学生帮助很大，我不能剥夺学生在下一学年从该策略中受益的机会。

总结与结论

我提出了一个研究假设，就是学生会对自己亲手装进自己的知识文件夹中的东西更加负责，而且他们会意识到认认真真完成各类作业会带来更高的测试分数。我希望学生认识到对在学习中遇到的概念进行整理、写作能帮助他们组织自己的想法，能帮助自己在测试中取得好成绩。我预期出现的结果是，学生学会自我监控，认真完成课堂作业和家庭作业。事实证明，学生的作业质量和知识文件夹评估之间有正向的关系，因为假如学生高质量完成作业，那么在测试中他们就可以直接翻看自己的知识文件夹，快速、准确地给出回答。当学生在知识文件夹中寻找教师给出的评估问题答案时，教师实际上也就对学生的作业完成质量、对评估问题的理解进行了测量。假如学生自己的知识文件夹里没有足够的细节，作业质量不高，那学生就不会在教师进行的评估中获得满意的成绩（C或以上）。从学生的评论看（附件B-2），我相信学生已经知道如何完成高质量的作业。

我的结论是：量化和质性数据显示知识文件夹策略有助于提高学生的学习技能，改善他们的成绩。其中成绩最差的学生从该策略中得到的帮助最大。或许在此之前，学生从未明白平时完成作业的努力和测试评估分数之间存在密切关系。多项选择测试成绩也有改善，因为学生平时就开始认真学习，而不是等到总结性评估前一天晚上才临时抱佛脚。因为知识文件夹评估比正式的总结性评估早一星期，学生会更早地复习知识文件夹的材料。

学生在调查中的回答可以帮助我们更好地了解他们的看法。一个学生说自己有了更强的学习动机，这符合Simpson认为元认知和动机相联系的观点（Simpson et al., 1997）。另一个学生表示使用知识文件夹评估，自己的学习压力变小了，这符合Maslow的需求层次理论。学生感到学习更加轻松，并获得了学习的信心，从而能够学得更好。学生似乎获得了对自身学习行为的掌控感，这么说的依据是学生给出了不少诸如下面的看法："我更加努力""我学得更多""我把握了更多细节"。

我的最终结论是知识文件夹策略有助于学生学到更好的学习技能，在总结性评估中获得更好的成绩。我希望这些学习技能不仅能适用于其他班级，也能在学生的未来努力中发挥作用。

未来的行动和方向

我将在今后任教的班级里继续使用知识文件夹策略，改善学生的学习技能，让他们为进入大学和职场做更充分的准备。

对于调查问题"采用知识文件夹之后，我的学习方式改变了"，多数学生回答没有改变。这一回答与学生对其他问题的回答相矛盾，我计划在下一步调查中继续研究。我认为可能是这个问题太笼统、模糊，可以考虑从调查中删去。本次调查可能会引出另外一项研究：学生如何看待自己？

反　思

我相信在实施知识文件夹策略后，学生学会了如何学习，学习效能感更强。我认为任何教师都可以把该策略用于教学实践，特别是对一部分学习成绩不佳的学生。进行知识文件夹评估所花的时间比多项选择测试多，但是当看到学生取得进步，对学习更有兴趣、更有信心时，作为教师会感到花费这些时间是值得的。另外，我认为该策略也可以用于其他科目和学生生活的其他部分——只要他们需要花时间和精力完成某件事。

参考文献

Chadha, D. (2006) A curriculum model for transferable skills development. *Engineering Education*, 1, 19–23.

Rogers, S. (October 14, 2006) Using Assessment to Teach and Increase Achievement. Session presented at the ASCD conference, Orlando, FL.

Simpson, M. L., Hynd, C. R., Nwast, S. I., and Burrell, K. I.. (1997). College Academic Assistance Programs and Practices. *Educational Psychology Review*, 9, 39–87.

Tuckman, B. W. (2003). The Strategies-For-Achievement Approach for Teaching Study Skills. Paper presented at the Annual Meeting of the American Psychological Association, Toronto.

附件 B-1　调查问题
（你的回答是保密的）

圈出下面每句话给出的选项中你认为符合你自己情况的那一项。

1.采用知识文件夹帮助我在我的作业里把握更多的细节。

很不同意　　　　　　　　不同意　　　　　　　　同意　　　　　　　　很同意

2.采用知识文件夹帮助我确保我的作业完成情况。

很不同意　　　　　　　　不同意　　　　　　　　同意　　　　　　　　很同意

3.在采用知识文件夹之后，我花了更多时间学习。

很不同意　　　　　　　　不同意　　　　　　　　同意　　　　　　　　很同意

4.在采用知识文件夹之后，我的学习方式改变了。

很不同意　　　　　　　　不同意　　　　　　　　同意　　　　　　　　很同意

假如你同意或很同意以上陈述，请解释你的学习方式是如何改变的。

如果你有其他看法，请在调查背面写下来。

附件 B-2　学生对调查给出的评论

· 它激励了你。

· 它使我更有条理，而且我会学习放进文件夹的每样东西，而不仅仅是将其作为一份材料。

· 我不想每次进行知识文件夹评估时看起来很蠢，所以我会努力学习。

· 我学习并且更注意细节。

· 我学会更努力记笔记，而且仔细学习我的每一条笔记。

· 在开始做作业时，我很重视我的课堂作业和家庭作业。

· 我学习效率越来越高。

· 我掌握我作业的更多细节，因为当我在我的知识文件夹测试中获得好成绩时，它们回报了我。

· 有了知识文件夹，我便能理解我作业中的特殊细节，我认真做家庭作业，以便在测试中能够充分发挥作业的作用。

· 我会看看知识文件夹都涉及什么内容，然后再看其他我认为对我的测试有帮助的东西。

· 我喜欢知识文件夹，因为我不需要花太多时间，因为我做家庭作业时，必须去认真读和理解，再用我的话重新表述它，这让我的测试成绩有显著改善。

· 我注意到必须更努力地去理解学习材料的含义。知识文件夹帮助我保存信息，让我学习更刻苦。因为我知道我必须记住测试范围的内容，我认为知识文件夹对于中学生来说是个优秀的学习工具。

· 假如我可能忘记有个词，或者我只知道一部分信息，知识文件夹这会儿就帮上忙了，因为我可以在看了知识文件夹之后，回去修改我前面在测试中没写对的东西。我认为所有测试都应该像这样，它让学生安心，消除他们对自己能力的疑虑，不会焦虑不安，担心考试失败。

· 假如我重视细节，我就能在知识文件夹测试中拿到好成绩。

· 我爱知识文件夹，因为它们用好成绩来回报我所做的作业。

注意：没有负面评论。

附件 B-3　教师观察

· 我进行的非正式观察指出，在实施知识文件夹评估之后，学生会为总结性评估做更多准备。

· 学生表示知识文件夹评估"非常难"，但在学会高质量完成课堂与家庭作业，并把它们放到自己的知识文件夹后，这种看法显著减少。

· 学生说讨厌知识文件夹评估。我相信这是因为知识文件夹要求学生改善他们的学习技能，这必须付出刻苦努力才能够做到。

· 学生对我说，知识文件夹能够帮助他们提高成绩，掌握作业中更多的细节，让作业更加有条理。

附件 B-4

亲爱的家长 / 监护人:

在 2008 年 10 月和 12 月,我参加了弗吉尼亚大学举办的一个名为"教师行动研究"的培训班。我把我任教的课堂中有效的教学策略加以记录。我已经写了一篇关于知识文件夹评估策略的论文,知识文件夹评估策略的基本做法是,在评估时允许学生在测试中阅读他们之前完成的家庭作业和课堂作业。我正在收集资料,以验证这种策略是否可以改善学生的学习技能。您的孩子不会因为我的研究而损失任何利益。

收集数据的方法之一是对学生进行调查,收集他们对知识文件夹评估策略的看法。调查问题主要是关于该策略是否能帮助学生更仔细、深入地完成作业,调查将匿名进行。另外,我也会观察学生在不同时期的成绩,当然这也是匿名的。

我承诺不会收集你的孩子和就读学校的任何信息。贝赛德中学校长 Kay Thomas 已经批准这项行动研究项目。后面会有请您签名的地方,假如您不希望您的孩子参与本研究,请将该信件交回给我。如果没有异议,不需要回信或联系我。

诚挚的 Clara J. Heyder

躯体疾病 / 病理生理学教师

健康科学课程小组,贝赛德高中

弗吉尼亚海滩城,弗吉尼亚州

电子邮箱: cjheyder@vbschools.com

我不同意 Clara J. Heyder 老师使用我孩子的任何想法、学校作业或谈话进行研究。我已经被告知:假如我不同意,我孩子的教育机会不会有任何损失。

孩子的名字: 日期:

家长的名字: 日期:

家长 / 监护人签名:

附录 C 行动研究发展模板

确定问题根本原因的"五个为什么"过程

描述你在课堂上或学校里发现的某个问题：

为什么会/不会发生？

为什么会/不会发生？

为什么会/不会发生？

为什么会/不会发生？

为什么会/不会发生？

当你已经确定了最初问题的根本原因时，就停止上述五个为什么过程。

注：上述模板也可以在 Teachers Pay Teachers 网站上的行动研究指导者文件包中找到。该文件包在作者的 TPT 商店里售价 1.5 美元。

审查背景信息和相关文献

导言：

描述你的研究主题，该研究主题为什么重要，以及为什么你对其产生兴趣
列出研究主题、子议题、研究趋势、方法论、结果和结论

主体：

主题 1
主题特征
支撑文献

主题 2
主题特征
支撑文献

主题 3
主题特征
支撑文献

主题 4
主题特征
支撑文献

主题 5
主题特征
支撑文献

其他的背景支持信息（个人经历或其他）
主题特征
支撑文献

制订一个研究计划

1）我可能的行动研究主题是：

2）我的研究目的是：

3）我的基本研究问题是：

4）适合我收集的数据类型是：

☐质性
☐量化
☐两者（混合类型）
为什么?

5）我将收集的具体数据是：

6）根据前面的回答，我的研究设计可以最好地描述为：

提示：
你的行动研究项目主要方面（如研究问题、研究设计、数据收集、分析）都是可以同时进行的。

数据收集计划

1) 我的行动研究主题是:

2) 我的研究问题是:

3) 重要的人口学变量（如果有的话）包括:

4) 回答我的研究问题需要什么样的测试工具:

5) 在数据收集过程中，必须考虑以下问题:

6) 根据前面的回答，我的研究设计可以描述为:

提示:
你的行动研究项目主要方面（如研究问题、研究设计、
数据收集、分析）都是可以同时进行的。

数据分析计划

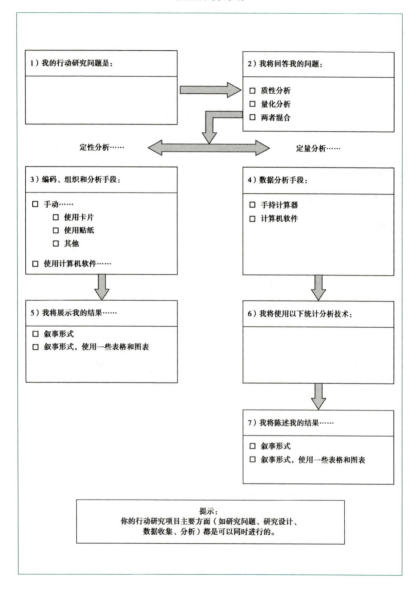

行动计划

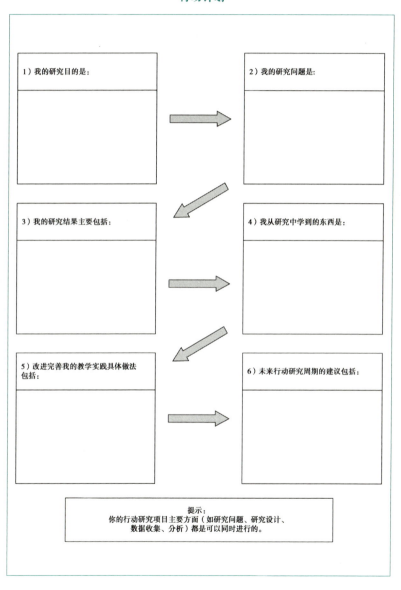

1）我的研究目的是：

2）我的研究问题是：

3）我的研究结果主要包括：

4）我从研究中学到的东西是：

5）改进完善我的教学实践具体做法包括：

6）未来行动研究周期的建议包括：

提示：
你的行动研究项目主要方面（如研究问题、研究设计、
数据收集、分析）都是可以同时进行的。

专业反思

1）我的研究目的是：

2）对我最初提出的研究问题有何了解……

3）我学到了什么样的专业实践……

4）我从行动研究中学到的东西是……

5）我学到的关于自己的事情包括……

6）当我下次再进行行动研究时，我会……

术语表

摘要（Abstract）：研究报告内容的简短总结，通常包括研究的结果和结论。

学术杂志（Academic journal）：发表经验研究内容稿件的期刊。

行动阶段（Acting stage）：行动研究过程的第二阶段，由收集和分析数据组成。

行动计划（Action plans）：落实行动研究结果的正式或非正式计划，用于指导将来的行动研究或实施策略。

行动研究（Action research）：由教师、管理者、顾问或其他对教学（尤其是中小学教学）感兴趣的人进行的任何系统性研究，目的是收集所在学校如何运作、教师如何教和学生如何学的相关信息。

行动研究社群（Action research community）：一个由教育工作者组成的学习社群，由将反思教育实践视为改善课堂教学实践手段的共同目标所驱动。

显著性水平值（Alpha level）：描述样本差别确定属于偶然性差别的可能性大小值（通常取 5%）。

方差分析〔Analysis of variance（ANOVA）〕：独立样本 t 检验的拓展，适用于两个以上分组比较均值。

知情同意书（Assent form）：一份协议，协议内容为描述行动研究的基本情况，以及学生作为未成年人的参与程度（不论书面还是口头版本，都要用和年龄相称的语言）。

权威（Authority）：基于专家意见来给出问题的答案。

柱状图（Bar chart）：类似于直方图，但是相邻的条不接触。

布尔运算符（Boolean operators）：在数据库中进行检索时，对关键词进行组合（如关键词同时出现，或者只有其中一个出现）。

案例研究（Case study）：对某个项目、事件、个人或群体进行的深入质性研究。

因果比较研究（Causal-comparative research）：用于探索两个或更多群体之间差异的背后原因的量化研究设计。

检查清单（Checklist）： 研究者对感兴趣的行为、特征、技能或其他对象列表，只给出两个回答选项。

卡方检验（Chi-square test）： 用于比较各组频数的统计检验。

课堂制品（Classroom artifacts）： 在课堂上产生的书面或可视的资料，有助于我们理解课堂上和学校里发生了什么。

编码方案（Coding scheme）： 将相似内容、类型的质性数据进行分类的范畴体系。

协同行动研究（Collaborative action research）： 由合作小组设计和实施的行动研究。

常识（Common sense）： 使用人类推理来进行决策。

持续比较（Constant comparative method）： 对多种数据来源进行对比分析、整理，往往在研究初期就启动，一边收集数据一边进行，在数据收集结束时才得以完成。

构想（Construct）： 个体的某种不能被直接观察的特征。

控制组（Control group）： 在实验研究中接受标准处理的参与组。

学术写作规范（Conventions of academic-style writing）： 为保证研究报告可读性和可信度的约定俗成的一组规则。

相关系数（Correlation coefficient）： 对相关性方向、强度的量化测量。

可信度（Credibility）： 研究参与者对质性研究数据和结果值得信赖的程度的主观评价。

目标参照测试（Criterion-referenced）： 标准化测试成绩，提供诸如学生回答了多少问题、答对了多少问题的数据信息。

批判性行动研究（Critical action research）： 关注社区环境中的弱势人群，努力增进社会公正的一类行动研究。

数据日志（Data journals）： 课堂环境下于多个来源产生并保存的书面记录或者音频、视频等。

演绎推理（Deductive reasoning）： 自上而下、从总体推及个别的推理方法。

依变性（Dependability）： 强调研究者收集数据时，需要考虑数据产生的不断变化的背景。

因变量（Dependent variable）：最终或作为结果的变量。

描述性统计（Descriptive statistics）：总结、组织和简化数据的一些统计学指标（如均值）。

实施阶段（Developing stage）：行动研究的第三阶段，提出一个将行动研究成果落地实施的行动计划。

方向性研究假设（Directional research hypothesis）：在描述差异的同时，还指明差异方向（正向还是反向）的研究假设。

学区层面的行动计划（Districtwide action planning）：在学区范围内开展的行动计划。

教育研究（Educational research）：把科学方法用于教育主题、现象或问题。

ERIC 数据库（Educational Resources Information Center）：目前教育研究领域最大的数据库。

电子期刊（Electronic journal）：完全采用电子格式（相对于印刷格式而言）的学术期刊，通常可以在线访问。

电子邮件列表（Electronic mailing list）：通过电子邮件进行发言互动的在线论坛，通常在某大学主办的大型计算机网络上运行。

经验研究（Empirical research）：以一手数据为基础的研究，而不是基于个人意见、感受的研究。

民族志研究（Ethnographic study）：以群体中人与人的社会互动为研究对象的一类质性研究。

现存文档或记录（Existing documents or records）：在某个研究开展之前就已经存在的数据和资料，通常是因为其他原因而收集，但可以用于该研究。

实验组（Experimental group）：实验研究中接受和控制组不同处理的参与组。

实验研究（Experimental research）：一种研究设计类型，研究者能够控制研究中可能对参与者行为产生影响的一个或多个变量。

解释性混合方法设计（Explanatory mixed-methods design）：首先收

集量化数据，然后收集质性数据，用质性数据支持、解释量化结果。

探索性混合方法设计（Exploratory mixed-methods design）：首先收集质性数据，然后收集量化数据，以便进一步解释质性数据中发现的关系。

外部审查（External audit）：不属于行动研究项目组成员的外部人员复查和评估最终研究报告。

现场笔记（Field notes）：对你观察到的课堂上发生的事情做的书面记录。

焦点小组（Focus group）：对一组人同时进行访谈，通常 10~12 人。

形成性课堂评估（Formative classroom assessment）：在教学中进行的评估，目的是修改或调整正在进行的教学。

形成性评估（Formative evaluation）：项目实施中做出的评估决策。

频数分布表（Frequency distribution table）：显示数值分布的表格，单个分值从最高到最低排列。

完全参与（Full participant）：研究者同时也是其研究的社群对象中的一员。

扎根理论（Grounded theory）：一种质性研究方法，试图寻找特定环境下的某个理论。

小组比较设计（Group comparison design）：通过比较不同条件下的分组特征，找出因果关系。

直方图（Histogram）：一组数据分布的图形化展示。

人文学科审查委员会（Human Subjects Review Board［HSRB］）：对研究申请书进行审查，以保证对研究参与者的身心健康、隐私进行有效保护的机构。

研究假设（Hypothesis）：在研究开始之前，研究者深思熟虑后对可能的研究结果的猜测，等待后面的研究对其是否成立进行检验。

独立样本 *t* 检验（Independent-measures *t* test）：用于两个有共同因变量的分组比较的推断统计方法。

独立变量（Independent variable）：研究者分析推测是因变量的原因，在实验研究中进行控制、操纵的变量。

个人层面的行动计划（Individual action planning）：一个人主持、完

成的行动研究计划。

归纳分析（Inductive analysis）：将质性数据组织、简化成少数模式和主题，为呈现行动研究的最终结果构建框架。

归纳推理（Inductive reasoning）：一种自下而上的推理方式，从特殊到一般。

推断统计（Inferential statistics）：允许研究者检验两个以上分组之间差异的统计显著性，或者检验两个变量之间相关性程度的统计方法。

非正式访谈（Informal interviews）：数据收集过程中发生的自发访谈，通常是课堂上与学生日常互动时收集的数据资料。

知情同意书（Informed consent form）：描述研究项目基本情况和参与者参与程度的表格，研究者需要获得参与者的同意，才能使用从参与者身上收集到的数据。

机构审查委员会（Institutional Review Board［IRB］）：见人文学科审查委员会。

内部一致性（Internal consistency）：对只进行过一次的测验的信度进行统计估计。

访谈（Interview）：作为实践者 - 研究者的中小学教师与研究参与者或参与组群之间的谈话，教师直接向参与者提问。

访谈提纲（Interview guide）：访谈中要问的一般性或具体性问题的清单。

库德 – 理查德 21 公式（Kuder–Richardson formula 21）：计算内部一致性的一种公式。

李克特量表（Likert scale）：调查或问卷中要求填写者在同意—不同意的程度上进行回答的量表，一般分为五个等级。

李克特类量表（Likert–type scale）：类似于李克特量表，测量回答者对某个问题、看法的同意或者不同意程度。

文献回顾（Literature review）：对行动研究项目有关的期刊论文、著作、研究报告等各种类型文献做的阅读、比较、分析、整理，确定目前研究现状，以指引研究者本人的下一步研究。

逻辑归纳分析（Logico-inductive analysis）：对质性数据编码、整理后得到的主题、范畴、模式的内在联系与合理性进行分析。

集中趋势测量（Measures of central tendency）：用一个数代表一组数的典型或标准值。

分散程度测量（Measures of dispersion）：用一个数来说明一组数的分散程度。

中位数（Median）：把一组数分为相同两个部分的那个数。

参与者核查（Member checking）：和研究参与者分享访谈记录、思考分析（如带有观察者意见的观察笔记）以及研究计划草案，收集研究参与者的看法，提高数据质量。

混合方法研究设计（Mixed-methods research design）：结合量化和质性方法的研究设计。

众数（Mode）：整个数列中出现最频繁的数值。

负相关（Negative correlation）：值小于 0，表明随着一个变量值的增加，其他变量的值会减少。

无方向研究假设（Nondirectional research hypothesis）：推测将会有某种差异、效应，但是没提到这种差异、效应是正向还是反向的假设。

非实验研究（Nonexperimental research）：研究者不能或者没有控制任何研究变量的研究设计，原因要么是结果已经发生，要么是研究者无法对变量施加影响。

常模参考测试（Norm-referenced）：一种标准化测试，允许将参加测试的人员和其他进行测试的人员的表现进行比较。

零假设（Null hypothesis）：推测研究中没有生效，或者无差异，或者变量间不存在关系的假设。

观察（Observation）：仔细关注、系统记录在特定环境下看到和听到的东西。

观察性案例研究（Observational case study）：关注特定组织或组织的某些方面的案例研究。

量化观察研究（Observational research[quantitative]）：一种量化研

究设计，重点是描述行为的特定方面，往往是针对一个特定变量。

质性观察研究（Observational study〔qualitative〕）：类似于案例研究中的质性研究，但不一定关注组织方面的内容。

作为参与者的观察者（Observer as participant）：研究者的主要角色是观察者，但在一定程度上介入了参与者群体，与参与者互动。

观察者评论（Observer's comments）：观察者对自己现场观察到的东西当场进行初步的解释，通常是解释现场笔记。

单组前测-后测设计（One-group pretest-posttest design）：一种实验设计，对照组、实验组做前测，实验组接受处理后，再对两个组做后测。

单组前后测设计（One-shot case study）：最朴素的、严密程度最低的实验设计，研究对象只有一个分组，先进行前测，接受处理后，再进行后测。

开放式访谈（Open-ended interviews）：只提供少量没有选项的问题，被访者自由回答的访谈。

开放式问题（Open-ended questions）：调查或问卷中采用的没有答案选项，回答者给出自己回答的问题。

父母同意书（Parental consent form）：参见知情同意书。

作为观察者的参与者（Participant as observer）：研究者进行持续观察，但也与研究参与者互动。

参与式观察（Participant observation）：一方面作为研究者进行观察，另一方面也作为一个平等的、主动的成员参与到被观察者群体中。

皮尔逊相关系数（Pearson correlation coefficient）：对两个变量间相关性最常用的测量指标。

同行评议（Peer debriefing）：邀请其他专业人员分析你的数据收集、分析与解释过程，帮助你反思、改进你的研究。

现象学研究（Phenomenological study）：一种质性研究类型，数据收集过程比较长，以便对研究现象有全面的理解。

计划阶段（Planning stage）：行动研究过程的第一阶段，包含确定研究主题、回顾相关文献、制订研究计划。

三角验证（Polyangulation）：将两个以上不同来源的数据进行对比，

以提高数据质量和准确度。

总体（Population）：研究项目感兴趣的群组。

正相关（Positive correlation）：一种相关系数，其值大于 0，表明随着一个变量取值的增长，其他变量的取值也增长。

真实显著（Practical significance）：研究者对分组差距显著程度的主观评价与判断。

前实验设计（Preexperimental designs）：一种量化研究设计，但缺乏严格意义上的实验设计的一些基本要素。

前测 - 后测控制组设计（Pretes-posttest control group design）：拟实验设计，类似于单组前测 - 后测设计，但比单组前测 - 后测设计多了一个为了比较而增加的控制组。

一手资料（Primary sources）：原创性研究的第一手资料。

完全公开原则（Principle of accurate disclosure）：参与者应该被准确、全面、无误导、无隐瞒地告知研究目的，以及需要他们做什么。

善行原则（Principle of beneficence）：研究应该是为了获取关于人类以及教育过程的知识，最终造福某些人或群体。

诚实原则（Principle of honesty）：整个研究过程不能有任何弄虚作假。

重要性原则（Principle of importance）：研究发现应该有助于增加人类知识，或对教育的某些方面产生实际效果。

专业学习社群（Professional learning community）：一群教育工作者一起合作，开展集体性的行动研究。

长期现场持续观察（Prolonged engagement and persistent observation）：研究者在现场花的时间越多，就越了解研究参与者，发现行为模式。

ProQuest（ProQuest）：一个收录学位论文和研究论文的大型文献数据库。

P 值（p-value）：研究中出现某个事件的概率大小估计。

质性研究方法（Qualitative research methodologies）：收集和分析叙事型数据、采用归纳推理方法。

量化研究方法（Quantitative research methodologies）：收集和分析量

化数据，采用演绎推理方法。

拟实验设计（Quasiexperimental design）：与严格意义上的实验设计的唯一差异是没有对研究对象进行随机分配。

问卷调查（Questionnaire）：以书面形式进行，研究者要求受访者回答一系列问题，或对一系列陈述给出回应，然后把问卷返还给研究者。

极差（Range）：测量一组数据的分散程度，用一系列数据中的最大值减去最小值。

评级表（Rating scales）：调查或问卷的问题或陈述给出一系列选项，个体从中选择自己的回答，也就是"封闭式回答条目"。

侦察（Reconnaissance）：在行动研究初期花时间反思你的信念，以获得对研究问题特性、背景更好的理解。

审稿（Refereed）：学术期刊对投稿的一种处理，邀请最少两名同行进行评审，评阅人就稿件质量给出意见。

反思阶段（Reflecting stage）：行动研究过程的最后阶段，包含交流行动研究结果和反思过程。

反思（Reflection）：对为什么你决定进行某个研究以及进行该研究有什么后果进行批判性探索。

反思性教学（Reflective teaching）：对教育理论、现有研究和教学实践以及某门课程对学生学习效果的影响进行缜密的思考。

信度（Reliability）：描述量化数据内部一致性的一个概念。

重复样本 t 检验（Repeated-measures t test）：一种推断统计检验方法，用于比较同一个体的两次测量数据。

研究设计（Research design）：对一个研究项目如何进行的计划安排。

研究伦理（Research ethics）：研究需要考虑的道德因素，诸如关怀、诚实、公平和开放等价值。

研究方法论（Research methodology）：在一个研究项目中如何收集数据的计划。

研究问题（Research question）：研究主题需要解决的核心问题。

严谨性（Rigor）：指行动研究及其发现的质量、效度、精确性和可信度。

样本（**Sample**）：研究总体的代表性子集。

学校层面的行动计划（**School-level action planning**）：在学校范围内进行的行动计划。

科学方法（**Scientific method**）：用于调查问题和解决问题的多步骤的系统方法。

搜索引擎（**Search engine**）：用关键词搜索其他网站的工具。

二手资料（**Secondary sources**）：对一手资料进行总结、汇编或解释。

半结构式访谈（**Semistructured interview**）：研究者先向被访谈者提出几个问题，然后根据具体情况决定是否继续后面的提问。

半结构式观察（**Semistructured observation**）：行动研究者进行的观察时间、地点、对象没有进行严格全面的事先安排，而是相对灵活地进行。也被称为"非结构式观察"。

标准差（**Standard deviation**）：一组数据偏离均值的平均距离。

统计显著性（**Statistical significance**）：研究者基于样本进行的推断统计结果显示总体中有较大概率存在样本表现出的差异或关系。

结构式访谈（**Structured interview**）：研究者在访谈进行前事先设计好所有问题，访谈时按照设计好的问题进行访谈。

结构式观察（**Structured observation**）：要求观察者除了观察，对观察对象不能有任何介入、干预、影响。结构式观察通常是针对特定行为、反应和互动进行的。

学生日志（**Student journals**）：学生对自己每天学习情况的总结记录，类似于家庭作业，教师由此可以获知学生的课堂体验与对学习的想法。

文体指南（**Style guide**）：学术写作的指导手册。

总结性课堂评估（**Summative classroom assessment**）：一个学习单元结束后教师对学生进行评估，用于评定成绩或其他教学决策。

调查研究（**Survey**）：针对样本人群提出一系列问题或陈述。

激励教师参与（**Teacher empowerment**）：由教师收集他们自己感兴趣、自己需要的数据，帮助教师针对学生和课堂做出更好的教学工作决策，也被称为"作为决策者的教师"。

教师日志（Teacher journals）：由作为实践者 - 研究者的中小学一线教师所做的记录，保存了教师们在日常教学工作中进行的专业反思。

团队层面的行动研究（Team action planning）：由多位中小学教师协作开展行动研究项目，再围绕该项目研究成果制订的行动计划。

测试（Test）：标准化或教师自行编制的正式评估工具，得到的分数可能用作研究。

传统（Tradition）：问题答案的一种来源，基于过去发生的事件、行为来给出问题的答案。

可转换性（Transferability）：对研究发生的场景进行描述，让读者阅读研究材料时，很容易识别出研究发生的背景。

三角检验（Triangulation）：使用多个数据来源，以使数据值得信赖。

三角混合方法设计（Triangulation mixed-methods design）：同时收集量化和质性数据，并同等重视二者。

研究数据的效度（Validity of research data）：收集到的数据是否测量了研究者希望测量的对象、变量。

变量（Variables）：可能影响研究主题的最终结果或某个重要方面的因素。

录像带（videotape）：使用视频记录设备（如录像机等）拍摄现场。

参考文献

Alsup, J. K., & Sprigler, M. J. (2003). A comparison of traditional and reform mathematics curricula in an eighth-grade classroom. *Education, 123,* 689–695.

American Educational Research Association (AERA), American Psychological Association (APA), & National Council on Measurement in Education (NCME). (1999). *Standards for educational and psychological testing.* Washington, DC: American Educational Research Association.

American Psychological Association. (2010). *Publication manual of the American Psychological Association* (6th ed.). Washington, DC: Author.

Anderson, G. L. (2002). Reflecting on research for doctoral students in education. *Educational Researcher, 31*(7), 22–25.

Baccellieri, P. (2010). *Professional learning communities: Using data in decision making to improve student learning.* Huntington Beach, CA: Shell Education.

Bachman, L. (2001). *Review of the agricultural knowledge system in Fiji: Opportunities and limitations of participatory methods and platforms to promote innovation development.* Unpublished dissertation, Humboldt University of Berlin, Germany. Retrieved January 17, 2008, from http://dochost .rz.huberlin.de/dissertationen/bachmann-lorenz-b-r-2000-12-21/HTML/bachmann-ch3.html

Bogdan, R. C., & Biklen, S. K. (2007). *Qualitative research for education: An introduction to theory and methods* (5th ed.). Boston: Allyn & Bacon.

Brotherson, M. J., Sheriff, G., Milburn, P., & Schertz, M. (2001). Elementary school principals and their needs and issues for inclusive early childhood programs. *Topics in Early Childhood Special Education, 21,* 31–45.

Clauset, K. H., Lick, D. W., & Murphy, C. U. (2008). *Schoolwide action research for professional learning communities: Improving student learning through the whole-faculty study groups approach.* Thousand Oaks, CA: Corwin Press.

Creswell, J. W. (2005). *Educational research: Planning, conducting, and evaluating quantitative and qualitative research* (2nd ed.). Upper Saddle River, NJ: Merrill/Prentice Hall.

DuBois, M. H. (1995). Conceptual learning and creative problem solving using cooperative learning groups in middle school science classes. In S. Spiegel, A. Collins, & J. Lappert (Eds.), *Action research: Perspectives from teachers' classrooms. Science FEAT (Science for Early Adolescence Teachers).* Tallahassee, FL: SouthEastern Regional Vision for Education.

DuFour, R., DuFour, R., & Eaker, R. (2008). *Revisiting professional learning communities at work: New insights for improving schools.* Bloomington, IN: Solution Tree.

Fraenkel, J. R., & Wallen, N. E. (2003). Action research. In *How to design and evaluate research in education* (5th ed., pp. 571–597). Boston: McGraw-Hill.

Fraenkel, J. R., Wallen, N. E., & Hyun, H. (2012). *How to design and evaluate research in education* (8th ed.). Boston: McGraw-Hill.

Gay, L. R., & Airasian, P. (2000). *Educational research: Competencies for analysis and application* (6th ed.). Upper Saddle River, NJ: Merrill/Prentice Hall.

Gay, L. R., Mills, G. E., & Airasian, P. (2009). *Educational research: Competencies for analysis and application* (9th ed.). Upper Saddle River, NJ: Merrill/Prentice Hall.

Glesne, C. (2006). *Becoming qualitative researchers: An introduction* (3rd ed.). New York: Longman.

Graham, E. (1995). What patterns of teacher-student communication exist in my classroom? In S. Spiegel, A. Collins, & J. Lappert (Eds.), *Action research: Perspectives from teachers' classrooms. Science FEAT (Science for Early Adolescence Teachers).* Tallahassee, FL: SouthEastern Regional Vision for Education.

Hollis, J. (1995). Effect of technology on enthusiasm for learning science. In S. Spiegel, A. Collins, & J. Lappert (Eds.), *Action research: Perspectives from teachers' classrooms. Science FEAT (Science for Early Adolescence Teachers).* Tallahassee, FL: SouthEastern Regional Vision for Education.

Hubbard, R. S., & Power, B. M. (2003). *The art of classroom inquiry: A handbook for teacher-researchers* (2nd ed.). Portsmouth, NH: Heinemann.

Institute of Education Sciences. (n.d.a). About ERIC. In *ERIC-Educational Resources Information Center.* Retrieved September 24, 2004.

Institute of Education Sciences. (n.d.b). *ERIC-Educational Resources Information Center.* Retrieved September 24, 2004.

Ivankova, N. V. (2015). *Mixed methods applications in action research: From methods to community action.* Los Angeles, CA: Sage.

James, E. A., Milenkiewicz, M. T., & Bucknam, A. (2008). *Participatory action research for educational leadership: Using data-driven decision making to improve schools.* Thousand Oaks, CA: Sage.

Johnson, A. P. (2008). *A short guide to action research* (3rd ed.). Boston: Allyn & Bacon.

Leedy, P. D., & Ormrod, J. E. (2005). *Practical research: Planning and design* (8th ed.). Upper Saddle River, NJ: Merrill/Prentice Hall.

McLean, J. E. (1995). Improving education through action research: A guide for administrators and teachers. In J. J. Herman & J. L. Herman (Eds.), *The practicing administrator's leadership series.* Thousand Oaks, CA: Corwin Press.

McMillan, J. H. (2004). *Educational research: Fundamentals for the consumer* (4th ed.). Boston: Allyn & Bacon.

Melrose, M. J. (2001). Maximizing the rigor of action research: Why would you want to? How could you? *Field Methods, 13*(2), 160–180.

Mertler, C. A. (1999). Assessing student performance: A descriptive study of the classroom assessment practices of Ohio teachers. *Education, 120*(2), 285–296.

Mertler, C. A. (2002). *Using standardized test data to guide instruction and intervention.* College Park, MD: ERIC Clearinghouse on Assessment and Evaluation Digest Series, EDO-TM-07.

Mertler, C. A. (2003). *Classroom assessment: A practical guide for educators.* Los Angeles: Pyrczak.

Mertler, C. A. (2007). *Interpreting standardized test scores: Strategies for data-driven instructional decision making.* Thousand Oaks, CA: Sage.

Mertler, C. A. (2009). A systematic approach to transforming the *art* of teaching into the *science* of teaching: Developing a D-DIDM mindset (MWERA 2008 Presidential Address). *Mid-Western Educational Researcher, 22*(1), 12–23.

Mertler, C. A. (2010). Teachers' perceptions of the influence of No Child Left Behind on classroom practices. *Current Issues in Education, 13*(3). Available online: *http://cie.asu.edu/ojs/index.php/cieatasu/article/viewFile/392/31*

Mertler, C. A. (2010, February). PLCs, collaborative action research, and reflective professional development: The triumvirate for school improvement. In C. A. Mertler (Chair), *Integrating action research and professional learning communities: A powerful approach to school improvement and educator empowerment.* Symposium conducted at the annual meeting of the Eastern Educational Research Association, Savannah, Georgia.

Mertler, C. A. (2013). Classroom-based action research: Revisiting the process as customizable and meaningful professional development for educators. *Journal of Pedagogic Development, 3*(3), 39–43.

Mertler, C. A. (2016). *Introduction to educational research.* Los Angeles, CA: Sage.

Mertler, C. A., & Charles, C. M. (2011). *Introduction to educational research* (7th ed.). Boston: Allyn & Bacon.

Metz, M. H., & Page, R. N. (2002). The uses of practitioner research and status issues in educational research: Reply to Gary Anderson. *Educational Researcher, 31*(7), 26–27.

Mills, G. E. (2011). *Action research: A guide for the teacher researcher* (4th ed.). Boston: Pearson.

Parsons, R. D., & Brown, K. S. (2002). *Teacher as reflective practitioner and action researcher.* Belmont, CA: Wadsworth/Thomson Learning.

Pyrczak, F., & Bruce, R. R. (2003). *Writing empirical research reports: A basic guide for students of the social and behavioral sciences* (4th ed.). Los Angeles: Pyrczak.

Riel, M. (2007). *Understanding action research.* Center for Collaborative Action Research. Available at http://cadres.pepperdine.edu/ccar/define.html

Rousseau, M. K., & Tam, B. K. Y. (1996). Practical issues for teachers conducting classroom research. *Teaching Exceptional Children, 28*(3), 52–56.

Schmuck, R. A. (1997). *Practical action research for change.* Arlington Heights, IL: SkyLight Professional Development.

Schwalbach, E. M. (2003). *Value and validity in action research: A guidebook for reflective practitioners*. Lanham, MD: Scarecrow Press.

Smith, M. K. (2007). *Kurt Lewin: Groups, experiential learning, and action research*. Retrieved January 23, 2008, from http://www.infed.org/thinkers/etlewin.htm

Stringer, E. T. (2007). *Action research* (3rd ed.). Thousand Oaks, CA: Sage.

Trochim, W. M. K. (2002a). *Deduction & induction*. Retrieved August 26, 2004, from the Research Methods Knowledge Base website: http:// www.socialresearchmethods.net/kb/dedind.htm

Trochim, W. M. K. (2002b). *Positivism and post-positivism*. Retrieved August 26, 2004, from the Research Methods Knowledge Base website: http://www.socialresearchmethods.net/kb/positvsm.htm

Trochim, W. M. K. (2002c). *Qualitative validity*. Retrieved October 26, 2004, from the Research Methods Knowledge Base website: http://www.socialresearchmethods.net/kb/qualval.htm

Weldon, W. H. (1995). The use of cloze procedure as an instructional tool in a middle school classroom. In S. Spiegel, A. Collins, & J. Lappert (Eds.), *Action research: Perspectives from teachers' classrooms. Science FEAT (Science for Early Adolescence Teachers)*. Tallahassee, FL: SouthEastern Regional Vision for Education.

作译者简介

　　克雷格·A. 莫特勒从事教育工作已经 30 年，其中 20 年从事高等教育工作。目前他是亚利桑那州立大学副教授，同时负责该校"领导与创新 EdD 项目"。他承担了以行动研究应用为主题的博士研究生课程教学，该课程涉及向一线教师授权、改进学校教育、工作嵌入式职业发展等内容。莫特勒也负责量化研究方法、初级统计分析、多变量统计分析、教育评估方法等课程的教学工作。他撰写了 20 本图书，参编了 4 本图书，发表了 18 篇同行评议学术期刊论文、2 本教师指南手册及许多非同行评议文章和稿件。他已经在超过 35 次的全国性专业会议上发表研究论文。他组织、主持了一系列面向不同层次在职教育工作者的研讨班，研讨班主题是以课堂为本的行动研究以及课堂教学评估。他的主要研究兴趣和咨询方向包括以课堂为本的行动研究、数据驱动的教育决策、专业学习社区以及教师课堂评估能力测评。在从事大学教学和研究工作之前，他曾经从事高中生物和地球科学课程教学工作，并且担任过田径和排球教练。工作之余，他喜欢打高尔夫球以及和家人一起旅行。读者可与莫特勒博士联系，咨询职业发展和演讲报告等事宜，他的邮箱是 Craig.Mertler@asu.edu 或者 Craig.Mertler@gmail.com。

　　王凌峰，男，教授，厦门大学教育研究院博士后、硕士生导师，桂林电子科技大学商学院学术委员会委员（2015—）。研究方向：高等教育管理、组织管理。
　　叶涯剑，男，讲师，中山大学管理学博士，现任教华南农业大学公共管理学院。研究方向：公共事务管理。

图书在版编目（CIP）数据

行动研究方法：全程指导：原书第5版 /（美）克
雷格·A. 莫特勒（Craig A. Mertler）著；王凌峰，叶
涯剑译. -- 重庆：重庆大学出版社，2022.5
（万卷方法）
书名原文：Action Research：Improving Schools
and Empowering Educators，5ed
ISBN 978-7-5689-3191-5

Ⅰ.①行… Ⅱ.①克… ②王… ③叶… Ⅲ.①社会工
作 – 研究方法 Ⅳ.①C916-3

中国版本图书馆CIP数据核字（2022）第076685号

行动研究方法：全程指导
（原书第5版）

[美] 克雷格·A. 莫特勒 著

王凌峰 叶涯剑 译

策划编辑：林佳木

责任编辑：李桂英　　　　　　版式设计：林佳木
责任校对：谢　芳　　　　　　责任印制：张　策

*

重庆大学出版社出版发行
出版人：饶帮华
社址：重庆市沙坪坝区大学城西路21号
邮编：401331
电话：（023）88617190　88617185（中小学）
传真：（023）88617186　88617166
网址：http://www.cqup.com.cn
邮箱：fxk@cqup.com.cn（营销中心）
全国新华书店经销
重庆升光电力印务有限公司印刷

*

开本：890mm×1240mm　1/32　印张：11　字数：310千
2022年5月第1版　　2022年5月第1次印刷
ISBN 978-7-5689-3191-5　　定价：59.00元

Action Research: Improving Schools and Empowering Educators, by Craig A. Mertler.

English language edition published by SAGE Publications of London,

Thousand Oaks, New Delhi and Singapore, 2017.

行动研究方法：全程指导（原书第 5 版）。原书英文版由 SAGE 出版公司于 2017 年出版，版权属于 SAGE 出版公司。本书简体中文版专有出版权由 SAGE 出版公司授予重庆大学出版社，未经出版者书面许可，不得以任何形式复制。

版贸核渝字（2017）第 006 号